SOCIÉTÉ DE GÉOGRAPHIE & D'ARCHÉOLOGIE

DU DÉPARTEMENT D'ORAN

CONGRÈS NATIONAL

DES

SOCIÉTÉS FRANÇAISES DE GÉOGRAPHIE

XXIIIme SESSION — ORAN — 1er-8 AVRIL 1902

COMPTE RENDU

DES

TRAVAUX DU CONGRÈS

ORAN

TYPOGRAPHIE ET LITHOGRAPHIE PAUL PERRIER

15, Boulevard Oudinot, 15

1903

SOCIÉTÉ DE GÉOGRAPHIE & D'ARCHÉOLOGIE
DU DÉPARTEMENT D'ORAN

CONGRÈS NATIONAL

DES

SOCIÉTÉS FRANÇAISES DE GÉOGRAPHIE

XXIIme SESSION — ORAN — 1er-5 AVRIL 1902

COMPTE RENDU

DES

TRAVAUX DU CONGRÈS

ORAN
TYPOGRAPHIE ET LITHOGRAPHIE PAUL PERRIER
15, Boulevard Oudinot, 15

1903

SOCIÉTÉ DE GÉOGRAPHIE & D'ARCHÉOLOGIE DU DÉPARTEMENT D'ORAN

CONGRÈS NATIONAL

DES

Sociétés Françaises de Géographie

XXIIIme SESSION — ORAN — 1er-5 AVRIL 1902

COMPTE RENDU DES TRAVAUX DU CONGRÈS

I

ORGANISATION DE LA XXIIIe SESSION

Dans sa séance du 24 Août 1900, le Comité du 21me Congrès, tenu à Paris, avait décidé que le Congrès de 1902 aurait son siège à Oran et que sa session coïnciderait avec les fêtes organisées par la Municipalité de cette ville à l'occasion du Millénaire de la fondation d'Oran.

La Société de Géographie et d'Archéologie du département d'Oran, désignée pour organiser le 23e Congrès, s'est immédiatement mise à l'œuvre pour se montrer digne de l'honneur qui lui était fait. Dès le 12 Novembre, elle constituait ainsi qu'il suit la commission générale chargée de cette mission :

1° Les Membres du bureau de la Société :

MM. DERRIEN, lieutenant-colonel en retraite, président ;
    MOULIÉRAS, professeur à la chaire publique d'Arabe d'Oran, premier vice-président ;
    GILLOT, professeur agrégé au Lycée d'Oran, deuxième vice-président ;
    FLAHAULT, ingénieur-architecte, secrétaire général ;

MM. POCK, caissier de la Caisse Nationale d'épargne, trésorier ;
BOISSIN, directeur de l'École Sédiman, bibliothécaire-archiviste ;
GASSER, docteur en médecine, secrétaire de la Commission de Géographie ;
BEL, professeur au Lycée d'Oran, secrétaire-adjoint de la Commission de Géographie ;
KOCH, ingénieur civil, secrétaire-adjoint de la Commission d'Archéologie.

2° Les Membres du Comité Administratif de la Société :

MM. BARTHÉLEMY, pharmacien ;
DOUMERGUE, professeur au Lycée ;
FRETTE, négociant ;
GOYT, géomètre principal.
HADJ HASSAN, conseiller général ;
JULLIAN, consul de Russie ;
NESSLER, vice-consul d'Autriche-Hongrie ;
POUSSEUR, directeur de la Compagnie du Gaz ;
RENUCCI, inspecteur des Postes et Télégraphes ;
ROCCHISANI, directeur des Postes et Télégraphes ;
TARTAVEZ ; officier d'administration en retraite.

3° Les Représentants du Conseil Municipal d'Oran :

MM. BÉDIER, premier adjoint au maire ;
SUBERCAZES, avocat, adjoint au maire ;
CHAMPENOIS, docteur en médecine, conseiller municipal.

4° Les Membres de la Société dont les noms suivent :

MM. MONBRUN, avocat, président honoraire ;
BOUTY, contrôleur principal des Mines en retraite, secrétaire général honoraire ;
CASTANIÉ, ingénieur en chef des Mines de Beni-Saf ;
CHATROUSSE, administrateur des Affaires Indigènes à la Préfecture ;
FOUQUE, conseiller général ;
LERUSTE, directeur du Crédit Foncier ;
MONDOT, docteur en médecine ;
PERRIER, directeur de l'Écho d'Oran ;
PITOLLET, notaire ;

MM. ROCHEFORT (de), agent principal de la Compagnie Transatlantique ;
SANDRAS, docteur en médecine ;
STEPHANOPOLI, vice-président du Conseil de Préfecture ;
VIÉNOT, propriétaire.

La préparation matérielle du congrès fut confiée à trois Commissions ainsi constituées :

a. Commission des Finances

MM. BOUTY, président ;
POCK, secrétaire ;
BARTHÉLEMY, FRETTE, JULLIAN, PITOLLET, POUSSEUR, TARTAVEZ, membres.

b. Commission de Publicité

MM. MOULIÉRAS, président ;
KOCH, secrétaire ;
BOISSIN, DOUMERGUE, FOUQUE, PERRIER, RENUCCI, ROCCHISANI, membres.

c. Commission Technique

MM. GILLOT, président ;
Dr GASSER, secrétaire ;
BEL, CASTANIÉ, CHATROUSSE, FLAHAULT, VIÉNOT, membres.

La tâche du Comité d'organisation fut facilitée, hâtons-nous de le dire, par le concours de nombreuses bonnes volontés et la Société de Géographie est heureuse d'exprimer ici sa reconnaissance au Conseil municipal d'Oran, au Ministère de l'Instruction Publique, au Gouvernement Général de l'Algérie et au Conseil Général du Département, dont les généreuses subventions ont augmenté ses ressources. Elle doit, au même titre, de non moins vifs remerciements à la Compagnie des Chemins de fer de l'Ouest-Algérien, à la Banque de l'Algérie, à la Chambre de Commerce d'Oran, à la Compagnie des Bateaux à Vapeur du Nord, à la Compagnie des Mines de Beni-Saf et aussi à la Compagnie Algérienne, au Crédit Lyonnais, au Crédit Foncier et à la Société des Anciens Élèves du Lycée d'Oran. Fidèles à leurs traditions, les compagnies de chemins de fer Françaises et Algériennes, et les compagnies de navigation ont accordé aux Congressistes des avantages dont nous les remercions.

II

QUESTIONNAIRE

I. Géographie Générale

1. — De l'emploi des projections lumineuses dans l'enseignement de la géographie et des moyens de le propager efficacement (Discussion).
    Société de Géographie d'Oran : M. Henry GILLOT.

2. — Motion relative au recrutement des conférenciers.
    Société de Géographie de Lille : M. E. NICOLLE.

3. — Motion sur la protection des sites pittoresques.
    Société de Géographie du Cher : M. Paul HAZARD.

II. Géographie Économique

1. — Vœu tendant à ce qu'il soit fait une part plus large à la Géographie économique dans les conférences.
    Société de Géographie de Lille : M. E. NICOLLE.

2. — Transformations commerciales contemporaines.
    Société de Géographie commerciale de Paris : M. G. BLONDEL.

3. — Le régime financier de l'Algérie.
    Revue des Questions diplomatiques et coloniales : M. FRANCONIE.

4. — Les Entrepôts francs du Sud Oranais.
    Société de Géographie d'Oran : M. MIRAMONT.

5. — Qu'est devenue la tentative de colonisation par les enfants abandonnés du département de la Seine ? De telles entreprises doivent-elles être encouragées ? Les sacrifices sont-ils hors de proportion avec les résultats ou, au contraire, la colonisation y gagne-t-elle ? (Discussion).
   France colonisatrice de Rouen : M. Robert BUCHÈRE.

6. — L'assimilation des Arabes est-elle possible ? (Discussion).
   Société de Géographie d'Oran : Lt Paul AZAN.

7. — L'œuvre de la Société civile, nationale et philanthropique.
   La Colonisation française dans le département d'Oran.
   Société de Géographie d'Oran : M. Henry GILLOT.

8. — Du rôle de la femme arabe dans la société indigène.
   Société de Géographie d'Alger : M. Bernard d'ATTANOUX.

9. — Nos intérêts coloniaux en Abyssinie.
   Comité de l'Afrique Française : M. le Lieutenant de vaisseau DYÉ.

III. Géographie Régionale

1. — Les ports de l'Oranie (Discussion).
   Société de Géographie d'Oran : M. Augustin BERNARD.

2. — La pénétration commerciale et pacifique dans l'Est marocain (Discussion).
   a). Le chemin de fer direct d'Oran au Maroc par Aïn-Temouchent, à voie étroite.
   b). Le port de commerce de Rachgoun.
   Société de Géographie d'Oran : M. MILSOM.

3. — De la formation et de la classification des chòtt algéro-tunisiens.
   Société de Géographie d'Oran : M. BEL.

4. — L'Oranie et ses régions naturelles.
   Société de Géographie d'Oran : M. Augustin BERNARD.

5. — Bizerte port de commerce et centre métallurgique.
   Société de Géographie de Tunis : M. BONNARD.

6. — Le chemin de fer transsaharien.
   Société de Géographie de Tunis : M. BONNARD.

7. — Carte de la répartition du paludisme en Algérie.
   Société de Géographie d'Alger : D\rs MOREAU et SOULIÉ.

IV. Géographie Coloniale

1. — La question marocaine.
   Société de Géographie d'Oran : M. de SEGONZAC.

2. — Madagascar.
   Société de Propagande coloniale : M. A. DURAND.

3. — La Presse et l'enseignement colonial.
   Société de Géographie commerciale de Bordeaux :
   M. Henri LORIN.

4. — Le Canal de Suez.
   Société de Géographie de Genève : M. CLAPARÈDE.

5. — Le groupe colonial de la conférence Ravignan.
   Société de Géographie commerciale de Bordeaux :
   M. Louis IMBERT.

V. Géographie Physique et Mathématique

1. — Progrès de l'heure décimale.
   Société de Géographie d'Alger : M. BONNIN de SARRAUTON.

2. — Proposition et vœux relatifs à l'heure légale et aux mesures du temps et des angles (Discussion).
   Société de Géographie de Lille : M. Ernest NICOLLE.

3. — Sur une application militaire de l'orientation par la lune.
   Société de Topographie de France : Lieutenant BERTHOU.

4. — Réforme du Calendrier.
	Société de Géographie d'Oran : M. Guillaume.

5. — Achèvement du système métrique décimal.
	Société de Géographie de Toulouse : M. de Rey-Pailhade.

VI. Géographie Historique

1. — Une controverse historique résolue avec l'aide de la Géographie.
	Il s'agit de savoir si les martyrs de Numidie, sous les empereurs Valérien et Gallien, ont été envoyés en exil dans les mines de Sigus (Constantine), ou de Siga (Oran).
	L'étude de la géographie de la Maurétanie nous prouvera qu'il faut placer les *Metalla Siguenses* dont parle saint Cyprien dans notre Maurétanie.
	M. l'abbé Fabre.

2. — Introduction à l'histoire générale du Maroc.
	Société de Géographie de Paris : M. H. de Castries.

III

BUREAU DU CONGRÈS

PRÉSIDENT :

M. **HANOTAUX Gabriel**, membre de l'Académie française.

Délégués des Ministères

Affaires étrangères	MM. PADOUX, consul de 1re classe, attaché du Gouvernement tunisien.
Colonies	DECHARME Pierre, rédacteur au Cabinet du Ministre.
Commerce	WILLOT, inspecteur général, chef du service des Postes et Télégraphes de l'Algérie.
Guerre	COUDERC de FOULONGUE, chef de bataillon du Génie, hors cadre, au service géographique de l'Armée.
Instruction publique	GSELL, professeur à l'École supérieure des Lettres d'Alger, inspecteur des monuments historiques d'Algérie.
Intérieur	VARNIER, secrétaire général du Gouvernement général de l'Algérie.
Marine	HAUTEFEUILLE, capitaine de frégate, commandant la Défense mobile de l'Algérie.
Travaux publics	LELOUTRE, ingénieur en chef des Ponts et Chaussées, à Oran.
Gouvernement général de l'Algérie	LACROIX, commandant, chef de service des Affaires indigènes du Gouvernement général de l'Algérie.
Com. du XIXe Corps d'Armée	PRIEUR de LACOMBLE, colonel du 2e Régiment de Zouaves.

Délégués des Sociétés de Géographie et Sociétés assimilées constituant le Comité du Congrès

Alger	MM. MESPLÉ A., professeur à l'Ecole supérieure des Lettres, président.
Bordeaux	LORIN, professeur de géographie coloniale à l'Université de Bordeaux.
Bourges	HAZARD Paul, avocat à la Cour de Bourges, président.
Dijon	AZAN Paul, lieutenant au 2ᵉ Régiment de Zouaves, à Oran.
Douai	BOTTIN Georges, président.
Lille	NICOLLE E., président.
Marseille	LÉOTARD H., secrétaire général.
Montpellier	FABRE, conservateur des eaux et forêts, à Nîmes.
Nancy	AUERBACH B., professeur à la Faculté des Lettres de Nancy.
Oran	MOULIÉRAS, professeur à la Chaire d'Arabe, conservateur du Musée d'Oran, vice-président.
Paris	FROIDEVAUX, archiviste-bibliothécaire.
Paris commercial	BLONDEL Georges.
Tunis	BONNARD Paul, avocat, à Tunis.
Roubaix	BOULENGER, président.
Rouen	MONFLIER Georges, avocat à la Cour de Rouen, président.
Saint-Nazaire	PORT Etienne, professeur au Collège, secrétaire général.
Toulouse	MARULAZ G.

Alliance Française, *pour la propagation de la langue nationale dans les colonies et à l'étranger, Paris*

M. EPITALON, avocat, à Saint-Etienne.

Société de Topographie de France, Paris

M. LEBOURGEOIS, STANISLAS, chef de division honoraire au Ministère de l'Instruction publique, Saint-Eugène, Alger.

Club Alpin Français, Paris

M. SCHRADER, géographe, président.

Comité de l'Afrique Française

M. DYÉ, lieutenant de vaisseau.

Délégués de Sociétés de Géographie étrangères

MM. DE GREYERZ, PAUL, notaire à Berne (Berne).
 DE CLAPARÈDE, ARTHUR, président (Genève).
 GROSS, docteur à la Neuveville (Neuchâtel), Suisse.

IV

CONGRESSISTES

Appartenant à des Sociétés autres que celle d'Oran

Société de Géographie d'Alger et de l'Afrique du Nord

MM. MESPLÉ. Armand, président, *délégué*.
BERNARD D'ATTANOUX, explorateur.
Mme BERNARD D'ATTANOUX, exploratrice.
MM. BONNIN de SARRAUTON, vérificateur du Service Topographique à Oran.
CHABBERT, avoué, à Blidah.
CHEYLARD, commandant en retraite, à Mustapha.
L'abbé CORNUD, vicaire général, à Alger.
CHAPPUIS, L., publiciste, à Alger.
DELLOUE, Frédéric, négociant, à Oran.
L'abbé LAFITTE, curé de Mustapha.
LACROIX, commandant.
LE MIRE, officier de réserve à la Dragonière, par Yenne (Savoie).
MOREAU, docteur en médecine.
NATAF, interprète militaire, à Lourmel.
Mme NATAF.
MM. PELLEPORT, vice-président, intendant militaire en retraite.
L'abbé PIQUEMAL, curé de Blidah.
VOYEUR, secrétaire de Mairie, à Lourmel.

Société de Géographie commerciale de Bordeaux

M. LORIN, Henri, *délégué*.
Mme LORIN.
MM. BOUBÈS, G.
BOUBÈS, fils.
IMBERT, Louis, secrétaire.

Société de Géographie du Cher

MM. PAUL HAZARD, président, *délégué*.
DE BACQUENCOURT, GEORGES, à Bourges.
Mme DE BACQUENCOURT, à Bourges.
MM. BAZÉNERYE, ARMAND, ancien magistrat.
PINET, secrétaire général.

Société bourguignonne de Géographie et d'Histoire de Dijon

MM. AZAN, PAUL, *délégué*.
COLLARD.
LADEY DE SAINT-GERMAIN, propriétaire, à Dijon.

Société de Géographie de Douai

M. BOTTIN, GEORGES, *délégué*.
Mme BOTTIN.
MM. DUFRESNE, conseiller à la Cour de Douai.
GHEERBRANDT, RENÉ, avocat à la Cour de Douai.

Société de Géographie de Lille

M. NICOLLE, E., *délégué*.

Société de Géographie de Marseille

M. LÉOTARD, *délégué*.

Société Languedocienne de Géographie de Montpellier

M. FABRE, *délégué*.

Société de Géographie de l'Est, de Nancy

M. AUERBACH, B., *délégué*.
Mme AUERBACH, B.

Société de Géographie de Paris

MM. FROIDEVAUX, archiviste-bibliothécaire, *délégué*.
AYMONIER, ETIENNE, directeur de l'École coloniale.
Mme AYMONIER.
MM. Le Baron ANDRÉ DE BENOIST, lieutenant au 30e régiment de Dragons, à Saint-Étienne.

MM. BRUEL, administrateur du Haut-Chari.
Le comte Henri de CASTRIES.
DECHARME, Pierre, rédacteur au Cabinet de M. le Ministre des Colonies.
GUY, Camille, chef du service géographique au ministère des Colonies, *délégué du ministre des Colonies*.

Société de Géographie commerciale de Paris

M. BLONDEL, Georges, *délégué*.
Mme BLONDEL, Georges.
MM. BERNARD, Augustin, professeur à l'École Supérieure des Lettres, Alger.
COQUELIN.
DYÉ, lieutenant de vaisseau, explorateur.
GOUILLET.
GUINDE.
D'OLLONE, capitaine, explorateur.
RAINAUD, A., professeur à la Faculté des Lettres de Caen.

Société de Géographie commerciale de Paris
(Section de Tunis)

MM. BONNARD, Paul, *délégué*.
CAFORT, à Tébourba.
DOLLIN DU FRESNEL, secrétaire général.

Société de Géographie de Roubaix

M. BOULENGER, *délégué*.
Mme BOULENGER.

Société Normande de Géographie de Rouen

MM. MONFLIER, Georges, *délégué*.
BIZET, Paul, ingénieur à Paris.
CONGE, rédacteur au *Grand Journal de Rouen*.
DELARUE, à Grand-Couronne.
DENIZE, Noel V., architecte à Lillebonne.
DULOROY, Emile, à Rouen.
GY, Léon, imprimeur, à Rouen.
LEBLOND, René, avocat à la Cour de Rouen.

Société de Géographie Commerciale de St-Nazaire

M. PORT, *délégué*.
Mme PORT.
M. DUFRÊCHE, docteur en médecine.

Société de Géographie de Toulouse

MM. BIBENT, docteur en médecine.
　　CANY, F., ingénieur des Arts et Manufactures.
　　CESTAN, docteur.
Mme CESTAN.
M. GIRARD.
Mme GIRARD.
MM. MARULAZ, G., *délégué*.
　　ROMESTIN, architecte.
Mme ROMESTIN.
M. SÉNAC.
Mme SÉNAC.

Alliance Française, Paris

M. EPITALON, *délégué*.
Mme GUY, Camille.
Mlle MANGIN, Marguerite.

Club Alpin Français, Paris

MM. SCHRADER, *délégué*.
　　BRUNETON, sous-directeur des Haras, à Besançon.
　　BRUNETON, banquier, à Nîmes.
　　DHOMBRES, Ernest, industriel, à Nîmes.
　　FABRE, Georges, conservateur des Eaux et Forêts, à Nîmes.
　　MOLINES, Albert, banquier, à Nîmes.
　　PENCHINAT, Auguste, propriétaire, à Nîmes.
　　SILHOL, Egisthe, industriel, à Nîmes.

Société de Géographie de Berne

M. De GREYERZ, Paul, *délégué*.
Mme De GREYERZ.
M. ZIGERLI, Charles, lieutenant d'infanterie.

Société de Géographie de Genève

M. De CLAPARÈDE, Arthur, président, *délégué*.
Mme De CLAPARÈDE.
M. SCHONDELMEYER, secrétaire général.

Société de Géographie de Neuchâtel

M. Le docteur GROSS, *délégué*.
Mme GROSS, Emilie.

La France Colonisatrice de Rouen

M. MONBRUN, Th., *délégué*.

Société de propagande Coloniale, Paris

M. DURAND, Alfred, *délégué*.
Mme DURAND, Alfred.

Ligue Française de l'Enseignement

M. PÈNE-SIEFERT, ancien secrétaire général, *délégué*.

TRAVAUX DU CONGRÈS

Journée du Mardi 1ᵉʳ Avril 1902

SÉANCE SOLENNELLE D'OUVERTURE

Avant l'ouverture solennelle du Congrès, les délégués des Sociétés françaises de Géographie se sont réunis à l'Hôtel de Ville, dans la salle du Conseil Municipal, pour arrêter l'ordre de leurs travaux, après vérification des pouvoirs des délégués et nomination d'une commission chargée d'examiner et de rapporter un vœu de la Société de Topographie de France qui demande à figurer au nombre des Sociétés de Géographie et non comme société assimilée à celles-ci.

A dix heures du matin, les Membres du Congrès sont réunis dans la salle du Casino d'Été.

Au bureau, installé sur la scène, prennent place, à la droite de M. le Colonel Derrien, président de la Société de Géographie d'Oran ; MM. Hanotaux, ancien ministre des Affaires Étrangères, membre de l'Académie Française, président du Congrès ; de Malherbe, préfet du département d'Oran ; Gobert, maire de la ville d'Oran ; à sa gauche, MM. Étienne, député d'Oran ; Varnier, secrétaire général du Gouvernement Général de l'Algérie, et derrière eux, les notabilités officielles du Congrès.

Dans la salle assistent à la séance : MM. les Membres du Corps Consulaire ; Mgr Cantel, évêque d'Oran ; MM. les Généraux O'Connor et Guillet ; les Membres de la Municipalité, du Conseil Général, de la Chambre de Commerce, du Parquet, du Corps Académique ; de nombreux officiers supérieurs de la garnison et de la Défense Mobile ; les Membres de la Société de Géographie, et un grand nombre d'invités.

— 20 —

La séance est ouverte, M. le Lieutenant-Colonel Derrien prononce l'allocution suivante :

« Mesdames, Messieurs,

Pour me conformer à la tradition, au nom de la Société de Géographie et d'Archéologie d'Oran, dont j'ai l'honneur d'être le président et à laquelle le Congrès de Paris de 1900 a confié le soin d'organiser cette solennité scientifique, je déclare ouverte la 23ᵉ session du Congrès national des Sociétés Françaises de Géographie et je m'empresse de souhaiter la plus cordiale bienvenue aux délégués des ministres, aux délégués des Sociétés Françaises de Géographie et des Sociétés assimilées, aux savants, aux géographes, aux explorateurs qui, en véritables pèlerins de la science, sont venus de tous les points de la Métropole, nous apporter le concours de leurs lumières et de leur patriotisme.

Je salue aussi les représentants des Sociétés de Géographie de Genève, de Berne et de Neuchâtel qui, par leur présence parmi nous à ce Congrès national, ont tenu à nous donner un profond témoignage de sympathie et nous prouver qu'ils ne sont pas des étrangers pour nous, mais bien des amis.

A toute cette assemblée enfin, aux dames qui en rehaussent gracieusement l'éclat et qu'on trouve toujours au premier rang lorsqu'il s'agit d'encourager les manifestations de l'esprit, j'adresse tous mes remerciements pour avoir bien voulu répondre à notre invitation et assister à la présente séance d'inauguration du Congrès.

Mais c'est à vous, M. Hanotaux, que revient le tribut de toutes nos gratitudes, et permettez-moi de vous remercier de tout cœur d'avoir accepté de si bonne grâce la lourde tâche de présider nos assises géographiques et je suis certain d'être l'interprète de tous les membres du Congrès et des Oranais en saluant en vous, sans flatterie, me bornant à ne pas sortir du domaine de l'histoire, en saluant en vous, dis-je, non seulement le brillant écrivain, l'auteur de l'*Histoire de Richelieu*, dont les premières pages vous ont ouvert les portes de la vieille maison du Cardinal, le publiciste charmeur, l'ardent patriote, l'homme d'État dont l'action fut si ferme et si résolue dans les affaires d'Égypte, de Tunisie, d'Arménie, du Congo et de Madagascar, et auquel nous devons la consécration de l'alliance qui nous fait si forts et si grands, devant l'Europe et devant le monde, mais aussi un ami de l'Algérie, un fervent admirateur de l'effort immense accompli par les pionniers de la première heure, au milieu de luttes continuelles contre les arabes et contre la nature, l'admirateur, en un mot, des prodiges réalisés par l'énergie française.

Cette énergie, Messieurs les Congressistes de la Métropole, vous la constaterez vous-mêmes pendant les quelques jours que vous allez passer en Algérie ; vous y sentirez partout battre le cœur de la France, et en partant vous partagerez, comme nous, j'en suis convaincu, la foi invincible de M. Hanotaux dans l'ascencion glorieuse et rayonnante de notre Algérie « tant chérie », qui sera un jour une pépinière d'hommes et une source de richesses nouvelles.

En attendant, Mesdames et Messieurs, vous soulignez par votre présence à ce Congrès, non seulement l'essor de notre Société de Géographie, ce qui est pour nous la plus flatteuse des récompenses, mais aussi celui de la ville d'Oran, qui célèbre, en ce moment, le millénaire de sa fondation. Notre président honoraire, M. Monbrun, vous dira, dans sa conférence de jeudi soir, la modeste origine de notre cité, les luttes sanglantes qu'elle eut à soutenir pendant neuf siècles, au cours desquels flottèrent tour à tour sur ses remparts, les étendards berbère, arabe, espagnol et turc, sans résultat humanitaire, sans expansion, sans grandeur.

A la France était réservée la mission de faire sortir Oran de sa léthargie ; on vous dira les progrès qu'elle a réalisés en soixante-douze ans, ses transformations, son développement successif en commerce, en industrie, en agriculture, ses embellissements, et vous verrez qu'Oran vieille de mille ans, se trouve pleine de sève et de vitalité, jeune d'avenir et d'espérance.

Cette commémoration vous met en présence de deux programmes simultanés, celui du Congrès et celui du Millénaire, tous deux pleins d'attraits, mais combinés de telle sorte que la science et le plaisir peuvent marcher, sinon de front, du moins en colonne serrée, sans se faire trop concurrence.

L'importance des travaux figurant au questionnaire n'a pas dû vous échapper : notre situation à l'Ouest de l'Algérie nous imposait l'étude spéciale des questions relatives au Maroc et à l'Oranie et nous n'y avons pas failli.

Avant de terminer, il me reste, Mesdames et Messieurs, un devoir à remplir, celui de ne pas oublier tous ceux qui ont aidé notre Société à préparer ce Congrès. Près des pouvoirs publics, près de nos représentants au Parlement, près des autorités locales civiles et militaires, près des Compagnies de Chemin de fer et de Navigation, près de la Presse, près de tous, en un mot, nous n'avons trouvé que facilités et soutien. Les appuis tangibles ne nous ont pas fait défaut et notre reconnaissance est acquise à nos généreux donateurs.

Mais si ce Congrès est appelé à laisser des traces impérissables dans les annales de notre Société et dans celles de notre cité, nous le devrons d'abord à la haute personnalité de notre très distingué président, puis à la Municipalité qui, sur notre demande, n'a pas hésité à faire coïncider les fêtes du Millénaire d'Oran avec notre Congrès, en vue de lui donner plus d'éclat et de retentissement. Elle vous prouvera, à la réception de ce soir, le prix qu'elle attache à votre visite à la capitale de l'Oranie et aux témoignages d'estime et de sympathie dont vous l'avez ainsi honorée.

Maintenant, Mesdames et Messieurs, ma tâche est terminée, et je m'empresse de céder le fauteuil de la présidence et la parole à M. Gabriel Hanotaux. *(Applaudissements)*.

M. HANOTAUX, président du Congrès, prend alors la parole en ces termes :

Mesdames, Messieurs,

Vous me permettrez de consacrer mes premières paroles aux organisateurs du Congrès et surtout à l'éminent président. M. le colonel Derrien. Je reçois de lui, très volontiers, les pouvoirs qu'il veut bien, momentanément, me confier. Mais, en réalité, ce soldat éminent, cet historien excellent, cet Oranais dévoué reste à notre tête. Je voudrais être l'interprète auprès de lui de l'universel respect dont son nom est entouré, en Algérie et en France.

Nos remerciements vont aussi à la ville d'Oran, à la Municipalité de cette ville qui a pris l'initiative des belles fêtes auxquelles nous assistons, et à l'administrateur si distingué qui dirige ce beau département français.

L'accueil que nous recevons dans une ville — vieille déjà de mille ans, et jeune pourtant comme si elle venait de naître — cet accueil est si séduisant et si souriant que, dès les premières heures, les cœurs sont gagnés, et que nous nous trouvons déjà, si j'ose dire, en pays de connaissance sur cette terre d'Afrique, nouvelle cependant pour beaucoup d'entre nous.

Il y a deux ans, à bord d'un bâtiment qui n'était guère qu'un vieux routier de mer, j'arrivais à Oran après une rude traversée et je voyais surgir, sous le ciel sanglant d'une matinée de tempête, la sombre apparition de la côte Oranaise. Le vieux capitaine espagnol tendit la main du côté où le jour se levait et il dit simplement ce mot : *Africa*. Bientôt on vit, suspendu au-dessus des nuages, le château de Mers-el-Kébir. Grandi par l'aurore et par l'attente, il dominait la mer et il étendait sur les vagues son ombre immense. Je mis le pied sur la terre d'Afrique, frappé de tant de grandeur, séduit par tant d'illustres souvenirs et prêt à toutes les émotions.

Combien, alors, la ville d'Oran me fut douce, permettez-moi de le dire ici, puisque l'accueil que j'y reçus n'est qu'un avant-goût de celui que vous y recevez vous-même. Obligé de prolonger mon séjour, la séduction de cette ville opéra et je ne partis qu'à regret, en me promettant de revenir. Me voici de nouveau à Oran, Messieurs, et m'y voici avec vous.

C'est le plus noble des mobiles humains, c'est l'amour de la science qui vous rassemble ici, comme vous le faites tous les ans, dans une des villes de France, pour vous livrer en commun à l'étude des problèmes géographiques que l'intérêt croissant de la découverte de notre planète pose devant nous. Mais je ne crains pas d'avancer, qu'en venant en si grand nombre, cette année, Français et étrangers, rapprochés par une même confraternité et, si j'ose risquer le mot, par une même camaraderie de savoir et d'études, vous avez été attirés aussi par la séduction de cette terre d'Afrique, si proche à la fois et si éloignée, dont les destinées si obscures dans le passé seront si grandes dans l'avenir.

Le problème africain est là, en quelque sorte, ouvert sous vos pas. Vous allez le sentir vivre autour de vous, rien que par le court séjour que vous allez faire dans cette ville, nœud d'intérêts si importants, installée au point où les deux continents se rapprochent comme s'ils voulaient se toucher.

C'est ce problème que je vais essayer d'aborder devant vous, du moins dans ses grandes lignes, m'excusant de retenir trop longtemps votre attention au moment où des études plus précises et plus scientifiques vont légitimement l'absorber.

Aussi loin qu'il est donné à l'humanité de remonter dans ses souvenirs, elle trouve l'Afrique. L'Égypte, un doigt sur les lèvres, est assise au seuil des civilisations : au-delà, il n'y a plus que la nuit. Or, aujourd'hui, après dix ou vingt mille ans (car on ne peut nombrer les siècles), l'homme achève de parcourir la planète; la terre qu'il découvre la dernière, c'est encore l'Afrique. L'Afrique est à la fois, la plus ancienne et la plus récente conquête de l'humanité.

Le monde a été occupé, colonisé, civilisé, avant que l'Afrique, qui était aux portes de la civilisation, fût seulement explorée. Pendant la durée d'une si longue histoire, ce continent à fait défaut à l'histoire. Il est doublement le continent *noir*, par les populations qui l'habitent et par le mystère de sa destinée.

Les causes qui ont produit ce retard millénaire vous sont connues. Je n'essaierai pas de porter, comme on dit, des hiboux à Athènes, en les expliquant devant une assemblée aussi compétente. Permettez-moi seulement de vous les rappeler rapidement ; car il s'agit de déterminer les conditions dans lesquelles la volonté et le travail humain vont, par un effort suprême, en avoir raison.

L'Afrique est un bloc compact et plein. Ses longues côtes monotones se déroulent fastidieusement devant le voyageur qui les longe, cherchant un abri contre la fureur des lames et la violence des vents. Si, à la faveur de quelque rupture de la falaise, ou à l'embouchure d'un fleuve, il met pied à terre, c'est bien autre chose : L'Afrique, qui le repousse du dehors, l'arrête au-dedans.

Le continent africain, en effet, présente une disposition singulière. Sa masse centrale forme un plateau immense et bas ; à une certaine distance de la côte, elle est entourée et comme soutenue par une ceinture, un bourrelet de montagnes. La région côtière de pente rapide, est seule en communication facile avec la mer ; pour être clair, j'ai déjà comparé cette disposition à celle d'une *assiette renversée*.

Les fleuves qui viennent du plateau central ne franchissent donc le bourrelet intermédiaire que par une série de cataractes et de cascades qui jettent brusquement à l'Océan les masses d'eaux accumulées à l'intérieur. Le Nil, le Sénégal, le Niger, le Congo, le Zambèse, tous présentent, à une certaine distance de la côte, ces gradins gigantesques. Les navigateurs venant de la mer, sur ces frêles esquifs (qui ont pourtant suffi à l'humanité pour conquérir le reste du monde), s'y sont heurtés, et, tandis qu'ailleurs, et notamment en Europe, les fleuves continuant les anses et les golfes, étaient les véhicules naturels des relations, formant ces fameux « chemins qui marchent », dont parle Pascal, ici, ils ne présentaient qu'obstacles et déceptions, et la chute prodigieuse des cataractes tendait, devant l'explorateur surpris, une infranchissable muraille d'eau et de granit.

Le climat de l'Afrique n'est pas plus favorable à l'homme. Ce continent, en effet, se caractérise nettement en trois zones : la zone des forêts, presque impénétrable ; la zone des déserts, presque infranchissable ; la zone des montagnes, souvent inaccessible. Entre ces zones, nettement marquées, peu de contrées intermédiaires, de rares terrains de transition. L'homme est accablé ou déprimé, l'anémie l'envahit.

Les yeux vers le ciel, il a tout à craindre de lui, soit le soleil brûlant, soit le vent desséchant, soit la pluie pourrissante. Si bien que, contre ces maux diversement redoutables, la nuit elle-même semble un refuge. Ah ! c'est bien une déesse africaine, cette Tanit, cette Séléné, dont l'image est ici partout et qui, apparaissant sur le ciel sans nuages, accompagnée de l'étoile tutélaire, guide le voyageur et promène sa lumière amie sur la terre un moment apaisée !

Ce sol âpre, ce ciel capricieux ont assisté au plus étrange conflit des races. Le continent africain est le seul sur lequel les trois grandes familles humaines se soient rencontrées, mêlées, heurtées, combattues, superposées dans une lutte perpétuelle qui a multiplié souvent la désolation de la nature par la désolation de l'histoire.

Un autre fléau a singulièrement compliqué les conditions du peuplement de l'Afrique intérieure : ce mal presque imperceptible, mais dont les ravages sont incalculables, c'est la mouche *tsé-tsé*. Elle règne sur la moitié peut-être du continent africain ; elle frappe la vache, le cheval, c'est-à-dire les auxiliaires les plus précieux de la civilisation ; elle transforme la faune et la flore ; en effet, la dent des herbivores n'arrêtant pas la pousse de l'herbe, de la brousse, de l'arbrisseau, les plantes arborescentes grandissent, abris naturels et nourriture abondante pour les grands pachydermes, l'éléphant, le rhinocéros, l'hippopotame. Grâce à l'épaisseur de leur peau, ils ont subsisté. Mais, vivant sur de larges espaces, ils ont maintenu chez les populations qui les poursuivaient les mœurs de la chasse, c'est-à-dire l'éparpillement des tribus dans la forêt, le manque de groupement, la mobilité constante de la société, les instincts sauvages, la violence, la rapacité, les foyers multiples, la polygamie et peut-être l'anthropophagie, fille de la guerre à outrance et de la détresse extrême.

Suivons maintenant les conséquences de la constitution du sol, du climat et de la faune sur l'expansion de la race humaine. Il est évident, rien que par cet exposé succinct que la plus grande difficulté rencontrée par l'humanité en Afrique, en raison surtout de la longueur des distances, c'est la pénurie singulière des *moyens de portage*. Le fleuve lui manquait ; le bétail, le cheval lui manquaient. On s'est ingénié à trouver des remplaçants à ces auxiliaires indispensables du déplacement et du travail humain. On a élevé le chameau pour franchir le « pays de la soif »; on a essayé de domestiquer l'autruche, la girafe et l'éléphant. Mais c'étaient là des ressources restreintes, et, en somme, on s'est borné, le plus souvent au plus effroyable des asservissements, celui de l'homme. L'Afrique a été le pays par excellence du *portage humain*, c'est-à-dire de l'esclavage.

Pour avoir des hommes, et surtout des hommes valides, il faut les vaincre, il faut les soumettre, il faut les plier au joug. Par une sorte de nécessité lamentable, le rapt, la violence, la guerre perpétuelle ont été les procédés indispensables de la vie sociale ; l'insécurité est devenue la règle ; la férocité de la bête a remonté jusqu'à l'homme, la servitude est devenue l'aboutissant de cette *forme de civilisation* (si on peut employer une pareille expression) *comme la liberté est l'aboutissant de la civilisation européenne* : si bien que la vie africaine, quand elle se découvre, pour la première fois à l'histoire moderne, apparaît comme un soulèvement immense des tribus les unes contre les autres, agitant les ombres noires et les gestes farouches des vainqueurs autour des foyers qui éclairent la nuit, les figures résignées des vaincus et des prisonniers.

Sur ce fond de populations dispersées ou violentes, tour-à-tour victorieuses et asservies, d'autres populations surviennent et ce n'est pas encore elles qui amèneront la paix, ce sont les Asiates, astucieux et cruels, la famille de Sem, les fils de la tente. Ne pouvant s'éloigner des régions accidentées où vivent leurs troupeaux, ils occupent la côte et la montagne voisine : ils se divisent en deux branches, l'une sur la côte orientale, l'autre sur la côte septentrionale et forment, ainsi, en terre d'Afrique, une véritable Asie tandis que le centre et le sud restent l'Afrique proprement dite, l'Afrique noire. Mais cette Asie prolongée se heurte à l'Europe, à la famille de Japhet, à la race blanche.

Au nord, s'engage donc le grand duel méditerranéen, celui qui a pour héros les Annibal et les Scipion, les Omar et les Charles Martel, Saladin et Saint-Louis, sous des noms divers, guerres puniques, croisades, expéditions mauresques. Ce duel se prolonge pendant des siècles, jusqu'au moment où l'Europe, par un mouvement tournant d'une hardiesse inouïe prend l'Afrique à revers et porte son attaque dans l'océan indien. Quel émoi pour les populations sémitiques qui vivaient tranquillement sur ces côtes, faisant le commerce du Golfe Persique, Bagdad, des Indes avec Sofala, Zanzibar et Madagascar! L'Océan Indien était un grand lac tranquille où prospérait, en robes longues et bonnets pointus, la civilisation des *Mille et Une Nuits*. Tout à coup la piraterie des premiers conquérants de l'or s'abat sur ces peuples sans défense. Les Portugais sont les premiers des *conquistadors*, et c'est sur l'Afrique orientale que s'exercent d'abord leurs terribles instincts de rapaces. Vous connaissez les vers du poète :

> Comme un vol de gerfauts, loin du charnier natal,
> Fatigués de porter leurs misères humaines,
> De Palos, de Moguer, routiers et capitaines,
> Partaient, ivres, d'un rêve héroïque et brutal.

Et ces hommes, par leur terrible survenue, ajoutent de nouvelles misères à tant d'autres misères ; à la traite intérieure, la conquête européenne joint, par une superposition affreuse, la traite extérieure. L'Europe, qui vient de s'emparer d'un autre monde, en détruit systématiquement les populations pour les remplacer par les populations africaines ; un continent fut versé et comme vidé sur un autre continent. Au prix de quelles infortunes, vous la savez ! On ne vit jamais sur la terre de pareilles horreurs. Les trois races s'étaient accablées, les unes les autres, de tous les maux que l'espèce humaine peut supporter. N'est-ce pas le cri de l'Afrique elle-même, la plainte de cette négresse qui disait à Livingstone : « Ah ! qu'il serait bon de pouvoir dormir sans rêver qu'on vous poursuit avec une lance ! »

Voilà ce qu'on a vu, voilà ce qu'a subi l'Afrique. Voilà ce qui a retardé son essor. La nature était cruelle à l'homme. L'homme lui-même fut plus cruel encore. C'est la violence prolongée qui a maintenu si longtemps l'Afrique à l'état de terre barbare. Il est temps que des faits nouveaux se produisent ; il est temps qu'elle respire ; il est temps qu'une aube apparaisse pour rendre, du moins, quelque espoir à cette terre que semblait poursuivre jusque là la malédiction divine.

C'est l'honneur de la France d'avoir donné, à trois reprises différentes, le signal et l'exemple. Bonaparte s'empare de l'Égypte et répand sur la terre des Pharaons, les premières semences de la civilisation nouvelle. L'expédition de 1830 détruit le nid des pirates d'Alger et l'établissement de nos premiers colons prouve que la race européenne peut prospérer et grandir sur la terre africaine. Mais, surtout, M. de Lesseps perce l'isthme de Suez ; il fait l'incision décisive. Il met ainsi toute la côte orientale de l'Afrique en communication immédiate avec l'Europe ; d'un golfe, qui n'était qu'un cul de sac, la Mer Rouge, il fait le grand chemin du commerce du monde. L'Afrique devient une île, abordable en tous sens à la circumnavigation européenne.

Tels sont les trois faits nouveaux qui décident de l'avenir de l'Afrique. Elle est entrée désormais dans le champ des préoccupations européennes. En même temps la période des explorations commence. On veut mesurer la grandeur de la tâche avant de l'aborder. Les établissements embryonnaires posés sur les différents points de la côte deviennent les têtes de ligne pour cet immense travail de reconnaissance. La carte se meuble. Les itinéraires vont à la rencontre l'un de l'autre. René Caillé part du Sénégal ; Barth part de Tripoli ; le doux maître de l'exploration africaine, Livingstone part du Cap ; Stanley et Brazza, quittant les deux côtes opposées, se rencontrent sur le Congo ; Binger relie le bassin du Sénégal à celui du Niger ; Monteil fait son coude hardi par le lac Tchad ; Marchand, enfin, traverse de part en part le continent et met sur le Nil, au point décisif, une inoubliable empreinte.

L'Afrique est découverte. Il faut maintenant la civiliser. Nous voilà donc en présence du grave problème. Mais comment ne pas évoquer maintenant par la pensée la résistance farouche que cette terre a toujours opposée à la pénétration. Est-ce que cette résistance s'est affaiblie ? Est-ce que les obstacles que nous énumérions tout à l'heure, ont disparu ? Non pas. Et, alors, comment va-t-on procéder ? Quelles sont les chances de succès ? L'Afrique a déjà coûté à l'Europe les frais de l'exploration et même d'une première et incertaine conquête ? Rendra-t-elle en proportion ce qu'elle a coûté et ce qu'elle va coûter ? et, pour tout dire, étant donné le passé de l'Afrique que faut-il augurer de son avenir ?

Dès aujourd'hui, Messieurs, on peut avoir confiance et je dirai, en deux mots, la raison : C'est que nous abordons le problème africain, d'une part avec des instructions, d'autre part avec des principes nouveaux et qui sont, pour les générations futures, un gage à peu près certain du succès.

Reprenons, en effet, la série des obstacles que nous énumérions tout à l'heure : La forme du continent ? Le manque d'abris et de ports ? Déjà, le percement du canal de Suez a modifié profondément l'état des choses antérieur. Si les ports naturels restent rares, la puissance des moyens d'action modernes saura développer ceux qui existent, et en créer d'autres au besoin.

Les fleuves repoussent la navigation ? Ils se défendront mal, désormais, contre le travail moderne qui saura régulariser, canaliser ou détourner leur cours. D'ailleurs, un nouveau moyen d'action entre en ligne : c'est le chemin de fer. Voilà le véritable conquérant de l'Afrique. Le chemin de fer traverse les déserts ; il franchit les cataractes ; il réunit à la côte les bassins supérieurs de ces grands fleuves qui en étaient séparés ; il ouvre ainsi au commerce l'aire immense du vaste plateau intérieur et l'accès des grands lacs, si longtemps perdus au fond des terres, et qui verront des civilisations puissantes s'établir sur leurs bords.

La difficulté séculaire de la vie africaine, c'était disions-nous le manque de partage avec — pour terrible corollaire — la fatalité de l'esclavage humain. La mouche tsé-tsé multipliait, par son insaisissable offensive, la défensive naturelle du sol et du climat. Or, voici le nouvel ouvrier, c'est le fer. Les « porteurs » de l'avenir, c'est-à-dire les bâtiments, les locomotives et les trains sont insensibles aux attaques de la mouche. En outre, un nouveau progrès non moins décisif est à la veille de se réaliser. Le vaccin de la mouche tsé-tsé est l'objet de recherches et d'études nombreuses ; le problème est serré de près ; sa solution est imminente. Le jour où ce progrès sera réalisé, un des plus grands bienfaits qui puissent être répandus sur la planète par le génie humain se sera produit. La moitié du continent africain sera rendu à la civilisation et à la vie.

Le climat se ressentira d'une meilleure organisation des forces naturelles. Les forêts profondes seront percées et des régions immenses seront rendues à la divine lumière du jour. Les marais seront desséchés, les écoulements facilités, l'excessive fécondité, qui encombre la terre et les eaux, sera contenue. Par contre, là où l'eau manque, là où le caprice des saisons la distribue mal, elle sera captée, retenue, aménagée, utilisée ; celle qui repose sous le sol sera aspirée et répandue à la surface ; le problème du désert lui même sera abordé, et peut-être saura-t-on lui faire connaître, un jour, par des plantations appropriées une sorte de richesse et de fécondité.

D'ailleurs, les réserves accumulées sur cette vieille terre sont telles qu'on peut à peine deviner, à l'heure présente, les bénéfices qu'elle doit nous livrer. Qui eût dit au maréchal Bugeaud que l'Algérie contenait des phosphates en quantité suffisante pour payer les frais de la conquête, l'eût bien surpris. Les forêts de l'Afrique Équatoriale recèlent, sous leurs sombres voûtes, la richesse naturelle la plus précieuse de l'heure présente, le produit qui lutte avec le fer, qui le complète et qui parfois le remplace : le caoutchouc. Ailleurs, ce sont les mines de diamant, les mines d'or dont la bande souterraine s'est retrouvée déjà sur les points les plus divers de ce bourrelet de montagnes qui entoure l'Afrique de sa précieuse ceinture. J'ai parlé des phosphates ; avec la calamine et l'étain, leur exploitation oriente vers le développement industriel, l'Algérie et la Tunisie, jusqu'à présent, exclusivement agricoles. Le charbon lui-même ne manque pas à cette terre. Le pétrole apparaît. En tous cas, l'utilisation des chutes fournira bientôt à l'industrie africaine des ressources d'énergie incalculables et inépuisables. Il est probable qu'à proximité des cataractes qui ont été, longtemps, le principal obstacle à la civilisation, on verra s'élever des usines puissantes empruntant au fleuve lui-même la force nécessaire à l'exploitation de ces prodigieuses richesses.

Ne voyons-nous pas s'avancer, de la côte vers l'intérieur, par une entreprise universelle, qui ne peut être une universelle erreur, les lignes de chemins de fer, qui, bientôt, transformeront la vie économique du continent tout entier. En Algérie, la voie ferrée longe depuis longtemps la côte d'Oran à Tunis. Mais, maintenant, elle pousse sa double pointe vers le Sud, soit, d'ici-même, dans le Sud-Oranais, vers Aïn-Séfra et Duveyrier, soit par Biskra et par le Sud-Algérien. En Égypte, le chemin de fer a déjà franchi les cataractes du Nil et il atteint Khartoum et Kernan. De Djibouti, le chemin de fer abyssin est en construction et il atteindra bientôt le Harrar. De Zanzibar, le chemin de fer de l'Ouganda, qui va jusqu'à Oukala, sera la grande artère qui créera la future civilisation des Grands Lacs. Au Cap, le réseau des voies ferrées est considérable et les milliards dépensés pour une guerre déplorable laisseront du moins ce résultat particulier d'avoir facilité les communications sur ces terres, hier heureuses et, maintenant, malheureuses pour si longtemps. Dans les colonies portugaises et allemandes de la côte orientale et de la côte occidentale, les réseaux de pénétration sont amorcés

Au Congo, le chemin de fer africain-type annule les cataractes et devient ainsi la véritable embouchure économique de l'immense bassin central. Au Cameroun, au Bas-Niger, au Dahomey, au Togoland, à la Côte d'Or, à la Casamance, au Sénégal et le Haut-Niger, les voies sont entreprises ou à l'étude. Trois milliards de francs sont déjà dépensés dans les travaux exécutés ou en cours d'exécution. On peut entrevoir déjà, comme d'une réalisation prochaine, le raccordement de ces lignes diverses vers certains nœuds décisifs, l'un situé quelque part vers les rives du Tchad, l'autre vers les Stanley-falls.

N'est-ce pas la plus évidente et la plus prochaine des éventualités que celle d'un programme d'ensemble traçant méthodiquement, par une entente internationale, les directions du réseau transcontinental africain, utilisant les grands fleuves, réunissant le Nil au Congo, la Bénoué à la Sanglia, par un vaste système de canalisation, appuyant le développement de la voie fluviale par le développement de la voie ferrée et faisant, ainsi, de l'intérieur de l'Afrique, une immense ruche bourdonnante où les trains et les vapeurs, dévorant les distances, se précipiteront vers un immense garage et entrepôt central où se rencontreront les peuples et les marchandises de l'univers ? Et, ainsi, Messieurs, on verrait se réaliser dans les deux phases de l'histoire africaine, la parole doublement prophétique de la Bible : « Que Dieu habite la tente de Sem ; que Dieu donne l'étendue à Japhet. »

Donc, si nous nous en tenons uniquement au point de vue économique, tout indique que, dans les conditions nouvelles où le problème est abordé, il sera résolu. L'Afrique sera vaincue par l'homme moderne, parce que, aidé des *grands outils*, il entreprendra les *grands travaux*, en vue des *grands profits*.

Mais, à mes yeux du moins, ce résultat serait bien incomplet s'il devait restreindre à une vaste et heureuse entreprise économique, l'influence de la conquête moderne sur le continent africain. La civilisation serait indigne d'elle-même, si elle n'était qu'une spéculation plus ou moins heureuse à une plus ou moins longue échéance. Elle ne justifie ses ambitions et peut-être ses exigences que si elle se propose un plus noble idéal.

Le grand bienfait qu'elle doit apporter à l'Afrique, c'est d'abord la paix. Déjà, la traite est si étroitement surveillée que le commerce des esclaves devient une affaire médiocre ; avant peu il aura disparu. Ces populations, jadis accablées par des maux intolérables, vont respirer, se développer, se livrer probablement à ce goût naturel pour la culture que, pour employer les propres expressions de Livingstone : « tous les noirs aiment passionnément. » La « paix européenne » doit être pour ce monde nouveau ce que la « paix romaine » fut pour le monde ancien. A moins que, par une effroyable folie, la grande famille des peuples civilisés ne transporte sur ces terres à peine apaisées ses querelles intestines, son esprit impatient de repos, une longue période de paix doit suivre les grands partages qui se sont récemment accomplis.

Alors, les populations se multiplieront, la main-d'œuvre s'accroîtra, et la mise en valeur de ces contrées immenses par les précieuses et rares cultures que seules elles peuvent produire sera, en même temps qu'une cause de richesse, un adoucissement de la vie et une amélioration du bien-être auquel ces populations, par contre, ne pourront rester longtemps insensibles.

Nous leur devons la paix ; nous leur devons la justice ; nous leur devons aussi la tolérance. Je ne puis qu'effleurer, d'un mot, ce grave sujet de la religion qui met en jeu les ressorts les plus cachés de l'âme humaine. En Afrique, et notamment dans l'Afrique du Nord, la pénétration européenne rencontre cette grande et antique croyance de l'Islam qui, ici plus que nulle part ailleurs, est en pleine croissance et vitalité, — cette religion qui proclame l'existence d'un Dieu unique, qui attache, à la foi en ce Dieu, toutes les vertus individuelles et sociales, et qui tient le croyant d'une prise si forte que, quand une fois il s'est donné, il ne se reprend plus. Je prononçais tout à l'heure, le mot de tolérance : cela même ne suffit pas. Nous devons à l'Islam plus encore. Nous lui devons d'essayer de le comprendre ! Nous lui devons de nous inspirer en sa faveur de la parole de son prophète : « Point de contrainte en religion ». Nous lui devons la vie tranquille au plein jour ; nous lui devons le respect.

Souvenons-nous de cette parole de l'émir Abd-el-Kader qui comparait « les trois prophètes du monothéisme à trois frères, fils d'un frère unique, mais ayant plusieurs mères ». Certes, il nous est difficile de partager l'espoir de ceux qui escomptent une fusion et une assimilation des civilisations et des races ; mais, du moins, devons-nous désirer qu'elles ne soient pas, de parti-pris, un état d'hostilité. A défaut d'entente complète sur toutes les questions (et le monde n'a-t-il pas été livré aux disputes des hommes ?) on peut, du moins, vivre les uns à côté des autres, se tolérer, se comprendre et peut-être s'aimer. En tous cas, c'est à nous qu'il appartient de faire, dans ce sens, les plus grands efforts.

Nous ne nous instruisons jamais assez des raisons d'agir, des aspirations de l'état d'âme de ceux qui vivent, auprès de nous, sur cette même terre et qui ont, en somme le même intérêt que nous à la voir heureuse et prospère. Si nous étions plus attentifs, plus intelligents et meilleurs, nous eussions plus fait pour le bien commun qu'en multipliant le fatras des polémiques vaines ou des décrets inappliqués.

Mais, la pacification africaine doit compter sur un auxiliaire non moins précieux : c'est le travail. Voilà, Messieurs, ma véritable espérance. La leçon suprême que l'Europe apporte avec elle, c'est la leçon de travail. Non pas le travail pénible, maudit et détesté, mais le travail joyeux, fier et satisfait. Le travail n'a pas été donné à l'homme pour le punir, il lui a été donné pour le réjouir et pour l'exalter. Il n'en sera pas, en Afrique, autrement que dans les autres parties du monde ; le travail guidé par la prévoyance (qui est la véritable qualité des chefs) arrachera cette contrée à la barbarie. Les races indigènes ne sont pas paresseuses, tant s'en faut. Je citais, tout à l'heure, le mot de Livingstone. L'Africain peut devenir, comme le fellah, le modèle des cultivateurs. Partout où les lendemains seront assurés, la population retournera à son instinct, elle saisira sa bêche et se penchera sur la terre.

C'est du bienfait immense qui résultera de cette innovation, le travail en commun, c'est de ce bienfait que nous devons attendre la véritable solution du problème africain. Déjà, dans cette Algérie qui est vraiment, en Afrique, la terre des grandes expériences, déjà ce résultat se dessine nettement. L'élément indigène est intéressé par le salaire, par la plus-value donnée à la terre, par l'accroissement naturel de ses facultés, de ses aptitudes, de son intelligence, de son bien-être, il est intéressé autant que le colon, à la prospérité du pays. C'est un progrès désormais indéniable et qui, quelles que soient les préventions réciproques, se produit, pour ainsi dire à l'insu de ceux qui y travaillent et de ceux mêmes qui en profitent.

Il en est de même partout. Les peuples, dirigés avec sagesse et avec clairvoyance, vers un avenir qu'ils ne peuvent même pas entrevoir, bénéficieront de l'ouverture d'esprit des chefs étrangers qui sont venus s'installer parmi eux. Une collaboration féconde, cimentée peut-être par le mélange des races, sera la norme du futur progrès africain. Nous ne sommes plus au temps où la violence et la rapacité qualifiaient d'inférieures les populations qu'elles voulaient faire disparaître.

L'Afrique, Messieurs, appartiendra à ceux qui sauront la cultiver Permettez-moi d'ajouter immédiatement cette parole profonde de Montesquieu : « Les pays ne sont pas cultivés en raison de leur fertilité, mais en raison de leur liberté. »

Comme pour cultiver la terre africaine, il faut pouvoir en supporter le climat, n'en résulte-t-il pas que les populations indigènes sont indispensables et que le premier soin des chefs nouveaux doit être de les conserver et de les développer, puisque, dès longtemps acclimatées, elles constituent la seule main d'œuvre utilisable ; sommes-nous pas autorisés enfin à compléter la première formule par celle-ci, l'Afrique appartiendra à ceux qui pour la cultiver, sauront s'assurer le concours des populations indigènes.

C'est donc une loi d'humanité qui s'impose à l'Europe, au moment où elle aborde cette dernière et difficile entreprise. C'est une loi de douceur, c'est une loi de sagesse, c'est une loi de prévoyance, c'est une loi de fraternité équitable et forte.

A la lumière de ces observations, réunies les unes aux autres par une logique évidente, nous pourrons donc conclure hardiment par une formule dernière ; notre rôle, en Afrique, ce n'est pas la *conquête*, c'est la *protection*. Si nous luttons contre l'Afrique, elle luttera contre nous et se vengera. Si nous gagnons ces populations inquiètes et méfiantes, elles se donneront et ce sera pour longtemps.

Tels sont les termes dans lesquels me paraît pouvoir s'indiquer l'évolution progressive des destinées africaines. La grandeur matérielle ne suffit pas : il faut l'autorité morale. N'ai-je pas le droit d'ajouter, Messieurs, que dans ce progrès, la part réservée à la France sera considérable. J'ai rappelé les services décisifs rendus par elle. Il suffit de jeter les yeux autour de nous pour voir ce qu'elle a su faire en terre d'Afrique. En cinquante ans, elle a guéri, ici, le ravage de quinze siècles. Elle a fait, de cette côte, qui n'était qu'un repaire de pirates, un séjour délicieux et comme la réplique imprévue de cette « côte d'azur » où le monde vient chercher chaque hiver la trêve de la lumière et de la joie. Avec le concours des bras indigènes, elle a défoncé cette terre ; elle y a implanté l'une des nourrices les plus fécondes de la civilisation : la vigne. Alger est le troisième port de France. L'Algérie est la plus belle colonie qu'ait créée le XIXe siècle.

Un tel bienfait ne pouvait rester enfermé dans les limites de la Régence Algérienne. Une sorte d'infiltration s'est produite. La Tunisie s'est donnée, sans coup férir, et ainsi, une autre belle contrée a été, en moins de quinze ans, rangée dans la famille des nations civilisées. Et l'attraction algérienne continue à rayonner sur les terres environnantes : de Malte, de Sicile, d'Espagne, d'Italie, on vient ici partager les chances du travail commun et d'un avenir prospère. Plus près encore, le Maroc n'est pas insensible à cet appel ; les populations marocaines apportent ici l'appoint de leurs bras robustes. Les relations de bon voisinage qui viennent de se fortifier entre les deux pays, sont le meilleur gage de leur amitié. Par une loi de l'histoire, l'autorité d'un centre comme Oran s'étend au loin. Déjà, des devoirs nouveaux incombent de ce chef à la France. La protection de son amitié s'étend naturellement sur les pays qui la touchent. Tout le monde comprend, tout le monde admet qu'elle ne pourrait supporter que des prétentions précipitées vinssent troubler l'œuvre qu'elle confie, elle même avec une grande sagesse, au temps, au progrès pacifique, à la force de la conviction et des exemples. Elle sait que la prospérité des régions qu'elle domine sera, autour d'elle, le plus puissant agent de pacification et de pénétration.

Ainsi, Messieurs, se réalise partout la loi de l'évolution africaine. En raison même des difficultés qu'elle surmonte, elle a besoin du concours de toutes les forces. Détruire ou laisser périr l'une d'elles serait la pire des fautes. Les diverses familles humaines ici ne s'excluent pas ; au contraire, elles sont nécessaires l'une à l'autre. Pour lutter contre les dispositions naturelles, le pasteur, l'agriculteur, l'ingénieur doivent s'unir. S'ils retombent dans la faute des anciens âges, ils retomberont dans la punition des anciens âges ; la conjuration de tous les éléments ne sera vaincue que par la collaboration de tous les efforts humains.

Admirons les démarches solennelles de l'histoire. Elle a voulu que la civilisation, partie de ses bords, y revint après un circuit gigantesque et après avoir pénétré le reste du monde. Elle a voulu qu'elle les retrouvât plus barbares qu'elle ne les avait laissée, mais qu'elle eût elle-même ramassé, dans son immense voyage, des instruments, des lumières, une autorité lui permettant de reprendre en sous-œuvre la tâche interrompue depuis des siècles. Elle veut que l'œuvre de la colonisation soit abordée, au moment où, dans le monde, se démontre, avec une évidence invincible, le bienfait de la tolérance mutuelle et de la paix. Ce pays qui a été le pays de la rapine, le pays du meurtre, le pays de l'esclavage, le pays des sacrifices sanglants, ce pays qui repoussait l'homme comme s'il en avait horreur, ce pays qui va le recevoir de nouveau et le mettre à l'épreuve. Est-ce trop demander à la famille des peuples civilisés, au moment où elle va produire, sur la terre de Cham, ce suprême effort, est-ce trop lui demander que de réclamer d'elle le respect de la loi qu'elle a dictée elle-même, la loi de justice, d'humanité et de fraternité ».

Des applaudissements répétés ont souligné de nombreux passages de ce magistral discours qui a laissé une vive et agréable impression sur tout l'auditoire.

Remise de Décorations

Après un allégro brillamment enlevé par la musique des Zouaves, M. Hanotaux fait connaître, dans une charmante improvisation, que le Gouvernement de la République, voulant s'associer à nos belles fêtes, lui a confié l'agréable mission de remettre quelques récompenses aux hommes qui contribuèrent à l'organisation du Congrès et à ceux qui par leurs travaux donnèrent une preuve de l'activité intellectuelle de l'Algérie, et particulièrement de l'Oranie.

M. Hanotaux ajoute qu'il a envoyé d'avance les remerciements du Congrès à M. le Président de la République, au Gouvernement républicain et en particulier à M. Révoil, gouverneur général de l'Algérie, qu'il lui est agréable de pouvoir ici appeler son ami.

M. le lieutenant-colonel Derrien reçoit de la part du Gouvernement français et du Gouvernement tunisien, la plaque de grand officier du Nicham Iftikar.

M. Gillot, vice-président de la Société de Géographie, est nommé chevalier de la Légion d'Honneur.

M. Mouliéras, le savant arabisant, vice-président de la Société de Géographie, reçoit la rosette d'officier de l'Instruction publique.

M. Bouty, secrétaire général honoraire de la Société de Géographie, reçoit le cordon de commandeur du Nicham-Iftikar.

Sont nommés officiers d'académie : MM. Flahault, secrétaire général, et le Docteur Gasser, secrétaire de la Société de Géographie ; Gustave Boyer, membre fondateur de la Ligue de l'Enseignement ; Grégoire, maire d'Arzeu ; Rouanet, président du Petit Athénée, à Alger, et Soulery, secrétaire de la Bourse du Travail d'Alger.

La croix de chevalier du Mérite Agricole est décernée à Madame Belon, propriétaire au Sig.

M. Rahal Mohamed ben Hamza, membre de la Société de Géographie, est fait commandeur du Nicham.

Ces nominations sont accueillies par des vifs applaudissements.

Les séances de travail du Congrès eurent lieu dans la salle du Conseil municipal, mise gracieusement à la disposition du Congrès par M. le Maire d'Oran, que nous avons le devoir de remercier à ce titre d'une manière toute spéciale.

SÉANCE DE L'APRÈS-MIDI

Réunion du Comité

Sous la présidence de M. le lieutenant-colonel Derrien, la réunion des délégués est ouverte à 2 heures de l'après-midi, et il est procédé à l'élection des cinq présidents et des cinq vice-présidents pour les diverses séances du Congrès. Le scrutin donnent les résultats suivant :

Sont élus présidents des séances :

MM. Nicolle, Georges Blondel, H. Lorin, Mesplé et Monflier.

Sont élus vice-présidents :

MM. Paul Hazard, Froidevaux, J. Léotard, le lieutenant de vaisseau Dyé et Bottin.

Conformément au règlement, on procède par tirage au sort, à l'ordre dans lequel seront lus les rapports des Sociétés. Le tirage au sort désigne Lille.

Société de Géographie de Lille

Rapport de M. NICOLLE

Huit mois seulement se sont écoulés depuis le dernier congrès à Nancy; l'histoire de notre société n'a pu se remplir beaucoup dans un si court espace. Son action a continué à s'accomplir suivant les règles accoutumées, cependant nous y avons apporté de notre mieux l'amélioration et l'accélération.

Au moment même où nous étions réunis à Nancy avait lieu notre dernière excursion de l'été ; un groupe de nos collègues descendait le Rhône de Lyon à Avignon, puis explorait les Gorges du Tarn, Roc Amadour et le puits de Padirac.

Le lauréat du premier concours de la Fondation Paul Crépy, couronné pour un travail géographique excellent sur l'Alsace, parcourait cette province qu'il avait décrite d'après ses études afin d'achever de la connaître, et par extension les régions voisines, la Lorraine, la Forêt Noire et le cours du Rhin en Suisse et en Allemagne jusqu'à Cologne.

Nous considérons à Lille ce fait comme intéressant, nous voudrions le voir se multiplier, aussi j'en parlerai avec quelques détails. La Fondation Paul Crépy instituée par sa famille en souvenir du regretté président de notre société, dont le nom éveille la sympathie dans le cœur de nos confrères en géographie, consiste en une bourse de voyage de trois cents francs attribuée au meilleur mémoire d'un concours. Ce concours roule sur la description géographique, économique et commerciale d'une région déterminée pour chaque candidat. La bourse sert au lauréat à compléter son étude par un séjour dans le milieu décrit. Les matières du programme sont prises, une année dans la géographie de la France (Alsace-Lorraine comprise) et de la Belgique, la suivante dans les pays voisins de la France. Elles sont classées en catégories assez larges, désignées par des numéros ; les candidats choisissent ces numéros en s'inscrivant. Le jour du concours, un sujet, circonscrit de manière à pouvoir être traité complètement, leur est indiqué dans le ou les numéros choisis. Par exemple pour 1902, un candidat a-t-il choisi l'article 1 : « Les côtes d'Angleterre de l'embouchure de la Tamise par le Pas-de-Calais jusqu'à celle de la Severn », il pourra avoir à composer sur : « les Ports anglais de la Manche » et s'il triomphe il devra visiter ces ports ou quelques-uns d'entre eux, suivant un programme approuvé par la société, et à la charge d'écrire une relation de son voyage.

Cette visite, entreprise avec des ressources restreintes, sera facilitée par les moyens au pouvoir de la Société : recommandations à des particuliers ou à des sociétés, démarches près des établissements d'enseignement alors en vacances pour obtenir logement et table, même à des conditions très modérées, demandes de réductions de tarif aux chemins de fer, etc.

Nous souhaitons que de nouvelles générosités permettent à nous-mêmes et à d'autres le développement de ces voyages, assurément fructueux à en juger par le premier.

Dans le même ordre d'idées, c'est-à-dire pour pousser aux études géographiques, nous avons augmenté la valeur vénale, et surtout la valeur scientifique des ouvrages distribués aux lauréats de nos concours généraux de 1901.

Pour le concours de 1902 nos programmes ont été remaniés et mis mieux en harmonie avec les études suivies dans les classes d'où viennent nos candidats. Nous avons fait des démarches près des chefs de l'enseignement pour les engager à stimuler leurs élèves.

En résumé, nous nous attachons, dans cette branche d'enseignement et de concours, à agir aussi efficacement que possible pour le développement des connaissances géographiques.

Les lecteurs de notre bulletin ont pu constater que là aussi nous avons voulu jouer plus complètement notre rôle ; non pas en abordant la science pure mais en offrant à nos collègues des lectures à la fois intéressantes et instructives de nature à faire naître le goût d'études plus approfondies.

Nos douze livraisons de 1901 forment deux volumes grand in-8°, de 468 et 456 pages respectivement.

Nous possédons une bibliothèque importante par le nombre et le choix de ses volumes que nous prêtons à nos adhérents, trop rarement à notre gré ; des notes bibliographiques sur le sujet de nos conférences imprimées au bas des invitations nous ont attiré des lecteurs ; les demandes de livres ont à peu près quadruplé dernièrement.

Efforts analogues du côté de nos conférences ; nous avons visé non à en augmenter le nombre, mais à les rendre plus attachantes et plus originales, et nous pensons y avoir réussi.

Le 27 Septembre 1901, M. René Garnier, secrétaire de la Société d'Alger, inaugurait la série de la saison par une communication séduisante et documentée sur les ressources et les charmes de cette belle Algérie où nous avons tant de plaisir à nous trouver en ce moment.

Le 24 Mars dernier nous en étions à vingt-huit séances. Je ne voudrais pas vous en infliger la nomenclature, ce serait à la vérité pour vous une répétition sans objet, car nous avons suivi la règle posée à Nancy d'en communiquer de temps en temps la liste aux Sociétés de Géographie nos sœurs ; sans en recevoir toujours, pour tout dire, la réciprocité, malgré les avantages d'informations destinées par un usage continu à faciliter l'organisation des conférences.

Quatre de nos séances, je veux le noter néanmoins étant à Oran, ont été consacrées au Continent Africain et deux à Madagascar qui en dépend géographiquement.

Les seuls noms inscrits sur nos listes ont dû vous prouver combien nous avons été heureux cette saison dans le choix de nos orateurs.

Un petit groupe de nos collègues est en ce moment en Algérie, c'est le premier de nos voyages de cette année. Lointains ou proches, en comprenant plusieurs visites scientifiques, agricoles et industrielles, nous en avons vingt et un inscrits à notre programme ; l'avant dernier, au mois d'Août, mènera douze personnes en Russie, à Kiew, Nijni-Novgorod, Kazan, Moscou et Pétersbourg, sous une conduite scientifique des plus éclairées et avec une organisation matérielle des plus soignées.

Nos sections de Roubaix et de Tourcoing participent à notre activité, par les conférences qu'elles organisent particulièrement dans ces deux villes, cette saison au nombre de vingt-sept, et par leurs concours dans les autres branches.

Nous aimons à nous flatter que nos efforts modestes, mais continus, ne sont pas sans influence sur l'esprit géographique de notre région.

Société de Géographie et d'Études Coloniales de Marseille

Rapport de M. Jacques LÉOTARD

Messieurs,

Notre société continue à mettre à profit, dans l'intérêt des connaissances géographiques et coloniales, la position exceptionnellement favorable de Marseille, et elle poursuit activement son œuvre de vulgarisation et d'études.

L'effectif total des membres de la Société s'élève à 250 et les concours des corps élus, des grandes compagnies et des pouvoirs publics nous est toujours acquis.

L'action extérieure de la Société est surtout marquée par les intéressantes conférences publiques, avec projections lumineuses, pour lesquelles de nombreux auditoires d'élite se sont réunis dans le grand amphithéâtre de la Faculté des Sciences. Les conférences de la dernière session, depuis le mois de novembre dernier, ont été celles de MM. Geisendorf, sur la vie américaine (de l'Atlantique aux Montagnes Rocheuses); le capitaine Devaux, sur la Guinée Française et le Haut-Djallon; Hugues Le Roux, sur Ménélik et la France; le capitaine Demars, sur le Congo Français et la mission Gendron; E. Richet, sur l'Indo-Chine nouvelle; le docteur Besson, administrateur en chef, sur Madagascar (pays Betsileo et sud de l'Ile); Van Cassel, sur la mission Wœlffel dans l'Extrême-Sud Soudanais; Brunet, député, sur l'Empire Colonial Français et les câbles télégraphiques sous-marins.

L'activité a été également notable dans les séances privées de la Société, où nous avons entendu d'attrayantes communications sur le Maroc actuel, par M. Delbrel ; les confins du Congo et du Nil, par M. Berthier ; le projet de traversée du Sahara en ballon, par M. Léotard ; les mines de l'Indo-Chine française, par M. Counillon ; une mission en Annam, par M. Quintaret ; enfin la conférence-causerie annuelle sur les évènements géographiques et coloniaux, par les secrétaires de la Société, MM. Léotard, Tournier et Teisseire.

D'autre part, la Société subventionne le cours public de géographie physique et de géologie appliquée que professe à la Faculté des Sciences M. Repelin, docteur ès-sciences. Dans l'important *Bulletin* trimestriel de la Société ont été publiés, outre les conférences et actes de notre association, des travaux originaux tels que :

Géographie et géologie du bassin de Marseille, par le professeur Clerc ;

Les ports d'Australie : Perth, Freemoutle, par le capitaine au long cours Bourge ;

Les ports de la côte Ouest de Madagascar, par M. D. Carré ;

Notice sur le capitaine Cazemajou et l'enseigne Perrot, par le Secrétaire général ;

La Chine méridionale, par M. G. H. Monod ;

Le gouffre d'Aïn-Taïba et l'eau dans le Sahara, par le major Lahoche.

De plus, la Chronique géographique et coloniale du Secrétaire général forme toujours un véritable répertoire des faits notables du monde entier. Une abondante bibliographie et de nombreuses variétés complètent notre *Bulletin*, qui a renfermé comme cartes : celles de la surface comparée de l'Australie et de l'Europe, des chemins de fer de l'Indo-Chine française, du bassin du Chott Melrir ; et trois schémas géologiques sur la région de Marseille.

Suivant une louable tradition, le Bureau de la Société a félicité à leur débarquement à Marseille, le gouverneur général Doumer et le général en chef Voyron, revenant de l'Extrême-Orient ; et a fait visite au nouveau gouverneur général de l'Algérie, M. Révoil.

Notre Société s'est en outre associée aux cérémonies funèbres qui ont eu lieu dans notre ville en l'honneur de notre regretté collègue Cazemajou et du prince Henri d'Orléans, membre d'honneur. Enfin, la Société a concouru aux souscriptions pour les monuments du commandant Lamy, du colonel de Villebois-Mareuil, de l'Afrique Française à Paris et de nos Gloires africaines.

La Société a distribué l'an dernier, selon l'usage, de nombreux prix (55) aux établissements d'Instruction Publique de Marseille et de la région, afin d'encourager les études qui nous sont chères.

Ajoutons que notre importante bibliothèque et nos diverses collections ont continué à s'enrichir ; pendant l'année écoulée, l'augmentation a été de 300 volumes ou brochures, sans compter les fascicules de 230 périodiques du monde entier et de nombreuses cartes géographiques. Nous sommes entrés en relations avec de nombreuses sociétés ou institutions correspondantes, qui portent le total à 148.

Enfin, nous ne saurions trop insister sur ce fait que le local et la bibliothèque de la Société sont librement ouverts tous les jours aux travailleurs, et que le public y trouve un véritable bureau de renseignements, notamment au point de vue colonial.

Notre Société a été représentée au Congrès national de Géographie de Nancy par M. A. Rampal, et au Congrès de l'Association Française pour l'avancement des sciences à Ajaccio, par MM. Montricher et Henriet. Cette dernière assemblée a adopté un vœu de notre bibliothécaire, M. Barré, en faveur des monographies départementales. En outre, nos collègues MM. Joseph Fournier et Saint-Yves ont présenté trois mémoires au Congrès annuel des Sociétés Savantes, session de Nancy.

Arrivée au 25me anniversaire de sa fondation, la Société de Géographie de Marseille peut donc considérer avec quelque fierté l'œuvre scientifique et patriotique qu'elle a accomplie, et qu'elle espère digne du premier port national, devenu la deuxième ville de France.

Société Languedocienne de Géographie de Montpellier

Rapport de M. G. FABRE, Délégué

La vingt-cinquième année de l'existence de la Société s'est écoulée sans qu'il y ait eu le moindre ralentissement dans ses travaux.

Ceux-ci se partagent en trois groupes distincts : les conférences publiques, le bulletin trimestriel et la publication de la géographie générale du département de l'Hérault. Par cette variété voulue dans ses travaux, la Société peut atteindre bien des groupes d'auditeurs ou de lecteurs qui sans cela resteraient en dehors de son action.

Les trois conférences publiques ont eu un très grand succès, savoir :

1° Celle de M. Hugues le Roux, sur son voyage en Abyssinie ;
2° Celle de M. Foureau, sur sa traversée du Sahara algérien et du Soudan central ;
3° Celle de M. H. de la Vaulx, sur l'aéronautique maritime et les expériences projetées du ballon le *Méditerranéen* à Palavas.

Le bulletin trimestriel non seulement contient un résumé des principales découvertes géographiques et un compte rendu des plus importantes publications, mais il publie des articles originaux sur des sujets d'intérêt géographique régional, nous citerons :

Calvet (J.). — La montagne noire, avec illustrations.
Sahuc (J.). — Sources historiques et bibliographie de l'arrondissement actuel et de l'ancien diocèse de Saint-Pons-de-Thomières (suite).
Viala (F.). — La Sérane et les mines d'or.

Grasset-Morel. — Montpellier, ses terrains, ses îles et ses rues (suite).

Gros (G.). — La Salvetat et ses environs (suite).

Dupouchel (A.). — Colonisation française dans le nord de l'Afrique et culture de l'olivier dans l'ancienne Byzacène (Tunisie centrale).

La Géographie générale de l'Hérault, commencée depuis quelques années, est une vaste publication qui doit envisager le département de ce nom sous toutes ses faces.

Déjà des monographies détaillées ont traité l'orographie, la géologie, l'hydrologie, la minéralogie, la météorologie, la flore, la faune, la préhistorique; le volume traitant de l'archéologie est sous presse; il est rédigé par M. l'avocat Bonnet, bibliothécaire de l'Académie de Montpellier.

Société de Géographie de l'Est

(NANCY)

Rapport de M. COLLESSON, Secrétaire Général

Quand l'homme a fini un travail ardu il est heureux de se reposer et de jouir du calme et de la tranquillité que fait naître dans son cœur le sentiment du devoir accompli. La Société de Géographie, au contraire, trouve dans ses travaux un regain de force et de courage pour entreprendre une nouvelle tâche.

Aussitôt le Congrès de Nancy terminé, en bien ? en mal ? nos collègues en sont meilleurs jugés, la Société se remit au travail. Il a fallu rassembler tous les rapports, toutes les communications qui avaient été faits ou déposés au Congrès afin d'établir le *rapport général* de la XXIIe session du Congrès des Sociétés de Géographie.

Je ne devrais pas parler de moi, mais je souhaite de tout mon cœur à mon honorable collègue M. Flahault, qu'il ait moins de peine que moi. Enfin nous vînmes à bout du travail et le rapport vit le jour.

Entre temps on n'avait pas chômé ; les conférences, presque toutes agrémentées de projections à la lumière électrique, ont été très goûtées par nos Membres. Tour à tour, nous entendîmes : M. Chantriot, membre du Comité, professeur au Lycée de Nancy, parler de l'Argonne ; M. Cobrat de Montrozier, second de la mission Bonnel de Mézières, faire le récit de son voyage au M'Bomou ; puis M. Froidevaux, nous apprit comment l'on connaît Madagascar ; entre temps M. Thoulet, membre du Comité, professeur à la Faculté des sciences de l'Université de Nancy, nous parlait de sa campagne océanographique au Cap

Vert. Le capitaine Lemaire, du 2ᵉ regiment d'Artillerie Belge, nous narrait sa mission au Ka-Targa; M. Bons d'Anty, consul de France en Chine, nous mettait au courant des derniers évènements dont on a tant parlé; enfin le docteur Hagen, médecin de marine, nous parlait de la France en Corée.

Le bulletin paraissait régulièrement. Dans ses colonnes vous pourrez trouver au milieu d'autres articles intéressants: une étude sur le fond de la mer, de M. le professeur Thoulet; la suite d'un travail du docteur Fournier, sur les vallées Vosgiennes; une partie du journal de route du capitaine Lemaire, ayant pour titre: la ligne de faîte Congo-Zambèze; un travail sur la province de Chantoung, par le docteur Hagen; une note du docteur Rollier, sur l'orthographe du mot molasse des grès miocènes de la Suisse; une étude sur Madagascar, de M. Henri Froidevaux, etc.

La bibliothèque de la Société s'augmente de jour en jour de nouvelles acquisitions.

Enfin les sections d'Épinal et de Bar-le-Duc ont travaillé elles aussi à la gloire de la Géographie.

Société de Géographie et d'Archéologie d'Oran

Rapport de M. MOULIÉRAS

La Société d'Oran a publié pendant l'exercice 1901-1902 qui se termine en ce moment, quatre bulletins trimestriels, dans lesquels sont représentées diverses branches de la science géographique.

L'étude de la faune algérienne a vu se compléter un de ses chapitres, l'erpétologie, qui a fait l'objet d'une étude très importante et très documentée de M. Doumergue. La flore et la géologie algériennes ont été l'objet, la première d'une note de M. le capitaine Duvaut sur le Tlaïa, la deuxième d'une note de M. Koch sur le volcan éteint de Tigraou.

La description archéologique de notre sol a donné lieu à quelques notes : de M. le colonel Derrien sur des gravures rupestres et inscriptions recueillies à Taghit dans le Sud-Oranais ; une note de M. l'abbé Fabre sur les statues menhirs, et une chronique archéologique périodique de M. Flahault, ont aussi trouvé place dans nos bulletins.

Au point de vue de la météorologie, M. Guillaume a consigné dans une note le résultat des observations de la station météorologique de Santa-Cruz durant l'année 1901, — et M. Paul Vacher a entretenu nos lecteurs d'une pluie de sable observée dans la région de Béni-Saf.

La géographie proprement dite est représentée dans nos bulletins : par une attachante étude de M. Augustin Bernard intitulée « En Oranie », — par une description due à M. le capitaine Duvaux, des vallées de la Zousfana, de l'Oued-Guir et de la Saoura, récemment acquises à notre influence ou à notre autorité ; par une chronique géographique due à M. le Docteur Gasser.

M. Bouty, dans un relevé de nos exportations et importations et du mouvement de nos ports pendant l'année 1901, nous a fourni une instructive statistique commerciale.

La Société a continué à manifester extérieurement son activité par deux conférences dont l'une sur l'Indo-Chine, due à M. Pène Siefert.

Enfin la Société a offert cette année comme les précédentes, de beaux volumes aux élèves des classes supérieures d'un certain nombre de nos écoles ayant obtenu le prix de géographie.

SOCIÉTÉ DE GÉOGRAPHIE DE PARIS

Rapport de M. Henri FROIDEVAUX

Depuis le début du mois d'août 1901, date de la dernière session du Congrès national des Sociétés Françaises de Géographie, huit mois seulement se sont écoulés et, dans ce court laps de temps, la Société de Géographie n'a pas eu l'occasion de manifester son existence de toutes ces manières différentes que vous ont naguère indiquées ceux auxquels a été successivement confié l'honneur de vous faire connaître son œuvre. Au cours de ces huit mois, néanmoins, intense a été la vie de la Société de Géographie, multiple son action; c'est ce dont un bref exposé vous permettra de vous rendre compte.

Comme toutes les associations similaires, la Société de Géographie s'attache au moyen de conférences toujours très suivies, à répandre dans le public ces connaissances géographiques et coloniales que tout « honnête homme » doit actuellement posséder.

Des cinq parties du monde, deux n'ont été, depuis la reprise de nos séances, l'objet d'aucune communication développée ; mais si, par suite des circonstances, l'Europe et l'Amérique, sur lesquelles il y a tant de choses à dire, tant de données nouvelles à vulgariser, se sont ainsi trouvées négligées, il n'en a été de même ni de l'Asie, ni de l'Océanie, ni de l'Afrique : MM. Gervais, Courtellemont et Bordat nous ont entretenu du golfe Persique; MM. Vigouroux et de Clerc, de l'Australie et de la Nouvelle-Zélande; M. Alluaud, de Madagascar, et MM. le commandant Robillot et Bruel, des territoires français du Chari. Grâce à M. Thoulet, le maître de l'océanographie française, nous avons en outre été tenus au courant des travaux exécutés par le prince de Monaco au cours de la dernière campagne de la *Princesse Alice*. — Deux étrangers, MM. le lieutenant danois Olufsen et le capitaine belge Ch. Lemaire, répondant à une invitation de notre Bureau, nous ont fait également connaître les résultats scientifiques de leurs voyages au Pamir et dans l'Asie centrale, et au Katanga. Vous trouverez, Messieurs, le résumé de ces intéressantes conférences, si variées, si pleines de faits, dans ces « procès-verbaux des séances » qui, avec la « chronique de la Société » constituent la dernière partie de chaque fascicule de *la Géographie*.

Ce qu'est « *la Géographie*, bulletin de la Société de Géographie », il n'est pas besoin de vous le dire, vous le savez du reste. Il me suffira de rappeler ici que, par cette revue, nous pouvons remplir une autre partie de notre programme et fournir à la fois au grand public des renseignements précis sur les explorations françaises en cours et sur le mouvement géographique dans son ensemble, aux travailleurs des matériaux pour leurs études, des documents scientifiques, des cartes. Notre secrétaire général, le baron Hulot, et M. Charles Rabot, secrétaire de rédaction de *la Géographie*, apportent tous leurs soins à la publication de cette revue, dont le Comité de rédaction est présidé avec autorité par le prince Rolland Bonaparte.

Indépendamment de son bulletin, la Société de Géographie a publié dans ces derniers mois, avec le concours du Ministère de l'Instruction Publique, les *Itinéraires* de M. Marcel Monnier *à travers l'Asie*; un commentaire explicatif rédigé avec la plus grande précision en même temps qu'avec le charme particulier que M. Marcel Monnier sait donner tous ses écrits rend plus précieuse encore cette précieuse contribution à la connaissance géographique de différentes parties de l'Asie. C'est enfin sous le patronage de notre association qu'a été publié le tout récent volume de M. F. Foureau: *D'Alger au Congo par le Tchad*.

Ainsi, vous le voyez, les publications de la Société de Géographie, d'un caractère essentiellement varié, complètent cette œuvre de propagande et d'enseignement qui constitue un des points essentiels de son programme.

Faire progresser les sciences géographiques, voilà également un des buts capitaux de notre Société. Elle les remplit en récompensant, soit les explorateurs français les plus méritants (elle va décerner cette année sa grande médaille d'or au capitaine Joalland, le prix Herbet-Fournet à M. Gentil, etc.), et aussi aux explorateurs étrangers qui la tiennent au courant de leurs voyages ; soit les savants et les cartographes dont les travaux contribuent au progrès des différentes branches de la géographie. Grâce à la libéralité de généreux donateurs, de nouveaux prix nous permettent de récompenser des voyageurs et des travailleurs auxquels, il y a quelques années, la Société de Géographie devait se borner à exprimer platoniquement sa sympathie; et tout fait prévoir que la liste de ces prix, très enviés, ira s'allongeant de plus en plus.

De ces prix, le plus récent, le prix Hachette, mérite une mention spéciale : il consiste en une bourse de voyage de 1000 fr., remise à son départ à un travailleur dont le plan de recherches et d'études a été approuvé par la Société. A son retour, ce même travailleur devra remettre au Secrétaire général, sur les résultats de son voyage, un rapport détaillé qui sera, après examen, publié, s'il y a lieu, dans *la Géographie*. Une somme d'argent laissée à la Société de Géographie par le fondateur du prix est destinée à subvenir aux frais de cette publication et aussi d'une médaille que recevra dans ce cas l'auteur du rapport. Il y a là, pour notre association, un nouveau moyen, très efficace, de faire progresser la géographie.

A ce but encore a été institué un concours, ouvert pour la première fois en 1900 et clos en 1901. Nous lui devons, sur la deuxième et sur la troisième question du programme, deux excellents travaux dont les auteurs seront prochainement récompensés et verront leurs mémoires publiés dans *la Géographie*.

De nouvelles questions seront, dans la séance même où seront proclamés les noms de nos deux lauréats, proposées aux travailleurs, dont les manuscrits devront être remis au siège de la Société avant le 1er janvier 1904.

En même temps qu'aux érudits et aux savants, la Société de Géographie doit s'attacher dans la mesure de ses forces, à venir en aide aux explorateurs. Il lui fallait, pour remplir ce desideratum, posséder un « fonds de voyages » dont, pendant bien longtemps, elle avait ardemment et vainement souhaité la constitution ; la chose est faite aujourd'hui. Grâce à ce fonds des voyages, il nous est désormais possible de venir régulièrement en aide, chaque année, à quelques explorateurs dont les recherches nous semblent présenter un intérêt particulier. Nous ne le faisons que d'une façon restreinte, par des attributions modestes dont un membre de la Société de Géographie d'Oran, M. Edmond Doutté, a pu, comme quelques autres, apprécier la valeur morale et un peu matérielle ; mais du moins nous le faisons, et nous attendons de la générosité des amis de la géographie de pouvoir le faire plus largement dans l'avenir.

C'était un généreux ami de notre science que Renoust des Orgeries, dont le beau legs a permis à notre Société d'organiser ce voyage de l'Algérie au Tchad et au Congo qu'a si brillamment exécuté M. F. Foureau. Non content de rendre possible, par ses largesses posthumes, l'exécution d'un voyage si utile à la géographie et à la patrie à la fois, Renoust des Orgeries a voulu que les résultats scientifiques en fussent publiés avec toute l'ampleur désirable.

Grâce à sa prévoyance éclairée, la Société de Géographie

pourra faire paraître, dans le beau format in-4° bien connu des lecteurs des résultats des explorations sous-marines du *Travailleur* et du *Talisman*, un volume qui contiendra les observations scientifiques dues aux membres de la mission saharienne Foureau-Lamy. Puisse cet ouvrage être le précurseur d'une série d'études originales qui constitueraient sous le titre de « Bibliothèque de la Société de Géographie » la suite de ces excellents *mémoires*, dont les sept volumes contiennent une foule de documents auxquels recourent encore fréquemment les travailleurs !

Notre bibliothèque, libéralement ouverte à tous ceux qui s'occupent de recherches géographiques, mais dont les ouvrages ne sont prêtés à domicile qu'aux seuls membres de la Société, se développe normalement. Bien qu'elle étouffe dans son cadre, elle est loin d'être aussi riche que le souhaiterait le bibliothécaire, et les lacunes en sont considérables. Le jour où il sera possible d'augmenter le nombre de ses salles et de ses galeries, de classer systématiquement ses archives, de disposer plus commodément ses collections de cartes, de photographies, de dispositifs, d'annexer à notre installation un laboratoire photographique, un grand progrès sera réalisé.

Ce dont nous devons nous contenter actuellement, c'est de multiplier nos catalogues, et, avec l'aide bénévole des étudiants qui, pour la rédaction de leurs travaux fréquentent la bibliothèque de la Société de Géographie, de constituer quelques répertoires spéciaux dont la collection pourra un peu plus tard être constituée avec fruit.

Ce n'est pas seulement (ce court exposé vous permet, Messieurs, de vous en rendre compte) une action morale et éducatrice qu'accomplit la Société de Géographie ; fidèle à l'esprit qui animait, il y a 80 ans, ses fondateurs, elle entend faire également œuvre scientifique et patriotique, et elle y consacre le meilleur de ses forces. Le passé, le présent, sont les garants de ce que sera l'avenir.

Accentuer ce double caractère, le développer davantage encore, tel est en effet le désir de la Commission centrale et du Bureau de la Société de Géographie. Ce programme, notre association peut et doit le remplir ; c'est pour la doyenne des Sociétés de Géographie du globe, le meilleur moyen de constituer un trait-d'union entre les différentes sociétés françaises ses sœurs plus jeunes, et de demeurer, comme il convient, à côté des des associations régionales ou provinciales, la Société Nationale de Géographie de France.

Société de Géographie de Roubaix

Rapport de M. BOULENGER

Monsieur le Président, Mesdames, Messieurs,

Je suis très heureux et très fier de représenter, à ce Congrès, la ville de Roubaix, un des plus grands centres industriels de France. C'est comme président de la Société de Géographie de Roubaix, comme industriel et commerçant, que je vous demande la permission de vous dire quelques mots sur le fonctionnement de notre organisme géographique.

Les auditeurs ne manquent pas à nos conférences : nos samedis sont suivis par un public studieux où toutes les classes sociales sont représentées et fraternisent dans un même enthousiasme pour notre science de prédilection.

Les auditeurs sont de plus en plus nombreux et souvent notre salle est insuffisante malgré les dimensions spacieuses permettant de recevoir à l'aise 500 personnes.

Je voudrais aussi vous parler d'un cours de géographie commerciale que nous avons cru utile de créer à Roubaix : le cours réunit un certain nombre d'élèves, jeunes gens que leur vocation pousse vers le commerce et l'industrie. Ils complètent leur instruction générale, prennent de bonnes habitudes laborieuses, se familiarisent avec les questions économiques et s'intéressent de plus en plus aux divers problèmes qui se posent dans une ville comme Roubaix.

Notre programme du cours, arrêté par le Comité dans ses grandes lignes a étudié, avec les développements nécessaires, la République Argentine et la Plata, l'Australie, la Russie, les pays Balkaniques ; il explorera, dans la suite, les régions où nous puisons nos matières premières, où nous avons d'importants débouchés, où nous devons prendre place sur le marché.

Cette année, nos jeunes gens parcourent nos colonies et, à l'heure actuelle, ils étudient, en pensant à leurs frères d'Algérie, les ressources et les aptitudes chaque jour plus remarquables de la France d'Afrique.

Nous avons un professeur éminemment capable et qui possède bien son sujet ; — son cours qui consiste en causeries, lectures et études de documents, se condense dans des résumés faits librement par les auditeurs, dans des textes économiques, dans des graphiques très variés.

Cet ensemble de travaux qui ont été remarqués à la dernière exposition universelle de Paris, laissent dans l'esprit des jeunes gens, une impression très nette et des souvenirs durables.

La Chambre de Commerce de Roubaix a applaudi à notre initiative en votant une médaille annuelle décernée en même temps que d'autres récompenses aux élèves les plus méritants.

Nous espérons beaucoup de ce cours et du travail de nos jeunes élèves.

Pour ma part, je reste persuadé que pour la guerre économique, comme pour la guerre des champs de bataille, il faut des soldats aguerris et disciplinés ; nous les aurons si nous le voulons, et, au 1er rang, nos Sociétés de Géographie ont le devoir de travailler à la préparation de ces troupes nécessaires, elles ne se déroberont pas à cette obligation et avant qu'il soit longtemps, grâce en partie à nos patriotiques efforts, la France aura conquis sur le marché international, la place qui revient à ses merveilleuses aptitudes, à son goût délicat et à son incomparable génie...

Société de Géographie d'Alger et de l'Afrique du Nord

Rapport de M. Armand MESPLÉ

Après les vacances qui suivirent le dernier Congrès national des Sociétés de géographie tenu à Nancy du 9 au 13 août 1901, les travaux de nos membres, un instant suspendus, furent repris avec une nouvelle activité. Nos trois sections rivalisèrent de zèle, et nos huit séances mensuelles furent insuffisantes pour faire connaître les nombreuses et remarquables études de nos sociétaires. La section économique et de colonisation, en particulier, se vit obligée de doubler le nombre de ses séances. Il serait, par suite, trop long d'énumérer toutes les communications qui furent présentées pendant les cinq mois écoulés depuis la reprise de nos travaux; nous nous contenterons de citer les principales.

Les grandes *conférences* ont été faites, par M. Koualdia Salah : mission au pays soumis à l'influence française entre le Ouadaï et le Darfour; par M. le capitaine Métois: la pénétration Saharienne; par M. Bernard d'Attanoux : le Maroc ; par M. le lieutenant Kieffer : mission au Logoue, conférence qui a été une véritable primeur.

De nombreuses *communications* intéressantes ont été faites au sein de la société ; à mentionner particulièrement, itinéraire du 1er Tirailleurs dans le Sud algérien, par M. le médecin-major Malafosse ; note sur la carte au 1/500.000 des oasis sahariennes, par M. le commandant Laquère ; la pénétration commerciale au Maroc, par M. Allard; la région marocaine du Sous — la déniographie algérienne, par M. Demontès ; l'avenir colonial algérien, par M. A. Périé ; considération sur l'orographie de l'atlas Métidjien, par M. Ficheur ; voyage en Andalousie — histoire de la grammaire comparée, par M. Saurel; la Sibérie, par M. le capitaine Grange-Rochedieu ; mœurs et avenir du Congo Français, par M. Thabault; éphémérides algériennes par M. le commandant Rinn ; inscriptions phéniciennes, par M. Calléja ; la politique religieuse des Grecs en Lybie, par M. Lejébare ; la région de Recht (Perse), par M. Ferrand ; étude sur le Dahomey, par M. Laccomant ; le Tabascheer, indien-météorologie et climatologie algériennes, par M. Rivière ; les statistiques en Algérie, par M. le général Varloud ; l'eucalyptus en Algérie — importations des huiles et matières grasses en Algérie, par M. Lecq ; le café de figues, par M. Bacsh ; production et commerce des caroubes en Algérie, par M. Delloue ; culture et vente des raisins frais et secs, par M. Michalet ; gisements probables de nitrates entre Timimoun et Adrar, par M. le pharmacien-major Trapet ; le télégraphe transsaharien, par M. le lieutenant-colonel Monteil.

Notre *bulletin* a dû suivre ce mouvement ascendant : il se tire aujourd'hui à 250 pages et à 1000 exemplaires. De plus, quatre sujets relatifs à l'Afrique du Nord ont été mis au *concours ;* des *subventions* ont été accordées à certaines missions et des *excursions* organisées.

Enfin, et pour terminer ce rapide exposé, la *liste des sociétaires* s'est allongée, dans ces cinq derniers mois de *203* noms nouveaux, parmi lesquels on peut relever ceux de députés et de sénateurs de la métropole, des amiraux, des généraux, des gouverneurs de colonie et d'explorateurs comme M. Savorgnan de Brazza, M. et Madame d'Attanoux, M. Villatte, M. le Rondeney, et M. le lieutenant Britsch (tous trois de la mission Foureau-Lamy) M. le capitaine Jouinot Gambetta (de la mission Blanchet), M. Koualdia Salah, et M. le lieutenant Kieffer (de la mission Gentil), etc.

A l'heure actuelle, notre Société fondée en 1896 et n'ayant par conséquent que six années à peine d'existence, compte *840 membres*. Il semble qu'elle ait un bel avenir devant elle.

Société de Géographie Commerciale de Bordeaux

RAPPORT DE M. HENRI LORIN

Trop peu de temps s'est écoulé depuis le congrès de Nancy pour que nous ayons à signaler, depuis lors, beaucoup d'évènements importants dans la vie de notre Société.

Nous avons, en 1901, continué comme d'ordinaire nos conférences, dont le succès est toujours très vif et la publication de notre bulletin, dont la périodicité se distingue par son absolue régularité. Dans ce bulletin a été instituée, en 1901, une polémique des plus intéressantes entre deux de nos sociétaires, MM. B. St-Jours et Charles Duffart, sur un sujet de géographie locale : il s'agit de savoir si le littoral des Landes a beaucoup varié dans les temps historiques, si notamment les étangs correspondent à des baies récemment encore ouvertes ou sont depuis longtemps fixés dans leur lit actuel. M. St-Jours croit à l'ancienneté de l'état présent, M. Duffart à des modifications récentes ; cette discussion courtoise s'est poursuivie à travers plusieurs fascicules du bulletin et plusieurs de nos séances mensuelles.

La section coloniale et du commerce extérieure de la Société publie chaque semaine, dans la *Revue Commerciale et Coloniale de Bordeaux et du Sud-Ouest*, un carnet de renseignements économiques ; cette innovation inaugurée lors du 25e anniversaire de la Société, en 1900, est très appréciée des négociants ; ces notes et informations sont préparées aujourd'hui par les soins de M. Philippe Delmar, l'un de nos secrétaires.

Notre Société n'a pas été la dernière à s'occuper de la création presque achevée maintenant, d'un Institut colonial à Bordeaux, plusieurs de ses membres ont été désignés pour faire partie du Comité de patronage et du Conseil d'Administration de cet établissement.

Rappelons enfin que, le 12 juillet 1901, la Société a offert une réception à M. Paul Doumer, gouverneur général de l'Indo-Chine, qu'accompagnait le général Archinard, de l'artillerie coloniale. Cette réunion à laquelle assistaient toutes les autorités de Bordeaux, a été particulièrement importante, à la veille de l'inauguration d'un nouveau service des Chargeurs Réunis entre Bordeaux et l'Indo-Chine. (Sept. 1901).

Société de Géographie du Cher

(BOURGES)

Rapport de M. Paul HAZARD

Le fait le plus saillant, dans l'existence de notre modeste Société depuis le 22me Congrès, est l'augmentation considérable du nombre de ses membres titulaires.

Dans le cours, en effet, de l'année 1900-1901, elle avait compté 240 adhérents payant la cotisation. Elle se présente aujourd'hui avec un effectif de 286 participants, bien que, dans l'intervalle d'une saison à l'autre, elle ait perdu, par suite de décès, de démission et surtout de départ, 17 de ses anciens membres. L'accroissement dépasse donc très largement d'un cinquième.

En même temps, les conférences sont de plus en plus suivies par les sociétaires et leur famille; la salle où elles se donnent, fort vaste cependant, est presque toujours comble. Un nombre toujours croissant de personnes, dans une population plutôt apathique ou lente à s'émouvoir, s'intéresse donc sérieusement à nos travaux, et, si nos concitoyens sont encore rebelles à s'expatrier, nous les avons initiés, et nous les habituons déjà, aux idées colonisatrices.

En présence de cette situation prospère, il convenait de multiplier le nombre des conférences, qui, de 3 à 4 par an pendant une longue période de temps, étaient passées à 5 en 1899-1900 et à 6 la saison dernière. Nous en donnerons donc 7 cette année.

Cinq ont déjà eu lieu et, comme deux d'entr'elles ont compris plusieurs sujets confiés à des orateurs différents, la Société a déjà assisté en réalité, à 8 leçons ainsi réparties :

La Politique Coloniale.	1
Le Nord de l'Afrique, et en particulier l'Algérie.	2
Le Soudan Egyptien.	1
La Chine	1
La Sicile	1
La France pittoresque (Armor, Pyrénées et Alpes de Savoie).	2

Parmi les orateurs qui ont obtenu le plus de succès, citons M. Albert Merchier, secrétaire général de la Société de Lille, un fidèle du Congrès, que nous regrettons de ne pas retrouver à Oran, — et le docteur Léon Petit, aussi connu à Paris comme très brillant conférencier, que comme secrétaire général et médecin en chef de l'œuvre si intéressante des Enfants tuberculeux.

Il n'est que juste de constater que, reprenant une ancienne tradition à tort abandonnée, deux secrétaires se sont dévoués pour narrer, l'un en voyage d'exploration, l'autre ses impressions de touriste dans la métropole, et qu'un troisième a fourni des dispositions fort réussies pour les projections d'une de ces séances.

Les deux conférences qui sont promises pour ce printemps méritent une mention spéciale: M. Henri Lorin, le distingué professeur de Géographie coloniale à l'Université de Bordeaux, doit traiter de : *20 ans de Politique Coloniale* (1881-1901), synthèse instructive du plus palpitant des sujets. D'autre part, un jeune explorateur, M. Charles Van Cassel, qui a déjà donné à nombre de Sociétés de Géographie, avec succès, le récit de la mission Wœllfel, dont il a fait partie, au Soudan occidental, préparée pour nous une nouvelle conférence sur la *Haute-Guinée,* au point de vue surtout de la colonisation.

En dehors de ses conférences, la Société du Cher est comme les peuples heureux et n'a pas d'histoire. Elle fait ce que font les autres Sociétés, mais, si elle a publié récemment une notice qu'elle a eu soin de vous envoyer, elle ne possède pas encore de bulletin après 18 années d'existence. Sa prospérité actuelle lui fait un devoir de ne pas rester en arrière sur la plupart de ses sœurs, et son Président s'emploiera de toutes ses forces à ce que cette lacune soit comblée dès la prochaine saison, comme aussi à ce que des excursions soient organisées pour les adhérents.

Quand ces deux progrès auront été réalisés, notre modeste association n'aura presque plus rien à envier aux grandes Sociétés de Géographie.

Société de Géographie de Douai

RAPPORT DE M. BOTTIN

La Société de Géographie de Douai s'efforce, pour satisfaire à son programme, de propager le goût des études géographiques et de faire connaître à son Public, la France et les pays où la France a des intérêts à développer ou à défendre. C'est ainsi que chaque année elle institue, parmi les élèves des deux sexes des écoles primaires publiques de l'arrondissement, un concours de géographie qui, l'an dernier, réunissait près de trois cents candidats. Dans le cours de chaque année, la Société donne une moyenne de douze conférences publiques où les écoles envoient aussi leur contingent d'auditeurs. Ces conférences sont très suivies, et le public marque une préférence non douteuse pour les voyageurs, les explorateurs, les hommes d'action qui viennent raconter ce qu'ils ont vu et fait dans ces pays lointains. Est-ce pour cela qu'il est relativement plus difficile de trouver des conférenciers qui parlent de la France ?

Parmi les conférences de la dernière saison, qu'il nous soit permis d'en signaler une seule, celle dans laquelle M. René Garnier, secrétaire de la Société de Géographie d'Alger, nous a entretenus de l'Algérie qu'il faut connaître.

Il nous a fait de l'Algérie un tableau séduisant, mais dont nous avons déjà pu constater la vérité ; nous quitterons le Congrès et l'Algérie emportant la conviction que ce beau pays est digne de tous les sacrifices que la France a faits pour lui, et qu'il est appelé au plus brillant avenir, et par ses ressources naturelles et par l'énergie de ses colons qui ont déjà su réaliser tant de merveilles.

Société Bourguignonne d'Histoire et de Géographie de Bourges

Rapport de M. P. AZAN

La Société Bourguignonne d'Histoire et de Géographie n'envoie généralement dans les Congrès hors de France qu'un petit nombre de représentants, et c'est sans doute à l'humeur sédentaire de ses Membres que je dois le grand honneur de la représenter ici.

Du moins, l'amour de leur sol inspire-t-il aux Bourguignons le désir d'en connaître l'histoire et d'en décrire les pittoresques recoins, et le tome XVII des mémoires de la Société, qui contient les travaux de 1901, est riche en découvertes historiques et en descriptions géographiques.

Les études d'histoire sont surtout locales et présentent déjà, par là, un grand intérêt ; mais les éléments nouveaux qu'elles mettent en lumière apportent une contribution précieuse à l'histoire générale de la France. C'est ainsi que M. Ladey de Saint-Germain, qui est venu assister à notre Congrès, a fait, sur le château de Montaigu et ses seigneurs, une étude des plus consciencieuses et des plus documentées qui peut intéresser tous ceux qui s'occupent de l'époque féodale.

M. Paul Gaffarel a écrit, sur Henri de Bourgogne et les croisades en Espagne, des pages où il reconstitue la biographie d'un Bourguignon très peu connu, qui fut le père du premier roi de Portugal, et il fait revivre un épisode de notre histoire provinciale.

Puis on trouve une notice historique sur Labergement-les-Auxonne, écrite en 1778 par le P. Joseph-Marie Durand, et celle d'une lettre de Bonaparte, datée du 8 septembre 1793, écrite au citoyen Gassendi, lieutenant-colonel d'artillerie à Nice, lettre retrouvée dans les archives municipales d'Auxonne.

Enfin, M. Cormereau a raconté la mission du comte de Segur dans la 18e division militaire en 1813-1814, en accompagnant son récit d'une foule de documents et de notes qui montrent, d'une manière très exacte, quel était l'état de notre province à cette période de l'histoire.

Si les études d'histoire ont tenu une grande place dans nos travaux, les études de géographie n'ont pas été négligées.

Un article fort curieux, publié par le frère Gabriel, sur « le Mont-Blanc et les Alpes, vus de Dijon », abonde en observations intéressantes, dont la plupart faites avec le tachéomètre ; il est orné de planches en couleur et de cartes.

La géographie algérienne, elle-même, est représentée dans nos mémoires. Un Lyonnais, actuellement professeur à Tunis, M. Idoux, a donné un récit de ses pérégrinations dans le Sahara Tunisien, en des termes si poétiques et si colorés qu'il a dû éveiller chez ses lecteurs le désir de venir partager les belles impressions qu'on ressent dans le Sud.

La Société continue à compter un grand nombre d'adhérents, puisque leur chiffre de 1901 est de près de 400. Les réunions mensuelles, qui sont très suivies, permettent aux Sociétaires d'écouter le travaux inédits dont les auteurs veulent bien donner lecture. D'autre fois c'est un explorateur qui vient faire une conférence sur les régions qu'il a parcourues, et celle que M. Marcel Monnier a faite au mois d'août, au Théâtre, a obtenu devant une brillante assistance, le plus vif succès.

En résumé, la situation de la Société est toujours prospère, ses travaux se continuent avec ardeur ; je suis très flatté de l'honneur qui me revient, d'apporter le salut de sa part aux Sociétés de Géographie de France, et en particulier, à celle d'Oran, dont je suis depuis quelques années un enfant d'adoption, et pour laquelle j'ai une affection sincère.

ALLIANCE FRANÇAISE

pour la propagation de la langue nationale dans les colonies
et à l'Étranger

Rapport de M. ÉPITALON

Si M. le Président et les membres du Conseil d'Administration de l'*Alliance Française* n'étaient retenus impérieusement à Paris, ils n'auraient cédé à personne l'honneur de venir apporter le témoignage public de leurs vives sympathies au Congrès National des Sociétés françaises de Géographie, auquel la ville d'Oran offre une si gracieuse hospitalité à l'occasion du millénaire de sa fondation.

A leur défaut, permettez à un homme qui n'a d'autres titres à votre bienveillance que la mission qu'il tient de la confiance de ses collègues et celui d'avoir été — et il s'en orgueillit — le collaborateur de la première heure à la section stéphanoise de Géographie commerciale, de vous dire en quelques mots très simples, après tant de discours éloquents, les sentiments que nous inspire l'œuvre entreprise par vous : ces sentiments, Messieurs, sont ceux-là mêmes que vous éprouvez, ce sont ceux que partagent, tous ceux qui assistent à ces fêtes inoubliables ; deux expressions se résument : gratitude et admiration.

Ce sera la gloire du XIXe siècle d'avoir par l'intrépidité de ses explorateurs reculé de bornes des Terres connues, et ouvert à la civilisation des régions dont nos devanciers soupçonnaient à peine l'existence, ou dont le souvenir s'était effacé dans la brume de légendes incertaines ; un mouvement irrésistible à poussé la France à se ruer, si j'ose dire, à la conquête de ces mystérieuses contrées de l'Afrique centrale arrosée par le sang des braves, et si souvent sanctifiée par le sacrifice.

Elle en a percé les ténèbres, et elle s'y est acquis parmi les indigènes de nouveaux fils, pour lesquels elle a dépensé sans compter les trésors de son esprit et de son cœur.

L'*Alliance Française* ne saurait demeurer indifférente à tout ce qui aide à la diffusion de notre langue, ce véhicule si puissant du commerce national, à tout ce qui contribue à répandre par delà nos frontières l'influence de notre patrie; elle applaudit aux efforts qui préparent l'ouverture de nouveaux débouchés, aux produits de nos multiples industries; elle éprouve une vive reconnaissance pour tous ceux qui au prix de mille dangers, sans crainte de la mort, vont courageusement agrandir notre empire colonial et accroître notre prépondérance.

Elle les bénit parce que ces vaillants ouvrent, devant elle, un champ immense, où son ingénieuse activité saura récolter d'opulentes moissons: grâce aux explorations entreprises par les soins des Sociétés de Géographie, l'*Alliance Française* trouve, au moyen des écoles qu'elle fonde, ou qu'elle encourage, de nombreuses occasions de faire aimer cette France qui a semé sur la surface du globe, le génie de ses grands hommes, de ses philosophes, de ses écrivains, de ses poètes et de ses philanthropes; elle devient aussi l'auxiliaire du Gouvernement de la République, qui, fidèle continuateur de traditions séculaires, a mis au premier rang de ses préoccupations, le souci constant du bien-être moral et matériel des populations soumises à notre domination ou protégées par nous.

Par l'instruction qu'elle s'efforce de répandre libéralement dans nos colonies et dans les pays de protectorat, notre association complète l'œuvre des Sociétés de Géographie, elle aide notre Patrie, après avoir pris possession du sol, à avoir aussi prise sur l'âme des peuples conquis, en les rattachant à la famille française par les bienfaits de l'éducation, en leur imprimant le goût de ce qui est noble, sain et humain, car il est de notre devoir que nous devenions les éducateurs de nos nouveaux sujets pour gagner leur confiance et conserver leur affection ; de cette façon ils apprendront avec l'usage de notre langue, sous la direction d'instituteurs dévoués, l'amour de notre Patrie, dont l'éternel honneur sera d'avoir opéré la réconciliation des races que leur origine ethnique, leurs mœurs, leur langage et leurs croyances semblaient devoir à jamais séparer.

Messieurs, le but poursuivi par le Congrès National des Sociétés françaises de Géographie, mérite les encouragements de tous les Français ; les bonnes volontés ne vous ont point fait défaut, elles vous continueront leur patriotique concours ; car nous savons tous combien il est nécessaire, à l'heure actuelle, de lutter énergiquement contre l'âpre concurrence qui partout à l'étranger se dresse si menaçante ; pour remplacer ces marchés qui commencent à se former devant nos produits, notre intérêt est de soutenir les hommes de cœur, dont la courageuse initiative, dont la persévérante ténacité a ajouté déjà et veut encore ajouter à nos possessions d'outremer, d'immenses territoires, où s'exercera l'activité de nos commerçants et où de nouveaux triomphes sont réservés à la bravoure de nos soldats ; en préparant ces résultats, le Congrès National des Sociétés françaises de Géographie aura servi utilement la cause de la civilisation et contribué à la prospérité et à la grandeur de la Patrie.

Quant à moi, Messieurs, je suis profondément touché, et je garderai profondément le souvenir de l'accueil qu'a reçu parmi vous le délégué de l'*Alliance Française*, le concitoyen de Dutreuil de Rhins, de Decointet et de Francis Garnier.

Société Topographique de France

Rapport de M. Stanislas LEBOURGEOIS

La Société de Topographie de France, née du Congrès de Géographie de 1875 est actuellement dans 26ᵐᵉ année.

Elle occupe par sa date de fondation (6 septembre 1876) la sixième place dans la liste chronologique des Sociétés françaises de Géographie (voir bulletin de la Société, 1ᵉʳ trimestre 1886, page 35).

Elle a poursuivi pendant ses 26 ans d'existence le même but, conservant dans sa marche, la même unité de pensée et d'action malgré la succession des individualités composant son Comité-Directeur; et, ceci grâce à la précision de son programme formulé dès sa naissance par ses éminents fondateurs Frédéric Hennequin et Ludovic Drapeyron dont la disparition l'an dernier a laissé d'unanimes regrets.

Ceux qui ont charge aujourd'hui de conduire cette vieille mais robuste Société, dont les preuves ne sont plus à faire, n'ont qu'à poursuivre le sillon si profondément creusé par leurs devanciers.

La Société a pour but de vulgariser l'étude des cartes topographiques, de faciliter l'introduction de la topographie dans les écoles primaires, secondaires et supérieures; de travailler à la reconstitution progressive de la géographie au moyen de la topographie; d'appliquer à l'étude de l'histoire la géographie ainsi reconstituée.

Aussi son action se fait-elle sentir par des cours et des conférences sur tout le territoire de la république.

Ses efforts ont été couronnés de succès. Son influence s'étend d'année en année. Ses cours à Paris se sont augmentés de deux depuis le dernier Congrès, ce qui les porte a douze et elle a pu déborder hors des murs en fondant à Clamart et à Colombes (département de la Seine) deux cours de topographie qui sont assidument suivis.

En province, la Société a fondé de nombreux cours qui fonctionnent avec régularité.

Le succès de l'enseignement est amplement démontré par la marche ascendante du palmarès pour le concours annuel institué par la Société.

Au concours de 1900, 258 auteurs de travaux topographiques ont été récompensés; en 1901, ce nombre s'est élevé à 314. Il a été délivré en outre des diplômes de professeur de topographie et des certificats d'études.

Dans ces chiffres figurent les travaux de la plus haute valeur scientifique comme les travaux du plus modeste des élèves de notre division élémentaire.

En dehors des cours et vivant d'une façon autonome, sous la direction de leurs présidents nos dix sections de la région de Paris tiennent leurs réunions ponctuellement et permettent à de nombreux voyageurs, savants, ingénieurs, de venir exposer les progrès accomplis en géodésie, en topographie et en géographie.

Notamment la Société a entendu :

M. le capitaine Joalland qui a entretenu nos Sociétaires à son retour à Paris, de son expédition au Tchad en avril 1901.

Cette année, au mois de janvier, M. Loicq de Lobel, explorateur de l'Alaska et du Klondike, a fait le récit de ses voyages

Ces conférences ont été faites à nos assemblées générales devant un public nombreux.

Nos autres conférenciers dans des séances plus intimes, au sein des sections, soit à la mairie du Ve, soit à la mairie du VIe arrondissement, soit au cercle militaire de Paris, ont apporté leur appoint à la vulgarisation de la géographie par la topographie.

La Société décerne chaque année une *médaille d'honneur*, au Français ou à l'Étranger qui a exécuté un grand travail topographique d'utilité publique.

En 1901, cette médaille a été attribuée au *14me régiment d'Infanterie*, pour sa belle carte de Brive au 1 : 20000.

En 1902, c'est au *Service municipal du plan de Paris*, qu'elle a été décernée, pour « l'établissement du plan parcellaire à l'échelle de 1 : 1500, et la réfection du cadastre de la ville de Paris ».

La dernière Assemblée générale, tenue le 26 Janvier dernier, dans le grand amphithéâtre de la Sorbonne, a surtout témoigné de la prospérité de la Société; plus de quatre mille personnes se pressaient dans la vaste salle.

Le fonctionnement de la Société est assuré de la manière suivante :

1° Un Conseil d'administration dirige la Société au double point de vue scientifique et administratif;

2° Dix sections, ont chacune une fonction spéciale dans l'œuvre de la Société;

3° Un groupement de professeurs de la région parisienne, appelé « Comité des Professeurs », est chargé de la coordination de l'enseignement de la Société;

4° Des groupements régionaux en province, qui ont à leur tête « un Délégué général pour telle région », chargé d'organiser des cours et des conférences.

La Société a dû, par suite de l'augmentation du nombre de ses membres dans certains départements, organiser deux nouvelles délégations, l'une dans le département du Loir-et-Cher, l'autre dans le département du Nord. Elle a de plus, créé une nouvelle section à Toulon.

Enfin, la Société publie un bulletin trimestriel. Ce bulletin, que les Sociétaires reçoivent gratuitement, contient non seulement les actes de la Société, mais des articles traitant de géodésie, de topographie. Il se tient, sous la rubrique « Informations », constamment au courant de tous les faits géographiques, des voyages, des explorations, etc., qui intéressent les sciences géographiques. Il est destiné à devenir le vade mecum des instituteurs qui ont adhéré à notre programme, en leur fournissant les éléments de leurs cours, de leurs conférences. Et nous devons rendre hommage au concours désintéressé que nous apportent tous ces collaborateurs dont le dévouement nous est si précieux.

Au cours de l'année écoulée, depuis le dernier Congrès, la Société a dû procéder au remplacement de son Président et de son Secrétaire général, tous deux décédés.

M. le Général Canonge, ancien professeur de l'École de Guerre, ancien commandant de la 58me brigade d'Infanterie, commandeur de la Légion d'honneur, a été élu Président.

M. J.-B. Pasquier, chevalier de la Légion d'honneur, docteur ès lettres, professeur au Lycée Saint-Louis et à l'École Normale de Saint-Cloud, a été élu Secrétaire général.

M. le Colonel Moëssard a été élu Vice-Président, en remplacement de M. André Pelletan, ingénieur en chef des Mines, démissionnaire et nommé Vice-Président honoraire.

Tels sont, Messieurs, les états de service de la Société de Topographie de France, qui vient aujourd'hui prendre part à vos travaux.

La lecture de ces rapports terminée, M. le lieutenant de vaisseau DYÉ propose d'envoyer un souvenir ému aux capitaines Gratien et de Cressin, et à tous ceux qui ont succombé en Afrique pour l'honneur et le plus grand bien de la France. Le Congrès, par acclamation, s'associe à cette motion de M. le lieutenant de vaisseau Dyé.

M. le colonel Derrien cède ensuite la présidence à M. Nicolle.

SÉANCE PUBLIQUE

Président : M. NICOLLE, Président de la Société de Géographie de Lille ;

Vice-Président et assesseur : MM. PAUL HAZARD, Président de la Société de Géographie du Cher et DE CLAPARÈDE, Président de la Société de Géographie de Genève.

M. NICOLLE, en prenant possession du fauteuil, prononce l'allocution suivante :

« Mesdames, Messieurs,

« Appelé par un vote dont je suis fier et reconnaissant,
« à l'honneur de présider cette première séance, je ne saurais
« l'ouvrir sans dire un mot de mes sentiments et de ceux de la
« Mère-Patrie qui sont dans cette belle Algérie. Même ceux qui
« y sont arrivés les derniers ont déjà su en apprécier tout le
« charme, ceux qui y sont depuis plus longtemps se réjouissent
« sans restriction de l'accueil qu'ils y trouvent, que cet accueil
« vienne des personnes ou des choses. Je ne me risquerais pas
« aujourd'hui à définir plus explicitement ces sentiments.
« Ils ont été exprimés par notre Président dans un magnifique
« langage qui a su éveiller chez nous de profondes et patriotiques
« émotions, que je me borne à constater, en disant seulement
« que tous les Congressistes s'y associent de tout leur cœur et de
« tout leur esprit. »

Puis on aborde immédiatement l'ordre du jour.

M. H. LORIN (Société de Géographie commerciale de Bordeaux) prend la parole pour une communication sur

La Presse et l'Enseignement Colonial

(RÉSUMÉ)

La Presse est un instrument dont l'importance va sans cesse en grandissant; son rôle dans l'étude des questions géographiques et coloniales mérite donc le plus sérieux examen.

Il faut le reconnaître, dans la presse française tout au moins, à de rares exceptions près, ces questions sont, ou totalement négligées, ou traitées avec une regrettable légèreté. Un petit nombre de journaux seulement, sous des signatures autorisées, telles que celle de M. Gabriel Hanotaux, celle de M. Etienne, le chef respecté du parti parlementaire colonial français, publient des articles détachés sur des questions coloniales ou de politique extérieure. La majeure partie des autres journaux ne publient que des télégrammes non commentés, souvent tronqués, et dans lesquels les noms propres sont dénaturés d'une façon qui serait la plus amusante si elle n'était encore plus déplorable, dénotant la plus complète ignorance des langues et des choses de l'étranger.

Comment remédier à cette situation ?

Il faudrait que la Presse parisienne et des départements mît ses colonnes à la disposition des Membres des Sociétés de Géographie, qui fourniraient ainsi un bulletin colonial confié à des écrivains compétents. Si pareille ressource fait défaut à un certain nombre de journaux, ne pourrait-on pas créer un bureau, un centre d'information où les écrivains, où les conférenciers trouveraient sous la main tous les renseignements bibliographiques ou autres qui seraient nécessaires à l'étude des sujets qu'ils se proposent de traiter.

Des descriptions, des récits, voire même des romans, pourraient aussi diffuser utilement la connaissance des mœurs, de la vie coloniale, mais il serait indispensable de ne propager que des notions exactes, précises sur chacune des colonies en particulier, car il n'y en a pas deux qui soient semblables. Ce n'est que par ce moyen que l'on arrivera à provoquer des vocations éclairées pour le personnel colonial.

M. Ernest NICOLLE (Société de Géographie de Lille) prend la parole pour une communication sur

La Géographie économique dans les Conférences

(RÉSUMÉ)

M. NICOLLE, appartenant à une région éminemment industrieuse et commerçante, se croit autorisé à entretenir le Congrès de l'opportunité d'élargir la part de la Géographie économique dans les conférences, au moment où il est nécessaire à notre grandeur de développer les relations commerciales de la Métropole au dehors, non seulement avec nos possessions, mais encore avec toutes les nations.

Les Sociétés de Géographie ont eu depuis vingt ans une influence indiscutable et relativement considérable sur la direction de l'esprit public vers les pays extérieurs, principalement vers les Colonies. Elles peuvent, continuant leur rôle, contribuer maintenant à mettre l'énergie française sur la voie du développement économique, en demandant à leurs conférenciers de faire une place à cet élément dans leurs communications.

Il ne faut pas les inciter à faire des études purement économiques, car il y aurait à craindre l'abstention du public, mais on peut leur indiquer d'avance qu'il est avantageux d'introduire dans leurs récits une dose bien calculée de renseignements statistiques et techniques, de manière à ne pas nuire à leur intérêt général. D'ailleurs, il ne faut pas trop se méfier des auditoires des Sociétés, ils sont le plus souvent très satisfaits qu'on leur donne des communications substantielles.

Il formule ainsi un projet de résolution :

Le Congrès invite les organisateurs de Conférences Géographiques à demander aux auteurs de ces communi-

cations sur les pays étrangers d'y introduire le résumé de documents économiques, de manière à les mettre en relief dans leurs récits descriptifs anecdotiques sans cependant en faire des exposés trop arides.

Cette résolution est adoptée par l'Assemblée pour être proposée à l'examen du Comité du Congrès.

M. Paul HAZARD (Société de Géographie du Cher) fait une communication verbale sur

La Protection des Sites pittoresques

et propose au Congrès la résolution suivante :

« Le Congrès déclare s'associer à toute initiative, à tous les
« efforts tendant à la protection des Sites pittoresques de la
« France métropolitaine et recommande cette question à toute la
« sollicitude des pouvoirs publics ».

L'Assemblée adopte ce vœu à l'unanimité et le renvoie à l'examen du Comité du Congrès.

M. Georges BLONDEL (Société de Géographie Commerciale de Paris) donne lecture de la communication suivante :

Évolution économique et transformations commerciales contemporaines

Messieurs,

Lorsqu'on se demande dans quel sens est aujourd'hui dirigée l'activité des nations qui tiennent actuellement la plus grande place dans le monde, on est frappé de voir dans quelle mesure ces nations consacrent leur énergie et leur activité à l'industrie et au commerce. Le monde veut aujourd'hui produire de plus en plus, échanger de plus en plus rapidement, et de plus en plus avantageusement ses produits.

Les conceptions de l'humanité étaient autrefois bien différentes. L'industrie et le commerce ne jouaient qu'un rôle secondaire. Pour la majorité de ceux qui s'en occupaient ils avaient pour but essentiel d'assurer la subsistance normale des habitants de la cité. Ils ont pris aujourd'hui une toute autre importance. Ils se sont subordonné la plupart des autres manifestations de l'activité humaine. Les questions commerciales ont une réaction profonde sur la politique générale. Les relations de peuples à peuples, les conventions diplomatiques, les traités d'alliance, sont en quelque sorte dominés par elles. Et toutes les races, les Français avec leurs goûts artistiques, les Allemands avec leur sentimentalité et leur lourdeur naturelle, les Italiens en dépit de leur sobriété, les Espagnols aussi, malgré leur nonchalance, sont entrés plus ou moins franchement dans cette voie. Cette observation s'applique même aux populations agricoles, à celles qui vivent naturellement repliées sur elles-mêmes. Elles font aujourd'hui plus d'effort qu'elles n'en ont jamais fait pour mieux organiser la vente de leurs produits.

Parmi les raisons qui expliquent l'importance qu'ont prise les questions économiques, il en est *deux* qui l'emportent assurément sur toutes les autres ; c'est d'une part le progrès du machinisme, c'est d'autre part le développement des voies de communication.

Le développement du machinisme a eu, au double point de vue économique et social, des conséquences considérables.

Il a transformé les lois anciennes de la production, et a rompu l'équilibre entre l'offre et la demande. Avec le concours de l'industrie chimique, la grande industrie de l'avenir, il multiplie les produits de toute sorte dans une proportion telle que ces produits menacent de dépasser les besoins de l'humanité.

On estime que les progrès du machinisme au cours du XIX° siècle ont, pendant cette période relativement courte de l'histoire de l'humanité, plus que centuplé la production humaine.

Sans doute, la puissance d'absorption des divers peuples a considérablement grandi, en même temps que se sont accrus les besoins et les moyens de les satisfaire.

Mais il n'en est pas moins certain qu'on doit s'inquiéter du flot d'objets manufacturés que certaines industries versent sur le marché ; certaines d'entre elles semblent aujourd'hui arrivées, pour un temps du moins, à leur point de saturation. M. Carroll Wright nous dit qu'on a fabriqué en 1890, 179 millions et demi de paires de chaussures aux États-Unis. C'est le double de ce qui était nécessaire.

La consommation ne pouvant en tout cas se développer aussi vite que la production, nous devons nous attendre à voir les marchés du monde encombrés par des stocks écrasants de produits qu'il faudra peut-être vendre au-dessous de leur valeur, ce qui sera fatalement un danger et un trouble.

Le développement des voies de communication et des moyens de transport n'a pas moins d'importance.

Je crois même que de toutes les transformations que le XIXe siècle a vu se produire, il n'y en a pas qui ait eu sur l'humanité un plus profond contre-coup.

L'Océan qui était jadis un obstacle et une protection naturelle, est devenu une voie de pénétration et de jonction. Des navires qui ont plus de deux cents mètres de long et déplacent plus de 20,000 tonnes traversent maintenant l'Atlantique en moins de six jours.

Chemins de fer, bateaux à vapeur, tramways électriques pénètrent jusque dans des régions naguère encore inaccessibles. Et le Transsibérien qui vient d'être achevé va mettre l'Europe en contact avec l'Extrême-Orient, accélérant encore ce réveil de l'Asie qui sera sans doute plus rapide que nous ne le supposons.

C'est ce développement des voies de communications qui tend de plus en plus à faire du monde un seul marché, qui tend surtout à faire naître entre tous les peuples ces luttes impitoyables que n'interrompt aucun armistice et dont les péripéties chaque jour plus variées se déroulent sur toutes les mers, dans tous les ports, dans tous les comptoirs, dans toutes les usines de l'Univers. Ces luttes font surgir de nouveaux devoirs pour tous ceux qui, ne se laissant point aller au rêve de je ne sais quel humanitarisme chimérique, ont au cœur l'ambition de servir leur pays et de travailler à sa grandeur.

Des peuples jadis dédaignés, on les appelle encore les peuples *neufs*, ont conquis une place considérable sur les marchés du monde.

Vous savez l'importance prise par les États-Unis. Leur mouvement commercial s'est, pendant le XIXe siècle, accru dans la proportion de 1 à 3.681. Jamais l'histoire du monde n'a enregistré, à aucune époque, un développement national comparable. Les État-Unis ont aujourd'hui réussi à s'émanciper vis-à-vis de l'Europe. Ils sont même entrés dans une période nouvelle, la période d'invasion du vieux monde par leurs produits. La grande République américaine est devenue maintenant le premier pays exportateur du monde. Si elle reçoit encore de l'étranger des produits manufacturés pour une somme considérable, elle en expédie pour une valeur à peu près double. Depuis six ans, les importations sont stationnaires, elles tendent même à diminuer. Les exportations sont, au contraire, passées de 4.387 millions de francs, à 7.389. C'est là aussi un fait sans précédent dans l'histoire économique du monde.

La concentration industrielle qui se pratique sous la forme de trusts et qui confine de si près à l'accaparement, contribue encore à accroître la puissance de ces potentats de l'industrie qui ne cachent pas leur désir de faire la conquête économique de l'Europe. Le trust de l'acier, pour ne parler que de celui dont on se préoccupe le plus, englobe actuellement 118 usines, 6.000 fours à coke, 27 usines de fer et 28 hauts-fourneaux. La hardiesse des Américains, unie à une science des affaires consommée, prépare, contre l'Europe, de formidables coalitions. Peut-être les nations européennes seront-elles contraintes de conclure une entente économique et de rédiger un règlement de défense contre l'ennemi commun. Les Américains sont, en tout cas, merveilleusement armés pour les luttes économiques contemporaines. Ils y apportent plus d'ardeur que les hommes de l'ancien monde, ils entrent de meilleure heure dans la bataille de la vie et deviennent plus tôt des hommes. On rencontre aux États-Unis, des jeunes gens, presque des enfants, qui s'occupent du placement des marchandises, de la direction d'un journal ou de la tenue d'une boutique avec autant d'aplomb et de savoir faire que de vieux praticiens.

Le réveil de l'Asie pour être moins rapide que celui de l'Amérique pourrait, un jour aussi, être inquiétant pour nous.

Le Japon recèle des mines de houille considérables. Et son développement commercial n'est pas moins remarquable que son développement industriel. Sa marine a pris une importance de premier ordre. Il est permis de croire qu'un très bel avenir est réservé aux fabriques japonaises lorsqu'on réfléchit à la modicité des salaires qui sont payés aux ouvriers ; ils ne dépassent guère 1 fr. 25 en moyenne pour les hommes, 55 à 60 centimes pour les femmes. On emploie même dans les usines de Tokio et d'Osaka, des jeunes filles et des enfants qui ne gagnent que 30 à 35 centimes par jour.

L'un des derniers numéros du *Moniteur Officiel du Commerce* renferme un rapport de notre Ministre au Japon, M. Dubail, qui nous apprend que la Marine marchande japonaise s'est accrue depuis 1898, en 3 ans 1/2, de 300 navires à vapeur et de 3.000 voiliers jaugeant au total 350.000 tonnes.

Ces progrès sont surtout remarquables si on envisage la proportion considérable des navires de grande dimension.

En 1896, le Japon ne possédait qu'un seul navire de plus de 5.000 tonnes. Il en a aujourd'hui 21.

La Chine avec ses 400 millions d'habitants, après la période de guerre lamentable par laquelle elle vient de passer, pourrait bien nous ménager des surprises. Beaucoup de voyageurs estiment que, pour être plus éloigné que le péril américain, le péril chinois n'en est pas moins grave. Les douloureux événements qui ont ensanglanté l'extrême Orient, nous ont découvert, comme l'éclair avant l'orage, un horizon que nous ne soupçonnions pas. Ils nous ont révélé que les massacres et l'expédition étaient non pas la conséquence d'un désordre momentané, mais le début d'une crise, le prologue du grand drame qui va se jouer entre l'Europe divisée ou mieux entre la civilisation tout entière et ses ennemis innombrables, irréductibles, instinctivement coalisés.

Les derniers rapports publiés par le *Foreign Office* sur les Indes ne sont pas plus rassurants. Jusqu'à ces dernières années l'Indou se bornait à vendre son coton, et préférait acheter les produits fabriqués avec ce coton en Europe. Bientôt il n'en sera plus de même. On a installé là-bas des usines aussi bien montées que celles de l'Angleterre ; il y en a plus de cent rien qu'à Bombay. Non seulement elles suffisent pour la consommation des indigènes, mais elles envoient beaucoup au dehors, elles fabriquent déjà des étoffes très fines qui se vendent dans les plus beaux magasins européens. Depuis cinq ou six ans l'exportation des tissus de l'Inde a décuplé et on évalue à 5 millions le nombre des broches qui existent déjà.

Au réveil des pays neufs correspond aussi un redoublement d'activité de la plupart des pays de la vieille Europe.

Cette recrudescence d'activité est d'autant plus intéressante à observer qu'il s'agit de peuples qui étaient pour nous de bons clients, parce que plus riches et déjà plus civilisés, ils appréciaient davantage notre goût, la finesse et la supériorité de nos produits. Ils consentaient plus volontiers à payer un peu plus cher pour avoir meilleur.

Ces clients d'hier tendent aujourd'hui de plus en plus à se suffire à eux-mêmes.

L'Allemagne sans doute traverse actuellement une crise industrielle d'autant plus grave qu'elle s'est compliquée d'une crise financière lamentable. Mais aussi quels progrès les Allemands n'avaient-ils pas faits depuis 1870 et surtout depuis 1885, car c'est de cette époque seulement que date le magnifique essor du nouvel Empire. Toutes les grandes industries, minière, métallurgique, textile, chimique, avaient fait, en quelques années, des progrès si rapides qu'une période de ralentissement était inévitable.

L'Allemagne a la bonne fortune de posséder des richesses naturelles considérables. Elle a des mines de houille presque inépuisables : des sondages opérés dernièrement en Silésie permettent de penser que cette seule province possède une réserve de 90 milliards de tonnes de charbon. C'est plus que n'en ont les Iles Britanniques tout entières.

Nous sommes fiers des progrès accomplis par notre métallurgie dans la région de l'Est. Eh bien, les progrès de l'industrie métallurgique allemande sont quadruples des nôtres.

Le développement de la marine marchande allemande est un phénomène plus significatif encore. Ce n'est pas sans raison que Guillaume II avait fait inscrire au fronton du pavillon de la marine commerciale érigé à l'Exposition de 1900 cette phrase prononcée à l'inauguration du port franc de Stettin : *Unsere Zukunft liegt auf dem Wasser.* « Notre avenir est sur l'eau ».

Le développement de la marine marchande est une preuve irréfutable de l'effort que fait l'Allemagne, nation terrienne et militaire, pour se transformer en nation maritime. Cette transformation montre avec quelle sollicitude elle cherche à s'adapter à l'évolution économique contemporaine.

Dès maintenant, le tonnage des vapeurs allemands est double de celui de nos vapeurs français. Ce sont les navires allemands qui détiennent le *record* de la vitesse. Le *Deutschland* qui a 209^{m}50 de long traverse l'Atlantique en cinq jours et quelques heures, avec une vitesse de 23 nœuds à l'heure.

Ce ne sont pas seulement les grands pays comme l'Allemagne ou l'Angleterre qui cherchent à tirer parti de l'évolution commerciale contemporaine. De petits États comme la Suisse ou la Belgique ont fait proportionnellement à leur étendue beaucoup plus de progrès que nous. Aussi la Belgique a doublé son chiffre d'affaires en trente ans. Dans la période 1885-1900 son commerce général a augmenté de 24 %/o et son commerce spécial de 53 %/o.

En Suisse, malgré la pauvreté du sol, malgré des conditions générales défavorables, le mouvement commercial s'est développé d'une façon remarquable. L'intelligence et le travail de l'homme ont suppléé aux imperfections de la nature, les habitants ont su conformer leur conduite aux nécessités de l'évolution économique contemporaine, et ils ont fait de leur petit pays un des carrefours les plus importants du monde. Le commerce extérieur est aujourd'hui de plus de 2 milliards, et le transit dépasse 600 millions de francs. Comprenant qu'il leur resterait toujours quelque chose de cette richesse qui passe, les Suisses ont su exploiter au mieux de leurs intérêts les passages dont ils sont maîtres.

**

Pourquoi donc la France, si bien douée cependant, ne marche-t-elle pas du même pas que les nations qui l'entourent dans la voie du progrès ?

On peut donner de cette infériorité relative bien des raisons.

La plus grave, la plus inquiétante pour l'avenir, c'est le faible accroissement de notre population. Il a une répercussion profonde sur toutes les manifestations de notre vie nationale. C'est lui notamment qui rend si difficile la mise en valeur du beau domaine colonial que nous avons conquis et qui aurait dû nous dédommager plus largement des pertes cruelles que nous avons subies en 1870.

Si notre faible natalité est la cause fondamentale de notre stagnation économique, ce n'est assurément pas la seule. En voici une autre. J'ai été frappé, à la suite de plusieurs voyages d'enquête que j'ai entrepris à l'étranger, de voir combien les Français, si remarquablement doués au point de vue artistique, ont de peine à acquérir l'esprit scientifique qui permet à des races médiocres hier, de s'adapter avec une promptitude étonnante aux nécessités nouvelles. Toute la production moderne tend à devenir en effet une annexe de la science. Agriculture, industrie, commerce, employent des procédés qui relèvent de la science, et, pour appliquer ces procédés avec succès, il faut en outre posséder l'esprit scientifique. Cet esprit devient nécessaire dans toutes les branches de la production.

L'importance prise par la Science dans la vie de l'Humanité, a mis à l'ordre du jour la transformation des moyens de production dans tous les domaines. Les inventions nouvelles se succèdent sans relâche. Une situation qu'on croyait solide, est à la merci d'une découverte ignorée hier. Les peuples qui s'adaptent mal à ces nécessités nouvelles, qui sont enclins à conserver leurs habitudes, qui sont, en un mot, entachés de routine, sont exposés à une inévitable décadence. Nous sommes un de ces peuples-là.

Or, cette routine, elle est surtout néfaste en matière de commerce ; nous sommes loin du temps où il suffisait au négociant français servi par le prestige du pays, d'expédier ses articles pour les voir enlever. Les conditions de l'exportation ont totalement changé. La surproduction et la concurrence ont fait baisser les prix. Le client ne vient plus de lui-même ; il faut aller le trouver, mettre la marchandise sous ses yeux, lui permettre de l'examiner à loisir. Cela réclame une organisation plus complexe dont les deux éléments principaux sont de bons commis voyageurs et des succursales. A ce double point de vue nos commerçants sont en retard. Nos voyageurs de commerce, trop peu nombreux, sont médiocres. Presque jamais ils ne parlent couramment la langue du pays où ils prétendent écouler des marchandises. Ils manquent de souplesse et ne savent pas se plier aux goûts de ces clients exotiques qu'ils essaient de réformer.

Le dédain pour tout ce qui n'est pas de Paris, perce dans leurs discours. Nous sommes en train de perdre bon nombre de marchés pour n'avoir pas voulu faire à temps des efforts et des dépenses.

Toutes ces causes d'infériorité, au point de vue économique, on peut les rattacher à notre manque d'esprit scientifique. A ce point de vue notre éducation, à tous les degrés, a été insuffisante.

Les études classiques (dont je ne suis d'ailleurs nullement l'adversaire), mais qu'il eut fallu réserver à un petit nombre d'esprits particulièrement aptes à en profiter, ont été, pour une partie de ceux auxquels on les a imposées, inutiles ou même nuisibles, en ce sens qu'elles les ont détournés des carrières plus simples mais plus fécondes, où ils eussent pu rendre plus de services à leur pays. Notre enseignement, à tous les degrés, a insuffisamment préparé les Français à s'intéresser aux luttes économiques contemporaines. Les Français ne se sont pas suffisamment préoccupés d'élever leurs enfants pour le travail, la vie active, l'effort de tous les instants.

Ces défauts de l'éducation ont entraîné, peu à peu, cette anémie de volontés, ce manque d'initiative, qui détermine tant de Français à se replier sur eux-mêmes. Cette observation est d'autant plus attristante, que nous semblions, jadis, doués plus que tout autre peuple de l'amour des entreprises.

Notre force d'expansion, dans tous les domaines, a été considérable. C'est grâce à elle que nous avons débordé sur l'Europe et sur le monde. Notre activité était marquée de hardiesse et d'audace, et aujourd'hui, le Français au contraire se méfie prodigieusement des risques de toute espèce. Il les réduit au minimum dans son existence ; son idéal, quand il est vieux, c'est de toucher une retraite. Les jeunes Français qui se donnent aujourd'hui le plus de peine, ce sont ceux qui cherchent à obtenir une de ces nombreuses places données par l'État. C'est une course au clocher entre les plus intelligents et les plus adroits. L'effort dépensé par un grand nombre de jeunes gens, entre 20 et 30 ans, pour préparer des concours et surtout intriguer auprès de ceux qui disposent de quelques places, est vraiment considérable ; mais c'est un gros travail pour un résultat bien médiocre. Le goût du fonctionnarisme énerve et comprime les énergies et surtout le sentiment de la responsabilité.

La question d'éducation a aujourd'hui, en présence des transformations actuelles du monde, une importance plus considérable que jamais. Il n'est pas douteux qu'en France, l'insuffisance de nos écoles commerciales a été, pour beaucoup, dans la lenteur avec laquelle se développe notre mouvement d'affaires, depuis quelques années. Nous n'avons qu'une quarantaine d'écoles de commerce.

En Allemagne, au contraire, il y en a près de 400, qui forment non seulement un état-major de commerçants remarquables, mais encore un grand nombre de commis qui, trouvant difficilement à se placer dans leur pays, sont disposés à aller à l'étranger comme voyageurs ou représentants, à des conditions de bon marché incroyables.

On se plaint aujourd'hui de la surproduction et du manque de débouchés. Sans doute, il y a déjà surproduction pour plusieurs catégories de marchandises. Mais on ne peut dire encore, d'une façon générale, que les besoins des hommes soient satisfaits jusqu'à la satiété. Il ne faudrait même pas que l'existence de certaines crises (je peux citer la crise viticole dans le midi de la France) fasse croire à une crise de surproduction. Lorsque la production d'une certaine marchandise en est arrivée à un point tel, que pour trouver assez d'acheteurs, il faut la vendre à un prix qui ne couvre pas le coût des matières premières, le salaire du travail et l'intérêt du capital employé, l'entreprise se solde *en perte*.

Il y a dans ce cas, surproduction de la marchandise en question, non pas au point de vue absolu, mais au point de vue de la quantité qui peut être vendue à un prix rémunérateur ; on constate alors une crise spéciale à une certaine industrie. Il faut, ou bien que cette industrie diminue sa production, ou bien qu'elle cherche à s'assurer de nouveaux débouchés.

Certaines des crises qui se produisent aujourd'hui prouvent que les progrès *de la circulation* n'ont pas été aussi rapides que ceux de la production, et montrent la nécessité d'un effort pour trouver de nouveaux moyens d'écoulement pour nos produits.

En d'autres termes, le marché du monde n'est pas encore équilibré comme il pourrait l'être. Dans cet ensemble de faits, qui constituent comme la trame de la vie économique contemporaine, on s'est au point de vue économique, comme au point de vue social, plus occupé d'étudier la production et les moyens de l'accroître que la répartition des produits ; le nombre est encore insuffisant de ceux qui s'occupent avec méthode de diriger ceux-ci vers les points où les consommateurs sont disposés à les payer le plus cher, de les offrir au public, dans les conditions et sous les formes où il les apprécie le plus.

L'esprit d'invention qui a été la source principale des progrès réalisés en matière économique pour l'humanité s'est porté surtout du côté de l'accroissement de la production. On s'est beaucoup plutôt efforcé de transformer les conditions dans lesquelles l'homme exploite les richesses que la terre renferme, que de bien répartir les richesses ainsi produites.

Ce sont là des problèmes difficiles dont l'étude a été en France beaucoup trop négligée. Nous avons pensé que le commerce était si peu de chose qu'il ne comportait aucune étude, aucune préparation. La science du commerce, car c'est une véritable science, a été dédaigneusement traitée de science d'épicier, et ce mot a fait tout le mal qu'un mauvais mot peut causer. Nous payons cette inintelligence de l'évolution économique contemporaine d'une infériorité commerciale qui compromet gravement notre situation dans le monde.

Que cette recherche incessante de nouveaux débouchés ait quelques inconvénients, qu'elle développe parfois l'âpreté au gain, c'est possible. Mais ce danger est encore moins grave que celui auquel exposent la paresse et le désir de vivre sans travail sur le fonds commun.

Il ne faut pas oublier d'ailleurs que tout ce qui tend à augmenter l'activité économique d'un pays tend à accroître le salaire des ouvriers, à améliorer par conséquent la situation des travailleurs.

C'est par une sorte d'abstention déplorable que nous avons laissé le champ libre à d'autres. Nous n'avons pas suffisamment compris qu'un peuple doit absolument aujourd'hui, je ne dis pas pour agrandir, mais pour conserver la situation qu'il a acquise se mêler à ces luttes économiques qui mettent aujourd'hui aux prises toutes les nations de la terre, et qui se déroulent partout où l'initiative des États ou des particuliers promène le pavillon et les marchandises, la langue et l'esprit de ces nations. En matière industrielle et commerciale la place ne reste au premier occupant que s'il sait la défendre et s'il continue à la mériter.

M. Alfred DURAND, Administrateur colonial délégué de la Société de Propagande coloniale, indisposé, a fait déposer sur le bureau, par le Secrétaire du Congrès, la communication suivante :

Enseignement populaire de la Géographie en France
Enseignement des langues coloniales

S'il est une science que les divers gouvernements se succédant au pouvoir, devraient pousser à fond, c'est bien *l'enseignement* populaire de la Géographie.

Il y a, certes, dans les lycées, collèges, institutions et autres, le cours traditionnel de géographie, où les élèves sont peu ou prou brillants ; je me plais à constater, cependant, qu'un véritable effort a été fait depuis quelques années, aussi bien dans l'enseignement officiel, que dans l'enseignement privé, mais surtout dans ce dernier. Je veux dire par là, que nos voyageurs et explorateurs, retour de leurs grandes tournées équatoriales ou asiatiques, ont su, par de savantes causeries, amener leurs auditeurs, d'abord peu nombreux, à demander et désirer.... comme faveur, de venir les entendre.

Cette manière *pratique* d'enseigner la géographie par des conférences, à la fois instructives et amusantes, n'est pas sans attirer, à présent, nombre d'auditeurs et de charmantes auditrices. Grande est leur déception quand, par hasard, l'appareil à projections ne fonctionne pas.

Les Sociétés de Géographie de France, si dignement représentées ici, ont fait — j'en sais personnellement quelque chose — tous leurs efforts pour encourager cette manière de faire entrer dans nos cerveaux, l'art de connaître l'Univers, art qu'il est si difficile d'acclimater dans notre beau pays.

Si les Sociétés de Géographie de France ont contribué pour une si large part à ces progrès, je dois signaler à la haute et bienveillante attention des membres du Congrès de Géographie d'Oran, la *Société de propagande coloniale*, que j'ai l'honneur de représenter ici.

Cette Société, dont les membres sont des modestes, a pour président et fondateur, l'honorable M. Michotte, ingénieur, à qui l'on doit les progrès constants et réels de notre Société qui date de 1892, et est reconnue d'utilité publique.

Depuis cette époque, augmentant continuellement le nombre de ses adhérents, de ses correspondants et de ses conférenciers, la *Propagande Coloniale* est arrivée, grâce au concours désintéressé de ceux-ci, à donner dans toute la France, le chiffre respectable de 861 conférences géographiques, avec 43.050 projections inédites et 220.000 auditeurs (en dix années).

Les totaux comparatifs sont significatifs et instructifs : alors qu'en 1892, cette Société n'avait pu réunir que 1.200 auditeurs pour entendre 5 conférences ; en 1902, elle a réuni 116.000 auditeurs, pour entendre 350 conférences.

C'est donc un exemple frappant que nos Facultés devraient suivre. Elles devraient instituer dans toutes nos maisons d'éducation, des réunions similaires qui prépareraient notre jeunesse française à devancer à son tour, par ses connaissances géographiques, les étrangers qui, au dehors, sont chez eux, grâce aux moyens employés pour leur inculquer de bonne heure, le goût des voyages et l'abandon du « home », si cher à nos cœurs de Français, puisqu'il nous empêche de nous expatrier.

A ces cours, m'est-il permis d'ajouter que l'enseignement populaire géographique devrait comprendre celui des langues coloniales.

N'est-il pas logique, en effet, qu'un individu possédant la langue du pays, qu'il a étudié au point de vue géographique et commercial, aura plus de chances de se voir d'accord avec l'indigène — le consommateur, — qui doit contribuer à l'enrichir et qu'il doit, en revanche, protéger et civiliser ?

Il y a quatre ans, à titre d'essai, un cours *gratuit* de langue malgache a été créé à Paris, sous le haut patronage de M. le Président de la Chambre de Commerce de Paris.

A ce cours, où est enseignée *la langue malgache parlée*, on donne des renseignements *pratiques* sur *l'industrie*, le *commerce*, *l'agriculture* et les *cultures riches* à Madagascar.

Commencé avec six élèves, il y en a aujourd'hui 83.

Cette année, M. le Ministre du Commerce, frappé de l'utilité incontestable de ce cours, a bien voulu reconnaître les efforts et la persévérance des futurs coloniaux, en accordant un *diplôme* et une *médaille d'argent*, à l'élève le plus méritant.

Quantité d'artisans venus pour suivre, pendant quelques mois, ces leçons coloniales, avant de partir pour Madagascar, ont pu, grâce à leur connaissance de la langue du pays où ils allaient, trouver des situations en arrivant dans la grande île, et traiter directement avec les indigènes, sans le secours d'interprètes.

Ceci témoigne que *l'enseignement des langues coloniales* devrait marcher de pair avec *l'enseignement populaire de la géographie*, l'un étant une conséquence de l'autre.

M. le Président de la Chambre de Commerce de Paris, l'a si bien compris, que, touché des progrès accomplis et de l'utilité des cours coloniaux, inaugurés en France par celui de la langue malgache (1898), il n'a pas hésité à créer, cette année, un cours de *Soudanais* et un cours d'*Annamite*, qui sont appelés, comme leur aîné malgache, à donner les plus brillants résultats.

Telles sont démontrées, Messieurs, la nécessité et l'utilité, pour l'enseignement populaire de la géographie en France, d'y joindre l'étude des langues coloniales, formant un tout, que j'ai déjà dénommé : « Cours pratique de colonisation », dont au nom de la « Propagande coloniale », je reste, en même temps : pionnier et propagateur.

Journée du Mercredi 2 Avril 1902

SÉANCE DU MATIN

Président : M. BLONDEL, Délégué de la Société Commerciale de Paris ;
Vice-Président : M. BOULENGER, Président de la Société de Géographie de Roubaix.
La séance est ouverte à 9 heures du matin.
M. GILLOT prend la parole pour la communication suivante :

De l'emploi des projections lumineuses dans l'enseignement de la Géographie et des moyens de le propager efficacement.

Il m'a semblé que je pourrais ne pas abuser de la bienveillance du Congrès et apporter à quelques-uns de ses membres des renseignements utiles en les entretenant de la question que j'ai l'honneur de vous soumettre. Fondateur dans cette ville d'une société d'enseignement par les projections lumineuses qui, depuis dix ans, a rendu à l'enseignement populaire dans tout le département, aussi bien qu'à la Société de Géographie d'Oran, des services qu'a consacrés la médaille d'or décernée à notre œuvre par le jury international de l'exposition universelle de 1900, je crois être à même de vous signaler avec quelque compétence les données précises d'un problème qu'il nous reste encore aujourd'hui à résoudre. Je n'ai garde d'oublier le but de cette réunion et je sais combien est limité le temps dont vous disposez ; je ne ferai donc pas devant vous une démonstration inutile des services que l'enseignement intuitif, je prends le mot dans son sens étymologique, est à même de rendre dans les diverses sciences ; je m'abstiendrai de vous énumérer en détail les avantages qu'en retire l'étude de la géographie : vous êtes tous, j'en suis certain d'avance, aussi convaincus que moi-même que c'est

un souverain moyen d'instruction pour les esprits si nombreux qui ne peuvent comprendre la vérité autrement que par des images qui s'adressent aux sens. Les spectacles de la nature, devant lesquels se déclarent impuissants les écrivains les plus admirables, présentent une telle complexité dans leur variété infinie que ce n'est pas à l'aide des mots qu'on peut les rendre intelligibles et clairs aux intelligences moyennes. Qu'il s'agisse d'un paysage exotique, d'une curiosité naturelle, d'un spécimen particulier de la végétation, d'un animal étranger au pays que nous habitons ou d'un type spécial de l'espèce humaine, nul n'oserait soutenir qu'une page de Buffon, de Chateaubriand ou de Pierre Loti nous en donne une idée aussi exacte qu'un bon dessin et surtout qu'une photographie. Je ne veux pas faire tort à la littérature, ni même déconsidérer la rhétorique, en constatant un fait aussi indéniable ; j'ai d'ailleurs pour en certifier l'universelle vérité le témoignage unanime de toutes les Sociétés de Géographie et je crois que, dans cette enceinte, on n'en saurait invoquer de plus décisif. Nul n'a plus contribué qu'elles à établir ce principe et à en répandre les applications.

Quand quelqu'un des explorateurs dont s'enorgueillit justement notre pays vient, dans une séance solennelle de la Société de Géographie de Paris, raconter ses voyages et ses découvertes, l'élite de nos contemporains n'est-elle pas heureuse de trouver sur l'écran, grâce aux clichés qu'il a su prendre dans toutes les circonstances, l'illustration immédiate et vivante de son récit? N'ont-ils pas tous, même les plus éminents, absolument besoin, s'il s'agit d'un itinéraire, d'en suivre sur la carte les diverses étapes ? Comment le faire avec plus de facilité que sur l'écran quand l'auditoire est nombreux et quand la carte qui s'y dessine est, comme il arrive le plus souvent, inédite ? Mais, encore une fois, j'aurais honte d'insister sur ce point : il ne deviendra utile de chercher à le faire que le jour où les récits de voyages cesseront d'être accompagnés de gravures et où les éditeurs déclareront que le texte seul se vend mieux que les ouvrages illustrés.

S'il s'agit de jeunes gens ou d'enfants, le nombre des auditeurs qui auront besoin, pour bien comprendre, d'être en même temps des spectateurs s'accroît au point de les embrasser tous. Mais en même temps se présente à nous une raison plus décisive encore de faire appel à la représentation précise des objets : c'est de ne pas laisser l'imagination travailler seule chez les mieux doués de nos élèves pour créer des notions fausses qui, par le fait même qu'elles leur sont personnelles et n'auront pas été susceptibles d'être discutées, serviront ensuite de principes à des déductions ou à des inductions d'autant plus dangereuses que la forme même du raisonnement, faux dans ses prémices, aura été plus exacte. Comment voulez-vous qu'un élève du lycée d'Oran, né dans ce département qu'il n'aura jamais quitté, ce qui est le cas du plus grand nombre, — ou qui n'aura vu de l'Europe que Marseille et Paris, comme il arrive aux privilégiés, — se représente une montagne autrement que sous l'aspect de Santa-Cruz et de Notre-Dame de la Garde ? Peut-il ne pas leur assimiler, par une influence inévitable de l'atmosphère dans laquelle il respire, les ballons des Vosges, les puys d'Auvergne, les pics des Pyrénées et les névés des Alpes ? Et comment, d'autre part, nos jeunes compatriotes de la métropole sauraient-ils concevoir une idée juste de cette Algérie, qui n'est pour eux qu'une expression géographique unique, rendant un ensemble uniforme, alors qu'au contraire la difficulté de la question algérienne provient avant tout de la complexité insoupçonnée de ce pays, des dissemblances énormes et des contradictions constantes qu'y présentent le sol, la faune et la flore, le régime des eaux et la répartition des cultures, aussi bien que la variété des populations et leurs conditions d'existence ? Comment leur faire comprendre autrement que par l'image les anomalies qui réunissent, dans les 14 millions d'hectares du Tell, les régions montagneuses des Traras et de Tlemcen, le Dahra et le Tessala aux plaines de Sidi-Bel-Abbès, de Perrégaux et d'Eghris et la brûlante vallée du Cheliff, « aussi nue qu'une aire à battre le grain » (1), aux ombrages délicieux de la banlieue d'Alger, aux pépinières de Boufarik et aux orangeries de Blida ? Il n'est plus question ici de distraction intelligente, mais de science et de vérité ; aux yeux de tous ceux qui se préoccupent de les faire pénétrer de plus en plus dans l'instruction et dans l'éducation de la jeunesse, il apparaît clairement que rien n'a encore été fait dans ce sens, qu'il convient de donner à ce mode

(1) FROMENTIN.

d'enseignement une méthode et une organisation rationnelles : permettez-moi d'indiquer les procédés qu'il convient, selon moi, d'appliquer pour lui faire produire à bref délai des effets utiles.

Il ne s'agit de rien moins que de constituer de toutes pièces un enseignement nouveau, c'est-à-dire de lui fournir le plus rapidement, le plus pratiquement et le plus économiquement possible des locaux, des maîtres, des instruments, des vues. Pour plus de clarté, examinons successivement ce qu'il y aura à faire dans chacun des trois ordres d'enseignement entre lesquels se répartit la population de nos facultés, de nos collèges et de nos écoles.

Dans l'enseignement supérieur, où les travaux personnels des maîtres jouent un rôle important, où les méthodes se forment, où le progrès scientifique est en élaboration constante, je ne crois pas qu'il y ait beaucoup à demander. Je ne me reconnais pas d'ailleurs le droit de donner des conseils aux professeurs éminents de nos facultés. Mais l'organisation récente des Universités, en créant un Conseil qui coordonne les efforts et règle la répartition des crédits, les met à même de faire, le jour où elles le voudraient, ce qu'elles jugeront nécessaire. C'est là d'ailleurs que les projections ont été employées tout d'abord, au temps déjà lointain où leur emploi exigeait un matériel coûteux et des opérations savantes ; on n'y renoncera pas parce que le procédé est devenu usuel. Les instruments les plus perfectionnés existent dans les laboratoires scientifiques ; les préparateurs de physique sont exercés à les manier : on ne saurait rien réclamer de mieux.

Peut-être cependant appartiendrait-il aux maîtres de notre enseignement supérieur de se préoccuper de faire entrer dans le domaine public les résultats obtenus par leurs recherches savantes en constituant des collections nouvelles, accompagnées de notices sobres et lumineuses qui vulgariseraient plus rapidement leurs découvertes ; d'exciter les meilleurs de leurs élèves à s'en faire les propagateurs ; de publier une classification méthodique des projections utiles à l'étude des diverses questions qui figurent dans les programmes scolaires ; de prendre en un mot la direction du mouvement et de lui donner des principes et une orientation scientifiques.

Les sociétés savantes pourraient, elles aussi, faire un effort dans ce sens. Pour prendre un exemple qui nous touche de bien près, songez combien il est regrettable que toutes les vues dont profitent les Parisiens, dans ces réunions dont je vous parlais tout à l'heure, où les Marchand et les Foureau viennent apporter les résultats de leurs explorations, demeurent ensevelies, sans profit pour personne, dans les collections de la Société de Géographie de Paris. Ce n'est pas, disons-le bien vite, qu'elle ne les mette pas, quand on les lui demande, à la disposition du public. Il me conviendrait moins qu'à personne de laisser planer sur elle ce soupçon injuste puisque, dès 1895, je recourais à ses services et que je n'ai jamais fait appel en vain à sa complaisance. Mais d'après ce que m'a écrit, en plusieurs occasions, M. le baron de Guerne, son aimable et distingué bibliothécaire d'alors, elle n'a pas jugé à propos d'établir un catalogue de ses richesses, qui restent ainsi inconnues et sans emploi. Au risque d'être indiscret, je crois devoir saisir aujourd'hui l'occasion de signaler à son représentant l'importance des services qu'elle nous rendrait en se préoccupant de cet état de choses et en nous faisant connaître les ressources précieuses dont elle dispose : à ma gratitude personnelle viendrait alors justement s'ajouter la reconnaissance de tous.

Dans nos lycées et dans nos collèges, la situation est malheureusement tout autre. Ici, tout est à faire, sauf peut-être dans quelques établissements privilégiés de la capitale, comme le collège Chaptal, par exemple. Nulle part, je crois, l'administration n'est à même d'offrir aux professeurs ni local, ni appareils, ni vues.

Bien que mon appréciation risque de paraître dépasser un peu ma compétence professionnelle, je n'hésite pas à déclarer qu'à mon gré les programmes même de l'enseignement de la géographie ont été conçus et surtout appliqués jusqu'à ces dernières années dans un esprit trop livresque et mnémotechnique. Au temps où j'étais chargé de l'enseignement littéraire dans les classes de préparation à Saint-Cyr, le mal était reconnu par tous, professeurs et élèves. L'accumulation des cours, la répartition minutieuse de toutes les heures de la journée entre leurs multiples exigences ne laissent aucun moment disponible pour une séance de projections. Il y aurait donc, pour nous donner satisfaction, nécessité absolue de faire appel au Ministre de l'Instruction publique et au Conseil Supérieur. Ils pourraient d'autant plus facilement acquiescer à nos désirs que cette réforme n'entraînerait pour ainsi dire aucune dépense et que, le jour où on le voudrait en haut lieu, elle pourrait être immédiatement appliquée dans tous nos établissements secondaires. Partout en effet on peut trouver une classe assez vaste ou, à défaut de classe, un dortoir inoccupé ou un réfectoire, dont un mur plan, blanchi à la chaux, servira d'écran et si les fenêtres ne sont pas munies de volets pleins, l'achat de quelques mètres de lustrine noire qui empêchera la lumière d'y pénétrer, constituera une dépense de premier établissement qui ne risque pas de compromettre l'équilibre du budget de l'externat (1). Je ne crois pas qu'il y ait de cabinet de physique où il n'existe une lanterne à projections ; au cas contraire, on l'achètera sur le crédit qui partout est affecté à cet objet spécial ; il suffira d'autre part d'une circulaire ministérielle pour décharger le professeur de physique de toute responsabilité pendant le temps où l'appareil sera mis à la disposition du professeur d'histoire ; cela ne coûtera pas non plus bien cher. Quant à la constitution des collections de vues, il y aura peut-être au début un crédit spécial à demander : on ne crée rien sans quelque argent. Mais j'estime que cette dépense serait insignifiante eu égard aux résultats qu'elle produirait. On peut l'évaluer à 200 francs par lycée ; qu'est-ce que cela dans un budget qui, pour prendre Oran comme exemple, s'élève en recettes à 379,672 fr. 25 et en dépenses à 374,119 fr. 05 ? Ne sera-t-il pas possible, l'année où on fera cette réforme, de prélever ces 200 francs sur d'autres chapitres qu'on ramènera, l'année suivante, à leur chiffre normal ? Ce sont là des questions que sauront résoudre, j'en suis sûr, sans compromettre les finances de la France, les bureaux du Ministère et les proviseurs de nos lycées. Dans bien des villes d'ailleurs on pourra recourir aux services des grandes sociétés d'éducation populaire comme la Ligue de l'Enseignement et la Société populaire des Beaux-Arts, qui mettent tous les ans à la disposition de leurs adhérents les collections de vues qui leur sont demandées. La Ligue a même constitué des centres

---

(1) Pendant la saison d'hiver, les conférences pourraient avoir lieu de 5 à 6 ou de 6 à 7.

de circulation où elles restent toute la saison d'hiver ; elle n'hésiterait pas, j'en suis sûr, à proroger ce délai, s'il était utile d'en venir là. Les sociétés locales seront de leur côté fort heureuses de fournir aux professeurs de l'enseignement secondaire toutes les ressources dont elles peuvent disposer. En ce qui concerne Oran, nous sommes à même de leur fournir dès aujourd'hui, rien que pour l'étude de la géographie de la France, de l'Algérie et des colonies françaises plus de 2.200 vues. Enfin une partie des collections du musée pédagogique pourrait sans doute être affectée, dans des conditions à débattre, à l'enseignement secondaire. Je ne voudrais pas avoir l'air de Gros-Jean qui en remontrait à son curé ; mais je tiens cependant à vous signaler un des principaux avantages que j'attends de l'emploi des projections ainsi généralisé. Dans les classes élémentaires et dans la division de grammaire, il rendra surtout plus facile la révision inopinée des leçons qui auront été faites précédemment par le professeur. Au moment où la vue se dessine sur l'écran, un élève est appelé à en donner l'explication ; pendant qu'il répond, ses camarades, au lieu d'être distraits ou inattentifs, s'appliquent à suivre ses paroles sur l'image : si quelque détail important a été omis, un autre, à qui elle l'a rappelé, s'empressera de le signaler ; s'il a échappé à tous, ce qui parfois arrive, le maître en sera aussitôt prévenu et pourra immédiatement remédier au mal. Pour les élèves du second cycle, il devient ainsi beaucoup plus facile de les exercer à faire une leçon, soutenus qu'ils sont par la représentation exacte de ce dont ils doivent parler ; ils s'habituent à la précision, en s'obligeant à se limiter aux seuls détails qu'ils ont sous les yeux ; les divers plans du tableau leur montrent comment ils se subordonnent les uns aux autres ; enfin, en leur laissant parfois le soin d'établir eux-mêmes l'ordre dans lequel les vues se succèderont, on les exercera inconsciemment à la pratique de cette partie si importante de l'art de parler et d'écrire que les anciens appelaient la disposition. Il ne saurait me déplaire de voir la géographie se faire ainsi l'auxiliaire de la rhétorique, vous le comprenez sans peine.

Venons-en à l'enseignement primaire. A en juger par le nombre des conférences avec projections qui se font sur toute l'étendue du territoire français, depuis Dunkerque jusqu'à

Géryville, il semble que nous ayons le droit de nous déclarer amplement satisfaits des résultats acquis ; pour les connaître il suffit de lire les rapports annuels qu'a publiés régulièrement M. Edouard Petit, inspecteur général de l'instruction publique et vice-président de la Ligue française de l'Enseignement. Le dévouement des maîtres et des amis des enfants de nos écoles s'est élevé à la hauteur de leur grande tâche et ils ont été, les uns et les autres, jusqu'au bout de leur devoir. L'État a, depuis six ans, fait aussi le sien. C'est, on ne saurait trop le rappeler, la *Société havraise d'Enseignement scientifique par l'Aspect*, fondée en 1880, par MM. H. Jardin et G. Serrurier, qui avait eu la hardiesse de montrer la voie à suivre et essayé la première de vulgariser ce procédé d'instruction, que nous voyons aujourd'hui universellement appliqué. En 1885, elle s'enorgueillissait de faire circuler ses collections dans 82 départements. Mais, dix ans plus tard, elle ne pouvait plus répondre aux demandes de prêts qui lui arrivaient journellement par centaines. Elle offrit alors à l'État ses quinze mille vues, à la condition que les prêts continueraient à être faits gratuitement aux membres de l'Enseignement et par franchise postale. Une autre association des plus importantes, la *Société nationale des Conférences populaires*, suivit son exemple ; son président, M. Guérin-Catelain, offrit en même temps d'assurer, avec un personnel fourni et rétribué par elle, le service de prêts qu'on avait immédiatement organisé au Musée pédagogique pour mettre ces importantes ressources à la disposition des fonctionnaires de l'enseignement public qui voudraient prêter leur concours à l'instruction des adultes. Le rapport de M. R. Leblanc, inspecteur général de l'instruction publique, sur l'exposition de 1900, résume ainsi ce qui a été fait depuis lors.

« Dès la fin de la saison 1896-1897, le Ministère avait ajouté 11.000 vues à celles qui lui avaient été léguées et pouvait en livrer 32.600 à la circulation, soit environ 1.600 collections, à raison d'une vingtaine de vues par collection. En 1897-1898, le chiffre des collections atteignait 2.700 ; il allait jusqu'à 3.450 en 1898-1899. Les collections acquises par le Ministère ont été, pour la plupart, choisies par une commission spéciale qui, se préoccupant de réunir en séries méthodiques soit des vues d'après nature, fournies par des fabricants ou des amateurs, soit des gravures qu'elle a recherchées elle-même et qu'elle fait a reproduire, a réussi à constituer des collections instructives, intéressantes et bien ordonnées. Grâce à son initiative, les catalogues des fabricants auxquels elle s'est adressée s'enrichissent de ressources nouvelles et bien appropriées aux besoins de l'enseignement populaire. En outre cette commission s'est chargée de faire rédiger des notices destinées à être jointes aux collections et donnant, sur chacune des vues qui composent la collection, des renseignements succincts, principaux éléments du commentaire dont la projection doit être accompagnée pour laisser des traces durables dans les esprits ; elle a trouvé des rédacteurs pour chaque série du catalogue des collections ; elle a dirigé et contrôlé elle-même le travail. »

On me trouvera peut-être bien hardi si, après cet énorme effort et ces brillants résultats, je ne me déclare pas pleinement satisfait. Je ne puis cependant me rappeler sans regret les déclarations que faisait au Congrès de 1895, M. Buisson, alors directeur de l'Enseignement primaire. « L'ensemble des institutions auxiliaires et complémentaires de l'école exige, disait-il, un effort persévérant de la nation elle même et ne peut être alimenté par les ressources du budget ; il ne saurait non plus être constitué sur un plan uniforme et officiel. » J'étais de ceux qui applaudissaient à cette déclaration de principes et je ne vois pas sans quelque regret ces œuvres puissantes de l'initiative privée ainsi absorbées par l'État ; je ne puis m'empêcher de trouver excessive cette concentration et je voudrais qu'on n'allât pas plus loin. Je désirerais même qu'on revînt un peu en arrière et qu'on reprît, pour pénétrer l'œuvre d'un peu plus de variété et l'approprier davantage aux diverses régions, la tentative qui avait été faite, en 1895, en évitant toutefois l'erreur qu'on avait commise à ce moment.

On avait en effet envoyé dans chaque département, pour satisfaire aux vœux exprimés par le Congrès du Havre, des lanternes de projection et des collections de 200 vues variées. Les diapositifs sur verre étaient irréprochables ; les boîtes à compartiments, qui les renfermaient, étaient aussi solides qu'élégantes ; les appareils étaient excellents. Malgré cela les résultats furent insignifiants et tout à fait disproportionnés à la dépense ainsi engagée. D'où est venu cet échec ? tout simplement de ce que les vues et les appareils avaient été adressés aux Inspecteurs d'Académie et confiés à leurs soins ; c'était les condamner à disparaître à bref délai ou à rester sans emploi.

Pour emmagasiner, expédier, vérifier, nettoyer, réparer ou faire réparer, puis réexpédier des appareils et des vues sur verre et recommencer indéfiniment cette besogne, du mois d'octobre au mois d'avril, il ne suffit pas d'être un administrateur distingué, un chef énergique et bienveillant, un universitaire érudit et ami du progrès, un fonctionnaire républicain honorant une des plus honorables fonctions de la République, — c'est ainsi que je me représente nos Inspecteurs d'académie, et je crois qu'il me serait facile de prouver par des exemples que je ne fais pas ce portrait sans reproduire fidèlement des originaux connus de tous ; — il faut en outre avoir un local disponible, des employés, du temps et de l'argent. Ma situation professionnelle m'interdit d'oser demander sur ce point à mes chefs hiérarchiques s'ils se sont chargés eux-mêmes de faire toute cette besogne et s'ils ont prélevé sur leur traitement ou sur leurs frais de bureaux les sommes nécessaires ; mon ignorance des règlements administratifs ne me permet pas non plus de savoir s'ils avaient le droit d'imposer ce travail tout spécial au personnel de leurs commis d'académie. Mais ce que je sais, par expérience, c'est que la bonne volonté, le zèle et le dévouement le plus désintéressé ne suffisent pas pour savoir raccommoder un diapositif de projection fêlé ou remplacer une lentille qu'a fait éclater la chaleur de la lampe ; je sais aussi que, pour nettoyer une lanterne à pétrole et changer la mèche, il faut nécessairement se salir les mains et que l'on ne peut pas, sans ces soins matériels, organiser un service de projections : or je ne puis me représenter ainsi occupés, ne fût-ce qu'une heure par semaine, un inspecteur d'académie ou même les commis de l'inspection.

Mais ce n'est pas une raison pour renoncer à un essai de décentralisation qui peut, à tous égards, produire les meilleurs résultats et les erreurs du passé elles-mêmes doivent nous aider à mieux faire.

Je suis convaincu qu'en cherchant bien on retrouverait dans beaucoup de chefs-lieux de département les lanternes de projection et les vues au fond de quelque armoire ou au-dessus de quelque placard. Il conviendrait de remettre ce matériel en état, de compléter les collections insuffisantes par des emprunts faits au Musée pédagogique, de substituer aux lampes à pétrole, aujourd'hui démodées, des lampes à incandescence par l'alcool et de confier le tout aux intermédiaires qui peuvent utilement assurer ce service en y trouvant eux-mêmes leur profit. Il suffira pour cela de le faire porter des bureaux de l'inspection académique chez les Directeurs et Directrices des écoles normales de garçons et de filles. Les élèves-maîtres, qui auront plus tard à s'en servir comme instituteurs, apprendront à manipuler ce matériel et à l'entretenir ; un roulement facile à organiser les amènera successivement à s'exercer à correspondre avec leurs futurs collègues pour assurer le service des prêts ; tous y trouveront un égal profit. Je n'hésiterais même pas à demander à chacune de ces écoles de composer quelques séries de vues appropriées à la région où elle est placée et de rédiger les notices explicatives. On pourrait ensuite les réunir en un petit volume, de format portatif, imprimé économiquement. La Société Havraise a montré, il y aura bientôt 20 ans, comment on peut s'y prendre. Mais je m'aperçois que j'abuse de votre bienveilllante attention ; un dernier mot, et je conclus.

La seule critique qu'on puisse adresser aujourd'hui à l'œuvre considérable accomplie au cours de ces six dernières années, c'est qu'on a complètement transformé le sens du mouvement initial et que l'on a fortifié, dans cet ordre d'idées, la notion de l'État-Providence. C'est pour moi une anomalie que des associations privées se transformant en un service d'État, subventionné par elles ; je ne trouve, dans une telle organisation, ni liberté, ni responsabilité.

Je n'ignore pas les raisons très puissantes qui ont conduit nos devanciers à une solution, heureuse par ses applications, si la méthode fournie n'est pas irréprochable. Ils ont eu, en quelque sorte, la main forcée et on les a pris par les sentiments : on leur a montré ce grand mouvement d'enthousiasme, qu'ils avaient provoqué, arrêté net par ses conséquences financières.

« Vous demandez, leur a-t-on dit fort habilement, que les vues que vous expédiez à vos correspondants leur parviennent en franchise ; nous ne pouvons, en raison de la législation existante, vous accorder cette faveur, même pour les membres de l'enseignement public. Cela ne peut se faire que pour les collections qui appartiennent à l'État ». Pour faire bénéficier les instituteurs de cet avantage, ces sociétés n'ont pas hésité à se résigner au sacrifice nécessaire et, comme le budget ne comportait pas de crédit pour ce service nouveau, elles ont pris à leur charge la dépense qui en résultait. Je les admire, mais déplore l'exemple qu'elles ont donné. Je demande qu'on fasse, pour les sociétés qui subsistent et qui veulent maintenir leur indépendance, ce que le Ministre de l'Instruction Publique leur promettait solennellement en 1895. Je cite ses propres paroles : « L'État ne peut, ni ne veut demander aux activités individuelles, aux sociétés libres, de se décharger sur lui seul, d'une besogne qu'ils sont aptes eux-mêmes, la plupart du temps, à mener à bonne fin...... Ce n'est pas seulement l'intérêt de nos finances qu'il est permis d'invoquer contre l'accaparement par l'État de toutes les forces éducatives que recèle la Nation. Cet accaparement est mauvais en soi, parce qu'au lieu de se multiplier et de s'échauffer, en s'agglomérant sous la direction de l'État, ces vertus risquent de se raréfier et de se refroidir dans l'uniformité. Si variés et si larges que soient les programmes que dresse l'État, si souples que soient les méthodes qu'il emploie, il n'y mettra jamais la diversité féconde, la richesse infinie, et, pour tout dire, l'heureux désordre des choses spontanées. Or, qui ne voit que tout le secret de l'éducation de l'adolescence est dans une adaptation des programmes et des méthodes aux aptitudes constatées, aux professions choisies, aux besoins régionaux, aux mœurs locales, aux tendances individuelles ? ». Le rôle de l'État, concluait alors le représentant du Gouvernement de la République, c'est de « stimuler les initiatives, encourager les sociétés et les particuliers, récompenser les organisateurs des cours et des conférences.... Ces encouragements, ce concours moral et matériel, l'État doit se hâter de les fournir ».

Je ne saurais placer sous un plus haut patronage, la dernière partie du vœu que j'ai l'honneur de soumettre au Congrès.

M. Gillot, comme conclusion de la communication qu'il vient de faire, demande à l'Assemblée de bien vouloir adopter le vœu suivant :

« Le XXIIIe Congrès National des Sociétés françaises de
« Géographie émet le vœu que le Ministère de l'Instruction
« publique organise d'une façon méthodique l'enseignement de
« la géographie au moyen des projections lumineuses dans les
« établissements d'enseignement secondaire de garçons et de
« filles d'après les programmes des différentes classes ;
« Que les appareils et les vues destinés à propager cet ensei-
« gnement dans les écoles primaires soient déposés dans les
« écoles normales primaires de garçons et de filles ;
« Et qu'on facilite par des subventions et l'extension de la
« franchise postale l'action des sociétés privées qui se consacrent
« à l'expansion de l'enseignement par l'aspect. »

Ce vœu est adopté à l'unanimité pour être renvoyé à l'examen du Bureau du Congrès.

Lecture est donnée par M. Monbrun, d'un vœu de la Société la *France Colonisatrice,* de Rouen, rédigé par M. BUCHÈRE, relatif à la transplantation, en Algérie ou aux Colonies, de enfants moralement abandonnés de France.

L'orateur, qui se fait simplement, d'ailleurs, l'écho de la Société dont il est le délégué, rappelle brièvement l'historique des tentatives de ce genre qui, pour la plupart, sans trop insister sur les fâcheuses aventures de M. Roudil, avortèrent pitoyablement.

M. Auerbach se demande si, en face de la main-d'œuvre robuste des Espagnols, des Siciliens et des Indigènes, les gamins des rues de Paris, qui portent en eux les germes de l'alcoolisme et autres tares, seront bien armés pour la concurrence.

M. Paul Hazard trace l'historique de la question des enfants moralement abandonnés de France.

M. Monbrun confirme l'échec des tentatives de colonisation par l'assistance publique ou privée en Algérie et le vœu qu'il a présenté, seulement comme mandataire de la *France Colonisatrice* est retiré, après les observations de divers orateurs et, notamment, de M. Bouty qui rappelle les essais faits à Ouïzert.

M. le Lieutenant AZAN, du 2e Zouaves, devait exposer une communication sur l'*assimilation des Indigènes*. Cette communication, pouvant avoir, d'après l'autorité, des points touchant de très près à la politique, M. Azan doit renoncer à faire cette communication au Congrès.

Mais le Président provoque très heureusement l'intervention de M. Ben Rahal, membre de la Société de Géographie d'Oran, qui essaye, en fort bons termes, de définir ce vocable de l'assimilation et déclare, avec franchise, que l'assimilation, c'est-à-dire la fusion, n'est qu'une irréalisable utopie.

M. Ben Rahal préconise la concorde sur le terrain des intérêts matériaux, et laisse entendre que cette concorde pourrait s'établir si l'élément indigène lui-même, dont on a négligé juqu'ici, la voix, était à son tour, consulté. Le prélude à toute entente, serait une enquête contradictoire où les deux parties intéressées feraient entendre leurs revendications.

M. de Sarrauton, avec franchise non mitigée, fait le procès aux tendances réfractaires des arabes, et MM. de Castries, de Segonzac et autres orateurs, présentent des observations sur ce thème, se ralliant, en fin de compte, à la solution proposée par M. Ben Rahal.

M. Monbrun déclare que l'on a perdu soixante ans à discuter sur l'assimilation, reconnue tout à fait impossible aujourd'hui. On aurait dû, dit-il, ne pas oublier l'affirmation si autorisée, du Maréchal Bugeaud, il y a un demi-siècle, que cette assimilation était une utopie.

M. Auerbach fait observer qu'il y aurait lieu, pour les gouvernements algériens, d'étudier l'attitude de l'Autriche à l'égard des populations musulmanes de la Bosnie et de l'Herzégovine, et M. de Claparède confirme les paroles du précédent orateur. Il rappelle que l'élément mahométan des pays occupés, a sincèrement accepté la domination autrichienne, mais que l'assimilation, au sens brutal du mot, n'a été ni désirée, ni poursuivie de part et d'autre.

M. H. DE SARRAUTON, Membre de la Société de Géographie d'Alger, donne lecture de la communication suivante :

Exposé des Progrès de l'Heure Décimale

Messieurs et Chers Collègues,

Aussurément le système de l'heure décimale n'est inconnu d'aucun de mes auditeurs. Si cependant quelques-uns n'en avaient qu'une notion trop superficielle, je les prierais de consulter les documents que je viens de vous faire remettre, et qui suffisent à en définir d'une manière générale, la théorie, le but et l'importance. En même temps, les instruments que je mets sous vos yeux vous permettront de juger des progrès qu'a faits ce système depuis sept ou huit ans que, pour la première fois, j'en ai semé l'idée dans le public. En constatant que la montre décimale se construit maintenant en France, en Suisse et en Allemagne, vous estimerez sans doute que ce temps, mis en regard du chemin parcouru, ne semble pas exagéré. Voici des montres et des chronographes décimaux sortant des ateliers de Ernest Tissot, de Paris, Paul Ditisheim, de la Chaux-de-

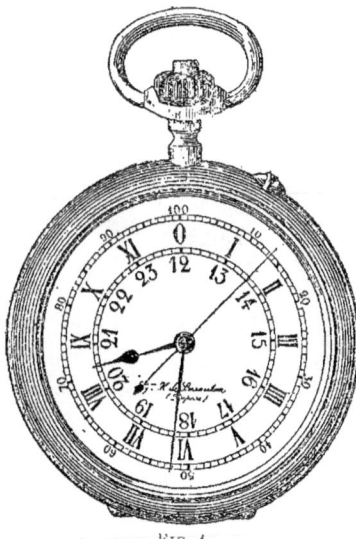

FIG. 1

Fonds, Lange et fils, de Glashütte. Ces maisons sont de 1er ordre, et ces pièces d'horlogerie sont supérieures à tout ce qui a été fait, dans ce genre, jusqu'à ce jour. Vous savez que les chronographes sexagésimaux divisent la seconde en cinq parties. Ils donnent donc ou sont censés donner le $\frac{1}{18000}$e de l'heure. Je dis « sont censés donner » parce que, dans ces chronographes, les divisions sont si rapprochées que souvent l'œil ne peut discerner exactement sur quelle division l'aiguille s'est arrêtée. Les chronographes décimaux que voici, divisent la seconde décimale en deux parties, et donnent ainsi, le $\frac{1}{20000}$e de l'heure. Ils sont donc plus précis ; ils fournissent des nombres décimaux qui rendent les calculs beaucoup plus rapides et plus sûrs ; en outre ils permettent une lecture plus facile et exempte de toute ambiguïté. Ce dernier avantage provient de ce que, dans la montre décimale, l'aiguille des secondes marche presque deux fois plus vite que dans la montre exagésimale ($\frac{5}{3}$). Il en résulte que les divisions sont plus espacées et le cadran plus clair. A quiconque s'est servi une fois de ces excellents chronographes décimaux, soit pour l'usage de tous les sports, soit pour les usages industriels ou scientifiques, les chronographes ordinaires semblent des instruments grossiers, incommodes et vieillis.

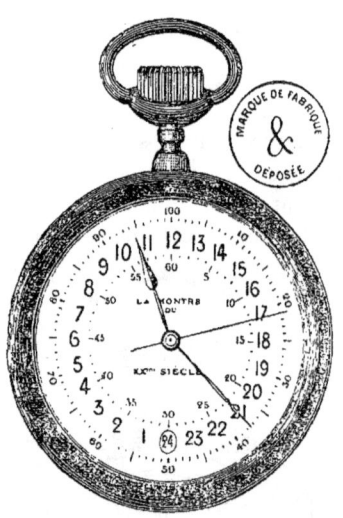

Fig. 2

La figure 1 représente une montre décimale ordinaire à double couronne de chiffres, telle que l'établissent maintenant un grand nombre de fabricants d'horlogerie.

La figure 2 représente une montre décimale à cadran de 24 heures, construite par Ernest Tissat, 29, rue de Londres, à Paris.

La figure 3 représente un chronographe décimal enregistreur établi par Paul Ditisheim, constructeur de chronomètres à La-Chauds-de-Fonds (Suisse).

Cet instrument commence à se répandre parmi les savants qui, devant non seulement mesurer le temps avec exactitude, mais souvent aussi enregistrer la durée d'observations successives et comparatives, trouvent dans ses indications des éléments de calcul d'une précision et d'une commodité sans égales.

Nous avons la satisfaction de constater que ce chronographe a mérité l'approbation d'un savant dont l'avis fait autorité en pareille matière. Le R. P. Rodrigues de Prada, directeur de l'Observatoire du Vatican, commentant le remarquable article de M. Mateos paru dans le *Madrid Científico* du 30 août 1902, s'exprime comme il suit :

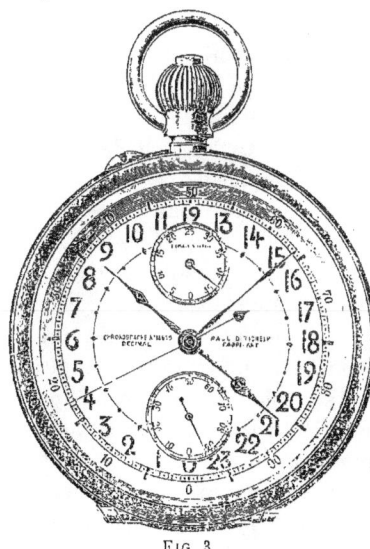

Fig. 3

« En cuanto al crono-
« grafo en el mismo articulo
« descrito, lo conceptuo un
« verdadero modelo en su
« classe, suponiendo, como
« supongo, que la regula-
« ridad de su marcha es
« tan perfecta como exigan
« los ultimos adalantos en
« Cronométria. Podra
« prestar grandes servicios
« a las ciencias de obser-
« vacion. »

M. Paul Ditisheim est l'un des plus célèbres constructeurs Suisses pour l'horlogerie de précision, et l'appareil présenté pour la première fois au Congrès de Géographie d'Oran nous est arrivé accompagné d'un bulletin de première classe de l'observatoire de Neufchatel. Le désidératum de l'éminent astronome est donc pleinement réalisé.

Celles de ces montres qui divisent le jour entier en deux périodes de 12 heures diffèrent si peu des montres usuelles que toute explication est inutile. Quant à celles qui portent le cadran de 24 heures, vous remarquerez que, grâce au prolongement de l'aiguille des heures, elles permettent de lire les heures de l'après-midi selon la méthode vicieuse mais habituelle, et de compter 1 heure, 2 heures, 3 heures de l'après-midi, au lieu de 13 heures, 14 heures, 15 heures, etc. Il faut aussi remarquer que, si on place la montre dans une position telle que la douzième heure soit tournée vers le sud et le plan du cadran à peu près parallèle au plan de l'équateur terrestre, la pointe noire de l'aiguille sera toujours dirigée vers le Soleil, le suivra continuellement dans son mouvement, et, s'il est caché, indiquera sa situation soit au-dessus, soit au-dessous de l'horizon.

Inversement, si le soleil brille au ciel, la montre permettra de s'orienter, à peu près avec l'approximation que pourrait donner une petite boussole.

Elle jouit d'une propriété bien autrement importante pour les marins et les explorateurs. Quand on l'a réglée sur l'heure du méridien zéro, emportée autour du Monde elle donnera par comparaison avec une autre montre décimale réglée sur l'heure du lieu où l'on se trouve, l'exacte longitude de ce lieu exprimée en degrés (d). Sur les montres que je mets sous vos yeux vous pouvez, en effet, lire, à votre choix, des heures ou des longitudes. Elles vous donneront des temps ou des angles, des heures ou des degrés (d). En quelque lieu du Monde que l'on transporte une montre décimale réglée sur le temps du méridien initial lorsque, en ce lieu, il est minuit moyen, elle marque la longitude. A midi, elle la marque une seconde fois, à la condition de retrancher 120[1] si la soustraction est possible, ou de les ajouter, au contraire, si elle ne l'est pas.

Le seul énoncé de ce théorème de géographie mathématique indique assez combien le système de l'Heure décimale est préférable aux systèmes divers et incohérents de division du temps et de la circonférence qui sont actuellement en vigueur.

La supériorité que nous venons de constater dans les chronomètres décimaux, nous la retrouvons dans les goniomètres établis d'après les principes de l'Heure décimale. Voici un beau tachéomètre construit par la maison Guyard et Canary, de Paris, et sa règle à calcul établie par Tavernier-Gravet. Ce tachéomètre est ordinairement divisé en grades, et donne alors le double-centigrade, soit $\frac{1}{20\,000}^e$ de la circonférence. Si on la divise en 360°, il donne la minute, soit $\frac{1}{21\,600}^e$ de la circonférence. Divisé en 240^d il donne la prime soit $\frac{1}{24\,000}^e$ de la circonférence. A dimensions égales et à prix égal, cet instrument est donc plus précis dans la nouvelle division que dans les deux autres.

Cette nouvelle division, comme la division en 400^g, fournit des nombres décimaux, c'est-à-dire que lorsque l'on a à additionner, soustraire, multiplier, diviser, interpoler des quantités angulaires, opérations qui se présentent continuellement dans de très nombreuses applications scientifiques, on opère sur ces quantités angulaires avec la même facilité et selon les mêmes règles que sur des mètres et des centimètres, des francs et des centimes.

Cette nouvelle division, comme l'antique division en 360°, exprime par des nombres finis et simples les angles importants du cercle.

Elle réunit donc, les qualités des deux autres. Mais en outre, elle a, sur toutes les deux, l'avantage d'assimiler le jour au cercle. De même que sur les montres décimales on peut lire en heures ou en degrés (d), de même sur ce cercle on pourrait lire en degrés ou en heures. Il est vrai que cette propriété du cercle de 240^d n'a pas son application dans ce tachéomètre, simple instrument d'arpentage et de nivellement, mais elle retrouverait toute son importance dans les instruments qu'emploie l'Astronomie, et par exemple, sur le cercle horaire d'un équatorial.

Ce n'est pas seulement en astronomie et en Géographie que cette assimilation du jour et du cercle, si clairement indiquée par la Nature, entraîne les plus heureuses conséquences. C'est aussi dans l'art de la navigation. Voici un sextant divisé en 240^d. En combinant son emploi avec celui des chronomètres décimaux, on réalise une homogénéité parfaite entre les divers éléments des calculs nautiques, savoir: les temps que donne le chronomètre et qui représente la longitude du soleil moyen ; les différences en longitudes du soleil moyen et des étoiles considérées, différences que l'on tire de la *Connaissance des temps;* les latitudes de ces astres fournies par ce même recueil ; et enfin les angles que mesure le sextant visant ces étoiles. Les calculs nautiques sont alors débarrassés des complications artificielles qui les rendent actuellement très ardus ; ils sont réduits à la plus extrême simplicité dont ils soient susceptibles, et mis à la portée des marins possédant seulement une instruction élémentaire.

Un tel résultat est d'une importance immense.

Rendre la science plus simple, plus régulière, plus uniforme, plus accessible ; remplacer les multiples et abusives divisions du cercle par la seule division en 240ⁱ qui réunit en elle les avantages principaux qui se rencontrent séparément dans les autres, tel est le but magnifique que poursuit et qu'atteindra l'Heure décimale. L'Institution de ce système est le plus puissant moyen de vulgariser la Science, et de vulgariser particulièrement la Géographie qu'il est si utile de répandre parmi les masses populaires.

Vous avez sous les yeux, mes chers Collègues, la preuve que ce système, aussi irréprochable dans la théorie qu'avantageux dans la pratique, est en bonne voie de réalisation. Vous pouvez aider grandement à son succès en votant le vœu que j'ai l'honneur de vous soumettre au nom de la Société de Géographie d'Alger qui a bien voulu me donner mandat de la représenter dans cette circonstance. Cette Société, après une étude attentive, a reconnu que, d'une part, il est utile et glorieux pour notre Patrie d'achever le système des mesures décimales dont elle est la créatrice, et que, d'autre part, cet achèvement ne peut se faire que par la décimalisation de l'heure, unité d'angle et de temps fournie par la Géométrie. Ce sont ces idées qu'exprime le vœu suivant que nous proposons avec confiance à votre jugement éclairé et à votre patriotisme :

Le XXIIIᵉ Congrès des Sociétés françaises de Géographie croit devoir signaler aux Pouvoirs publics l'intérêt scientifique et national qui s'attache à l'achèvement du système des mesures décimales, œuvre essentiellement française.

Reprenant les vœux émis aux Congrès de Lorient et d'Alger : il émet le vœu que le Gouvernement prenne telles dispositions qu'il jugera convenables pour instituer le méridien maritime et rendre officielle la décimalisation de l'heure et de l'arc de cercle correspondant, dans le plus bref délai possible.

M. Ernest NICOLLE, Président et Délégué de la Société de Géographie de Lille prend la parole pour la communication suivante :

Propositions à soumettre au XXIIIme Congrès des Sociétés françaises de Géographie, avec l'approbation du Comité d'études de la Société de Géographie de Lille.

I. — Le Congrès émet le vœu que le projet de loi de MM. Deville et Boudenoot, déjà adopté par la Chambre des Députés, et ainsi conçu en un seul article :

« L'heure légale en France et en Algérie, est l'heure temps moyen de Paris retardée de 9m 21s », soit voté par le Sénat au plus tôt et sans amendement.

II. — Le Congrès émet le vœu qu'après la consécration par le Sénat de la Loi Boudenoot il soit introduit un nouveau projet comportant :

1° La numération des heures du jour de 0 à 24 de minuit à minuit ;

2° L'usage exclusif de l'heure légale, sans aucune altération volontaire, pour toutes les horloges destinées à la vue du public, en particulier pour celles des municipalités, et des chemins de fer à l'intérieur et à l'extérieur des gares.

Le Congrès recommande de ne pas chercher à joindre ces propositions à la Loi Boudenoot, afin de ne pas retarder le vote de celle-ci.

Devant une Assemblée comme le Congrès, il n'est pas utile de développer tous les principes des vœux proposés ; il suffit de rappeler les motifs principaux qui les justifient.

I

Le système des fuseaux horaires se rapproche de celui d'une heure universelle en ce que le temps y est compté à chaque instant par toute la terre par le même nombre de fractions de l'heure, c'est-à-dire présentement de minutes et de secondes, le nombre entier des heures étant seul différent pour les lieux divers suivant leur répartition dans les divers fuseaux de la sphère terrestre.

Il n'est pas besoin d'insister sur les avantages pratiques de ce système pour les relations civiles et commerciales. Tout le monde sans doute est d'accord à ce sujet, la seule hésitation subsistant encore se rapporte au choix des fuseaux et est maintenant localisée en France et en Portugal. Tous les autres États, du moins tous ceux de l'Europe, de l'Amérique et de l'Asie sous le contrôle Européen, ayant maintenant adopté pour point de départ le fuseau de l'Europe occidentale, dont le méridien central est celui de Greenwich.

Nous sommes donc, le Portugal et la France, les seules nations civilisées restées en dehors du concert universel. Pourquoi?

On a invoqué pour l'abstention de la France des raisons patriotiques, on a trouvé que régler nos horloges sur l'heure d'un observatoire Anglais serait en quelque sorte accepter une suprématie étrangère. C'est aller un peu loin dans la susceptibilité nationale; pense-t-on que les États-Unis, l'Allemagne, l'Autriche-Hongrie et la Russie aient eu l'idée de se courber sous le joug britannique en accordant leurs minutes et leurs secondes à celles de Greenwich?

Avouons que si nous avons, nous Français, quelques raisons de souffrir dans notre amour-propre national, ce doit être plutôt parce que nous n'avons pas encore accepté un arrangement aussi rationnel, et maintenant aussi universel, et que nous nous sommes laissés devancer par tout le monde.

Il faut renoncer d'ailleurs à faire revenir les autres Nations sur leur décision et toutes les combinaisons que nous imaginerions à l'aide de méridiens autrement choisis resteront stériles, personne ne les adoptera, pas même nous, et nous garderons notre différence de $9^m 21^s$ pour notre heure légale et de 4^m pour nos horaires de chemin de fer, ainsi privés de la concordance universelle si nous ne voulons pas adhérer à l'accord commun.

On l'a bien senti, car en fait de méridien maritime initial, on a proposé l'antiméridien de Greenwich. Et en réalité c'est celui dont on se sert puisque les jours commencent à minuit moyen, heure ou le soleil moyen passe à l'antiméridien.

On a craint aussi que notre adhésion nous enlève un levier pour faire entrer le système métrique dans l'usage Anglo-Saxon. Le meilleur levier pour amener les autres au système métrique est d'en démontrer l'utilité par l'usage; l'adoption de la décimalisation proposée dans le Congrès même pour l'heure et les angles sera un des exemples probants de cette utilité. Remarquons d'ailleurs que la législation anglaise autorise déjà l'emploi des mesures métriques, mais sans l'imposer.

Il faut écarter encore une autre objection, celle des méridiens employés en cartographie; notre heure légale étant retardée de $9^m 21^s$, en serons-nous poussés plus qu'à présent à abandonner le méridien de Paris pour nos cartes? Évidemment il serait plus commode que toutes les cartes du monde fussent tracées de même en longitude et il pourrait se faire qu'on adoptât dans l'avenir un méridien universel commun pour les nouveaux travaux; mais on ne voit pas présentement la raison suffisante d'un remaniement de la cartographie existante pour la ramener à un seul type. Serait-ce pour la navigation? Mais d'abord un observateur nautique capable de calculer une longitude n'éprouve aucun embarras pour la transformer et l'adapter à une carte étrangère. De plus comme il n'a jamais eu égard jusqu'ici à l'heure légale de la France, mais seulement à celle de l'observatoire sur lequel ses chronomètres sont réglés, sa situation après l'adoption de la mesure proposée sera la même que maintenant.

Si nous considérons les longitudes extrêmes du territoire français, nous constaterons que les différences des heures locales et de l'heure légale ne seraient pas altérées moyennement d'une manière sensible par l'adoption proposée.

Avec l'heure temps moyen de Paris ces différences sont pour Brest: $27^m 19^s$ et pour Nice: $19^m 46^s$; avec l'heure de l'Europe occidentale elles deviendraient respectivement: $17^m 58^s$ et $29^m 07^s$. Pratiquement on n'a pas vu que des écarts beaucoup plus importants aient nui, en Suisse par exemple, où il s'était élevé contre l'adoption du système une multitude d'objections dont il n'est pas resté trace. En Allemagne où les différences extrêmes sont beaucoup plus considérables, on n'en signale aucun inconvénient dans la vie civile.

L'heure de l'Europe occidentale, s'applique fort bien à l'Algérie et à la Tunisie, et aussi à la partie centrale de nos possessions plus méridionales d'Afrique. Les parties orientale et occidentale de cet empire, entreront naturellement dans les fuseaux voisins, avec des différences d'une heure en avance et en retard sur l'heure française nouvelle.

Nos colonies des autres parties du monde, se classeront dans les divers fuseaux.

Il ne faut pas donner, au sujet qui nous occupe, une importance scientifique, il faut le considérer du point de vue civil, et sous ce rapport on ne s'apercevra en réalité, du changement que le premier jour où il faudra remettre nos montres et nos pendules à l'heure. La science, de son côté, ne sera aucunement embarrassée de s'en accommoder.

Nous demandons le vote par le Sénat de la loi Deville et Boudenoot, sans amendement, selon le désir de M. Boudenoot, afin que la loi ne fasse plus retour à la Chambre, dont des multiples occupations pourraient exposer à un long sommeil un objet de cette nature.

Pour le dire en passant, M. Boudenoot, en nous exprimant ce désir, nous apprenait que tous les Ministres intéressés, y compris la Marine, sauf un, dont la réponse était encore attendue, avaient envoyé un avis favorable à la Commission du Sénat, et que la question serait résolue dans quelques mois, conformément aux désirs des Compagnies de Chemins de fer, de l'Administration des Postes et Télégraphes, et aussi des Travaux Publics, et enfin, d'un grand nombre de savants et de techniciens.

Ajoutons que le Congrès des Sociétés françaises de Géographie, réuni à Marseille en 1898, a adopté les principes de l'adoption en France du système des fuseaux horaires.

1° Nous arrivons maintenant, à la numération des heures du jour, de 0 à 24, de minuit à minuit ; il est évident qu'elle éviterait des confusions, et qu'elle est particulièrement commode pour le service des chemins de fer, auxquels la clarté qui en résulte fera même éviter des accidents, suivant l'appréciation de certains ingénieurs.

En Italie, en Belgique, au Canada, aux Indes anglaises, pour les chemins de fer, où elle est adoptée, elle donne satisfaction, et il faut ne pas s'en être servi un seul jour pour penser qu'elle amène du trouble chez les particuliers. Cinq minutes d'attention et de réflexion suffisent pour s'y habituer. L'auteur de ces lignes, peut dire que depuis un voyage en Italie, en 1894, il n'a jamais cessé de servir de cette numération, pour faire ses itinéraires et laisser chez lui, ses instructions pour ses absences, ce qui lui a économisé beaucoup de temps et évité des erreurs.

Les astronomes ont consenti à faire commencer leurs jours, à minuit, au lieu de midi, comme logiquement cela doit être pour eux, qui comptent le temps à partir du passage du soleil au méridien supérieur, avec la numération de 0 à 24 heures, dans le but d'établir et de faire prédominer cette habitude.

En Italie et en Belgique, on n'a pas changé les dénominations usitées dans la vie courante, pour les heures de l'après-midi, et la plupart des horloges n'ont pas été modifiée. Il n'en résulte aucun inconvénient en pratique, c'est simplement une numération écrite, nouvelle, qui écarte les confusions et facilite les recherches dans les horaires.

2° Il y aura, peut-être, plus d'opposition à l'unification des heures des horloges exposées à la vue du Public, et particulièrement, de celles de l'intérieur et de l'extérieur des gares, parce qu'on est habitué à cette prime attribuée à l'inexactitude. C'est cependant une partie essentielle de la réforme. Si vous laissez subsister une différence entre les deux groupes d'horloges des chemins de fer, vous annulez une partie des avantages de votre entrée dans le concert horaire universel : ou vous faussez les horaires, ou vous faussez les relations de temps entre les différents pays.

Et si vous vous résignez à l'une de ces deux erreurs, vous perpétuez une habitude fâcheuse pour l'activité, une habitude qui chaque jour fait perdre un temps considérable et ne sert même pas à empêcher de manquer le train parce qu'on se fie à l'écart. C'est, répétons-le, une prime au manque de ponctualité. Dans certaines villes on trouve plusieurs heures différentes : celle de l'intérieur de la gare, celle de l'extérieur, celle d'une horloge municipale délibérément en avance sur la précédente, celle d'autres établissements, les usines, les églises et les écoles par exemple, qui retardent alors leurs horloges ; de sorte que personne ne sait l'heure exacte et qu'en désespoir d'acquérir jamais cette connaissance, on finit par s'en désintéresser et par agir approximativement dans la plupart des actes de la vie, c'est une sûre manière de gaspiller le temps.

Franklin, disait : « Si vous aimez la vie, ne prodiguez pas le temps, car c'est l'étoffe dont la vie est faite », nous aimons à rappeler ce propos que citait souvent notre ami M. Tilmant, dont les travaux sur les questions qui nous occupent étaient si abondants, si convaincus et si convaincants et qui peu de jours avant sa fin récente exprimait l'espoir de voir bientôt aboutir une réforme qui lui était chère. « Une étoffe si précieuse ajoutait-il, ne saurait être mesurée avec trop de soin ».

Aussi insistons nous sur cette proposition que nous voudrions voir adopter même dans le cas où, le parlement nous étant définitivement contraire, nous garderions notre heure temps moyen de Paris et la division du jour en deux périodes de 12 heures.

M. DE SARRAUTON obtient la parole pour la réplique suivante :

Messieurs et chers Collègues,

Ce n'est pas dans un congrès de Sociétés de Géographie que je dois rappeler que les heures se rattachent aux longitudes par les liens les plus étroits. Ce sont, en réalité, même chose sous deux noms. Toute loi sur l'heure légale, pour être logiquement établie, doit donc définir le méridien initial sur lequel il est midi quand le soleil moyen le traverse. C'est cette vérité qu'ont bien comprise MM. Gouzy et Delaune quand ils ont dit dans leur projet de loi :

« Le système des fuseaux horaires donnant l'heure légale et « résultant du choix du premier méridien sera adopté en France « et dans les colonies françaises à partir d'une date à fixer. »

Voilà un projet de loi bien bâti, judicieusement conçu, et que des Sociétés de Géographie peuvent approuver et recommander.

Je prétends au contraire que des Sociétés de Géographie ne peuvent ni approuver ni recommander le projet de loi Boudenoot, dont voici le texte :

« L'heure légale, en France et en Algérie, est l'heure temps « moyen de Paris, retardée de 9 minutes, 21 secondes. »

A la lecture de ce texte, la première pensée d'un géographe est d'adresser mentalement cette question à M. Boudenoot :

Eh bien ! Et le méridien initial, où le placez vous ?

Et la seconde pensée de ce même géographe est de traduire le texte de M. Boudenoot en un français scientifique et clair. Or, voici ce que donne cette traduction :

« Le méridien et l'heure adoptée en France et en Algérie sont « le méridien et l'heure de Greenwich. »

Pourquoi M. Boudenoot ne rédige-t-il pas son projet de loi de cette façon ? Est-ce parce qu'il ne sait pas que l'heure légale ne peut dériver que d'un méridien initial préalablement admis, ou bien est-ce pour tromper le public sur la véritable portée de son projet de loi ?

Je vous laisse le soin de répondre à cette question, mes chers collègues, et de décider si le projet Boudenoot est œuvre d'ignorance géographique, ou bien œuvre d'hypocrisie.

Que l'on admette l'une ou l'autre de ces deux hypothèses, il est évident, qu'à considérer seulement la forme du projet Boudenoot il ne peut être soutenu et recommandé par un congrès de sociétés savantes.

Maintenant, considérons le fond, et demandons-nous si ce projet, traduit en langage géographique et disant clairement et franchement que la France abandonne le méridien de Paris pour adopter le méridien de Londres doit être soutenu par des Sociétés françaises de Géographie.

Cela revient à se demander si le méridien anglais est meilleur que le méridien français.

Le méridien de Greenwich est, à la fois, continental et insulaire : continental par les régions sur lesquelles il se développe, et insulaire par son origine ; c'est-à-dire qu'il possède tous les défauts du méridien de Paris et quelques autres encore. Il est difficile de trouver, à la surface du globe, un point plus mal choisi que Londres, pour y faire passer le méridien initial. Échanger le méridien de Paris contre le méridien de Londres, c'est échanger une chose mauvaise contre une chose pire.

Au commencement du XVII⁰ siècle, le cardinal de Richelieu, ayant à choisir un méridien initial pour les besoins de la marine française, voulut que ce méridien eut un caractère neutre et international. Il choisit le méridien de l'île de Fer qui fut, bientôt après, admis par toutes les nations. Ce méridien maritime, et comme tel, excellent, serait probablement encore en usage chez tous les peuples, si nous n'avions pas été assez maladroits pour abandonner l'idée géniale du Cardinal de Richelieu et prendre le méridien continental de Paris.

Le défaut rédhibitoire d'un méridien continental, comme celui de Londres ou de Paris, est d'entraîner nécessairement deux sens pour les longitudes. Il est, en effet, absolument inadmissible que, ce que les marins appellent *le saut du jour* se fasse dans les lieux habités, et que, à Paris, par exemple, les gens qui habitent le côté Est de l'avenue de l'Opéra comptent lundi, tandis que les habitants du côté Ouest compteraient dimanche. Un méridien continental est adéquat à des longitudes positives et négatives, occidentales et orientales. Un méridien maritime, au contraire, comme celui de l'île de Fer ou de Béring est adéquat à des longitudes faisant le tour entier du Globe. Or, ce second système est évidemment très supérieur au premier. Le soleil marche toujours dans le même sens. On ne l'a jamais vu, que je sache, revenir sur sa route. Les longitudes et les heures, qui sont réglées par le mouvement diurne, doivent donc croître dans un seul sens, de 0 à 24 heures, ou de 0 à 240° degrés (d).

La France du XX⁰ siècle doit donc reprendre l'œuvre du Cardinal de Richelieu. Elle doit abandonner le méridien de Paris, je le crois, mais non pas pour aller prendre le pire méridien de Londres. Si elle quitte son méridien national, ce doit être pour adopter un méridien maritime.

Messieurs, dans la question qui nous occupe il y a deux points de vue : le point de vue scientifique et le point de vue politique.

Nous venons de voir que, au point de vue scientifique, le projet Boudenoot n'est pas soutenable. Il semble que ce serait assez pour nous le faire repousser, puisque nous sommes des sociétés savantes. Cependant il ne nous est pas interdit, sans doute, de considérer rapidement le côté politique.

Lorsque, à la fin du XVIIIe siècle, la France voulut fonder le système des mesures décimales, elle commença par inviter les nations, ses voisines, à s'adjoindre à elle pour rechercher le meilleur système. Elle essuya un refus. Alors, toute seule, elle se mit courageusement à la besogne, et créa le système métrique. Eut-elle lieu de regretter cette initiative ? Vous savez que non, puisque les mesures françaises se sont répandues sur la plus grande partie du globe, et qu'il n'y a plus de doute, aujourd'hui, qu'elles ne finissent par se répandre sur toute la Terre.

Les Français du XXe siècle seraient-ils donc à ce point dégénérés qu'ils ne soient plus capables d'imiter leurs aînés ? Y a-t-il quelqu'un ici pour prétendre que l'Énergie française n'est plus capable d'un aussi minime effort ? En tout cas ce ne serait pas notre éminent président M. Hanotaux. Mais enfin, admettons que par veulerie, par paresse, par fatigue de penser et d'agir, nous ne voulions pas nous donner la peine de rechercher le point du globe où doit passer le méridien neutre et international que tous les peuples viendraient bientôt nous emprunter comme ils nous empruntent notre système métrique. Je dis que, même dans le cas où nous serions à ce point inférieurs à nos pères, ce n'est pas au projet de loi Boudenoot qu'il faudrait avoir recours, mais un projet de loi Gouzy. Voici, en effet, ce que dit ce projet :

« ART. 3. — Les longitudes se comptent de 0 à 240^d, de l'Est
« à l'Ouest, à partir d'un premier méridien qui devra passer
« dans la région du Béring, en un point que l'académie des
« Sciences est chargée de déterminer exactement. »

Remarquez que ce texte dit : « Dans la région de Béring ». Or, l'anti-méridien de Greenwich ne passe pas à Béring, mais il passe dans la région de Béring. Il suffit donc que l'Académie des Sciences décide qu'il y a lieu d'adopter comme premier méridien, l'anti-méridien de Greenwich, pour assurer notre adhésion au système des fuseaux horaires tel qu'il existe actuellement. Nous obtenons ainsi le même résultat, exactement, qu'avec le projet Boudenoot.

En résumé, Messieurs, je vous propose de refuser notre appui au projet de loi Boudenoot :

1º Parce qu'il n'est pas rédigé en des termes que des Géographes puissent accepter ;

2º Parce que sa rédaction, qui n'est pas scientifique, en revanche est hypocrite, puisque sous les apparences de nous imposer seulement l'heure anglaise, en réalité elle nous inflige le mauvais méridien anglais ;

3º Parce que la France n'a qu'à se conformer à ses traditions, à poursuivre sa mission historique en reprenant l'œuvre du Cardinal de Richelieu et de la Convention nationale pour obtenir un système horaire, géographique et nautique incomparablement supérieur au système anglais ;

4º Enfin, parce que, lors même que l'Énergie française se transformerait en Lâcheté française, la solution Boudenoot n'est qu'un cas particulier d'un problème plus étendu que résout, dans toute sa généralité, le projet de loi Gouzy et Delaune.

Les vœux de MM. Nicolle et de Sarrauton adoptés par l'Assemblée, sont renvoyés à l'examen du Comité du Congrès.

SÉANCE DE L'APRÈS-MIDI

Président : M. MESPLÉ, Président de la Société de Géographie d'Alger et de l'Afrique du Nord ;

Assesseurs : MM. VILLOT, Délégué du Ministère du Commerce, et PAUL BONNARD, Délégué de la Société de Géographie de Tunis.

La séance est ouverte à 2 heures de l'après-midi.

M. le Président fait connaître que, conformément au désir exprimé par le général Canonge et transmis au Comité du Congrès, par M. Lebourgeois, le Comité a décidé, sur le rapport favorable de la Commission spéciale, nommée à cet effet dans la séance publique du 1er avril, que la Société de Topographie de France, sera désormais considérée comme une Société de Géographie.

M. l'Abbé FABRE, empêché par l'exercice de ses fonctions, d'assister à la séance, a fait déposer sur le bureau, par le Secrétaire du Congrès, la communication suivante :

Une Controverse historique résolue avec l'aide de la Géographie. Les Exilés de Siga.

« Il s'agit de savoir si les martyrs de Numidie, condamnés
« aux mines sous les empereurs « Valérien et Gallien,
« ont été envoyés en exil dans les mines de Sigus (province
« de Constantine) ou de Siga (province d'Oran).
« L'étude de la Géographie de la Maurétanie nous
« prouvera qu'il faut placer les *metalla siguenses*, dont
« il est parlé dans la lettre des exilés à saint Cyprien,
« dans notre Maurétanie oranaise ».

Notre province d'Oran, portion occidentale de la Maurétanie Césarienne, est, il faut bien l'avouer, la plus pauvre, en inscriptions romaines. Longtemps gouvernée par les rois numides, Syphax et Bocchus, incorporée plus tard par Claude à l'empire romain, conquise mais non domptée, cette province de l'ouest fut plutôt un camp qu'une réunion de cités florissantes. C'est à peine, si parmi les nombreuses cités, Siga, Portus Magnus, Pomaria, Regiæ méritèrent le nom de villes. Comme nos modernes cités du sud, Saïda, Géryville, Tiaret, les villes maurétaniennes s'étaient élevées autour des camps. On peut en excepter Siga, déjà capitale numide. Pour les autres, elles étaient surtout peuplées de familles de soldats.

Mais puisque notre Oranie est presque dépourvue d'inscriptions et de monuments romains, qu'elle n'a pas donné le jour à des historiens qui en eussent raconté les vicissitudes historiques, il faut donc précieusement et pieusement garder ce qui lui appartient. On ne prête qu'aux riches, dit-on. C'est sans doute pour cette raison qu'on essaie de lui enlever les martyrs que la persécution des empereurs Valérien et Gallien, envoya dans notre Maurétanie occidentale. C'est au IIIe siècle, c'est-à-dire encore à l'époque de la grandeur romaine, au temps de saint Cyprien et des grands évêques d'Afrique, de Tertullien et des prêtres martyrs, à la veille de ce IVe siècle, qui verra naître en ces pays, le grand Augustin, les Optat, les Possidius, les Fulgence.

Aussi, jaloux pour notre Oranie, de la gloire qui peut rejaillir sur elle, chercherons-nous à prouver que notre province reçut cette troupe d'évêques, de prêtres et de fidèles, envoyés en exil par le procurateur romain.

Faut-il le dire? Nous ne nous dissimulons nullement la difficulté de notre tâche. Elle s'accroît du silence des écrivains de ces temps reculés, de saint Cyprien et des évêques exilés; de la croyance à peu près générale, favorable à la Numidie; du manque de documents positifs pour démontrer la thèse que nous défendons. Nous essayerons cependant de démontrer que ces martyrs furent exilés non en Numidie, à Sigus près de Constantine, mais à Siga, dans notre province d'Oran. Nos collègues de Constantine n'en seront pas jaloux: assez de gloire leur reste. Qu'importe qu'un fleuron modeste soit détaché de la couronne chrétienne d'un diocèse qui compte avec orgueil les Augustin, les Fulgence, les Optat, les Monique!...

Voici donc, ce que dit le *Martyrologe romain* au sujet des martyrs dont nous avons à nous occuper: « En Afrique, la naissance au ciel des saints évêques Némisien, Félix, Lucius, un autre Félix, Littée, Polyane, Victor, Jader, Datif et plusieurs autres, qui au commencement de la persécution de Valérien et de Gallien, dès la première confession qu'ils firent de Jésus-Christ, furent cruellement frappés à coups de bâton, puis mis aux fers et condamnés aux mines où ils achevèrent le cours de leur martyre. Vers 260 ».

Telle est la version de *Martyrologe*. Comme on le voit, il ne tranche nullement le différend et n'indique pas le nom des mines où furent exilés nos martyrs. Cette question sera résolue plus loin. Pour le moment, il semble utile de donner un court aperçu historique sur ces condamnés aux mines ; il sera ensuite plus facile de rechercher le lieu de leur exil.

Nous connaissons saint Némisien et ses compagnons par la lettre de saint Cyprien à ces martyrs et par les réponses de ceux-ci, à l'évêque de Carthage. Saint Cyprien adresse sa missive aux évêques, prêtres, diacres et autres frères, envoyés aux mines où ils subissent pour Dieu, le martyre. Nous savons donc par saint Cyprien le genre de supplice imaginé contre ces chrétiens : la condamnation aux mines ou carrières, peine alors très fréquemment infligée : Damnatus ad Metalla, lisons-nous souvent au *Martyrologe*. S'il était permis d'essayer une comparaison, volontiers pourrait on assimiler la peine de ces martyrs aux travaux modernes des pénitenciers. On sait que ces malheureux soldats sont envoyés dans les fermes pour y travailler sous l'œil de gardiens sévères.

Les martyrs, dont nous parlons, dans leurs réponses nous indiquent l'ethnique de leur lieu d'exil, *ad metalla siguenses*, dans les mines siguiennes. C'est l'unique indication de lieu qui puisse guider nos recherches. Or, ce mot peut s'appliquer, de prime abord, à *Sigus* ou à *Siga*. Il s'en suit que le lieu d'exil de Nemésien et de ses compagnons peut être placé dans la province de Constantine ou dans celle d'Oran. Les *metalla siguenses*, en effet, peuvent être identifiés avec *Sigus* ou avec les ruines de *Siga*.

Parviendrons-nous à convaincre que les mines siguiennes étaient exploitées dans notre Oranie ? Nous l'essayerons et nous l'espérons.

Un des historiens les plus compétents au sujet de l'histoire chrétienne des premiers siècles, M. Paul Allard, a, croyons-nous, fait paraître déjà un travail sur les persécutions et les divers genres de supplices de ce temps. Il a exposé les divers genres de torture des martyrs condamnés aux mines, aux carrières de marbre ou de métaux, *ad metalla damnati*. Nous n'avons pu nous procurer cet ouvrage.

C'est donc avec la lettre de saint Cyprien aux évêques exilés et les réponses de ces martyrs que nous essayerons de tracer un rapide tableau des rigueurs des metalla.

Quoique exilé lui-même à Curubis et près à verser son sang pour la foi chrétienne, Cyprien, entendit le cri de détresse qui lui venait des mines. Ces évêques exilés dans une lointaine prison, il les connaissait. Ils étaient venus à Carthage en 255, pour le concile tenu sur la question du baptême. Cyprien se souvient d'eux dans la détresse.

Quelle figure attendrissante que celle de ce grand évêque, toujours poursuivi, toujours chassé de son siège et qui incarne à la vérité, tout l'épiscopat africain. Fier dans sa douleur, il oublie ses peines pour plaindre et soulager ses frères exilés.

C'est à eux, à ceux qu'il appelle les martyrs de Dieu envoyés aux mines, *in metallo constitutis martyribus Dei*, qu'il adressa cette admirable lettre 77e. Mgr Dupuch, qui dès le début de la conquête visita quelques-unes de ces mines ou carrières écrit ceci : « Lorsque devant le juge, les chrétiens comparaissaient, à la question : Qui êtes-vous ? s'ils répondaient chrétiens, ils étaient sur le champ et sans autre procédure, condamnés, envoyés aux mines, *ad metalla*. On voit, continue-t-il, dans plusieurs de ces mines, des vestiges du christianisme, travail des confesseurs, qui en gravant ces croix sur le roc suspendu au-dessus de leurs têtes, entre le ciel et le chantier, semblaient avoir voulu ne pas pouvoir lever leurs yeux vers l'un, sans rencontrer les autres.... »

Saint Cyprien, dans la même lettre, nous indique le grand nombre des exilés. Une partie considérable du peuple a suivi votre exemple, dit-il. Ces fidèles n'ont voulu être séparés de leurs pasteurs, ni dans les prisons, ni dans les mines. *A propositis suis nec carcere nec metallis separatæ multiplix portio plebis...*

C'est encore avec l'aide de l'évêque de Carthage que nous pouvons dater l'époque de l'exil. En effet, saint Cyprien, exilé à *Curubis*, avoue lui-même qu'il aurait voulu visiter ses frères, si à cause de son titre de chrétien et d'évêque, il n'avait un lieu délimité d'exil. *Nisi*, dit-il, *me ob confessionem nominis relegatum profiniti termini arcerent*. Aussi *Baronius* place-t-il cette lettre de saint Cyprien entre le 30 août 257 et le 14 septembre 258, date de son martyre.

Plusieurs exilés avaient déjà succombé avant l'envoi de cette lettre. L'évêque de Carthage écrivait en effet, …il en est de ce troupeau béni qui ont reçu la couronne du martyre. soit qu'ils aient succombé dans les tourments, soit qu'ils aient expiré dans les puits des mines ou entre les murs des prisons.

Ces chrétiens étaient enchaînés dans les mines… O pieds heureusement enchaînés, s'écrie saint Cyprien, dont les liens ne seront pas rompus par les forgerons mais par le Seigneur lui-même, pieds qui marchent, qui courent dans la voie du salut ! O pieds chancelants par moments à cause de leurs entraves et des bois qui les retiennent avec efforts ! Bientôt de cette terre d'exil, du sein de ses supplices, vous n'en arriverez pas moins au royaume des cieux ! Au fond des mines votre corps est rafraîchi par la consolation de celui pour lequel vous êtes descendu dans leurs profondeurs.

Saint Cyprien reçut de ces évêques exilés trois lettres différentes. Dans l'une d'elle, la 80e, nous apprenons que ces martyrs avaient été envoyés aux *mines siguiennes*. Cette lettre débute ainsi : « A notre cher et aimé Cyprien, Félix, Jader, Polian, unis aux prêtres et aux nombreux fidèles exilés avec nous dans les mines siguiennes, *apud metallum siguense*, salut éternel dans le seigneur. » Celle-ci ne fut pas la seule lettre envoyée à saint Cyprien. Il y en eut encore deux autres. Cela ne semble-t-il pas indiquer la dispersion des exilés ? Les envoyeurs étaient des évêques certainement séparés, peut-être vivant dans des fosses différentes ou encore habitant des carrières distinctes, quoique ouvertes dans un même rayon d'extraction. De nos jours, Camerata et Beni-Saf, bien que distincts l'un de l'autre de plusieurs kilomètres, appartiennent à la même société d'exploitation. A Beni-Saf même, n'y a-t-il pas des carrières séparées de plusieurs kilomètres du centre? On comprend dès lors que des prisonniers enchaînés et attachés à une fosse ne puissent avoir de faciles communications avec les fosses voisines !

Ce qui porte à croire qu'il y ait eu des mines distinctes et séparées, c'est l'expression citée plus haut : *commorantibus apud metallum siguense*. Le mot *apud* semble très large et peut se traduire, semble-t-il, par auprès ou du côté de *Siga*, ou encore vers Siga, dans le pays qui contient les mines de Siga.

N'oublions pas que nous sommes au IIIe siècle et dans un pays peu habité encore. La géographie, *surtout celle de la Maurétanie Césarienne* qui touchait la Tingitane, était alors peu connue. Pour ces évêques exilés, loin de leur patrie, il semble qu'ils ne connaissaient pas plus la topographie de la région de leur exil que nous ne connaissons nous-mêmes de nos jours, la situation exacte d'*Insalah* et des oasis de *Tafilala*.

Siga cependant était bien connue. C'était l'ancienne capitale de *Syphax*. Cette cité avait joué un grand rôle dans les guerres bogudiennes : elle résista sans doute aux Romains, sa situation sur les bords escarpés de la Tafna se prêtait à la défense.

Aussi, à cause de l'illustration de la cité de Siga, ne soyons pas étonné que l'on mette sous la dénomination de mines de Siga, toutes les carrières exploitées dans cette partie ouest de la Maurétanie. Ne dit-on pas de nos jours, le bassin d'*Anzin*, pour désigner les mines exploitées dans une grande partie du nord dans ce vaste rayon d'extraction de la houille.

C'est donc à Siga que nous placerons le lieu d'exil de nos martyrs. Les préliminaires précédents nous donneront un aperçu suffisant de la question : nous pourrons dès lors rejeter ou admettre les diverses opinions au sujet de l'identification des mines Siguiennes. C'est l'objet principal de ce travail.

Opinions diverses émises au sujet du lieu d'exil des martyrs

Les mines siguiennes ont été placées un peu partout, et même en Egypte. On compte même *cinq* opinions différentes à leur sujet.

1° Le *Martyrologe romain* (1) ne tranche pas la question du lieu d'exil. Tout au plus, nous indique-t-il, que leur mort arriva en Afrique. *In africa natalis*... Baillet et Godescard donnent cette même réponse, peu compromettante. Rosweglius, dans son petit martyrologe; Adam et Usuard, emploient le même mot... in africa.

Rhorbacher (2), auteur de la célèbre histoire de l'Église, met d'accord toutes les opinions, en envoyant les martyrs Némésiens, etc., travailler dans les montagnes de cuivre de *Maurétanie* et de *Numidie*. N'est-ce pas escamoter le débat ? si le lieu d'exil a été *Sigus*, ce fut en Numidie; si ce fut *Siga* qui reçut les martyrs, ce fut en Maurétanie.

2° La deuxième opinion est plus extraordinaire encore. Bernard de Montfaucon, dans ses *Novæ collectiones patrum græcorum* (3), la défend. Cet auteur pense que le lieu d'exil fut *Sigures*, en Egypte. Montfaucon aurait trouvé cette opinion dans le livre de Cosme. Ptolémée Évergète, d'après cet auteur, aurait soumis en Egypte, Agames et Siguen. On peut objecter avec raison, que tous les auteurs placent en Afrique, le lieu d'exil des martyrs. Mais cette dénomination, d'Afrique, était spéciale en territoire de Carthage, et plus largement, à l'ouest des provinces romaines de l'Afrique, mais jamais à l'Egypte. Aussi, *Migne*, dans ses œuvres de saint Cyprien (4), dit il, que Baronius a raison de rejeter l'opinion de Montfaucon, pour placer cet exil à Siga.

3° L'opinion la plus généralement suivie, est celle-ci : le lieu d'exil des martyrs, est *Sigus en Numidie*. Les mots metallum siguense, que des copies antiques écrivent *singuense* et *sibuense*, semblent le faire croire. Morcelli apporte à cette opinion, l'autorité de son nom. Dans son *Africa christiana* (5), en effet, après avoir nommé les évêques exilés, il ajoute : ces évêques, avouent eux-mêmes, qu'ils habitaient dans les *mines siguiennes, apud metallum siguense*, c'est-à-dire près de Sigus, ville de Numidie,

---

(1) *Martyrologe romain*, 10 septembre.
(2) Tome I, p. 555.
(3) Tome II, p. 142.
(4) *Cf. opera omnia*, p. 423 en note.
(5) Tome II, p. 145.

entre Macomades et Constantine. Ces martyrs étaient eux-mêmes, de Numidie, et deux ans avant, avaient siégé au Concile de Carthage.

Dans le volume de l'*Africa christiana* (1), qui nomme les évêchés au mot *siguitensis,* Morcelli dit : « La ville de Sigus, d'où vient à ces évêques, leurs noms de *siguitenses* ou *siguitani,* était entre Macomades et Constantine. Je crois, continue-t-il, que tout près s'ouvraient des carrières, car les évêques, dont nous savons l'exil, étaient aussi de Numidie ».

Mgr Dupuch a suivi l'opinion de Morcelli : Les confesseurs, dit-il, dans leur réponse, disent qu'ils sont employés aux travaux des mines de Sigus, *ad metallum siguense,* c'est-à-dire, non loin de la ville de Sigus, dans la Numidie. Tous appartenaient, d'ailleurs, à cette province.

Jean Cestrensis, dans ses Annales de saint Cyprien, suit l'opinion d'Holstein qui, lui-même, pense comme les précédents et fixe comme lieu d'exil, des évêques Numides, la ville de Sigus.

Exceptons Mgr Toulotte, qui, pour ne pas trancher le différend, ne parle pas, dans sa Géographie de l'Afrique chrétienne, des mines de Sigus.

4° Les *Bollandistes,* dans leur célèbre collection, ne se prononcent pas non plus, au sujet des martyrs ; ils se contentent de donner les diverses opinions des auteurs, et terminent par ces mots : *Res incerta est...* on n'est pas sûr. Tout au plus, écrivent-ils, qu'ils s'imaginent que ces évêques ont été relégués dans des carrières différentes, ou du moins, dans des fosses séparées, d'une même mine.

5° Arrivons-donc vite à l'opinion du cardinal Baronius, qui nous paraît la plus certaine. Dans ses Annales, tome II, à l'année 260, Baronius écrit : Le lieu de déportation des confesseurs, était appelé, les mines siguiennes, *metallum siguense, aliter siguense, apud sigam, civitatem Mauritaniæ Tingitanæ,* près de Siga, ville de la Tingitane.

Cette ville était située en face Malaga, ville d'Espagne. De ces mines de Siga, ces confesseurs écrivirent à saint Cyprien. Tout

---
(1) Tome I, p. 279.

près, se trouvaient les monts *Chalcorikii*, au pied desquels existaient des mines de cuivre, mentionnées par Strabon.

Les Bollandistes, en donnant l'opinion de Baronius, font remarquer que si autrefois la ville de Siga, appartint à la Tingitane, elle fut ensuite ajoutée à la Césarienne. C'est d'ailleurs, dans la Césarienne que la place la carte des étapes du monde romain.

Migne, dans ses *opera omnia* de saint Cyprien, semble pencher pour l'opinion de Baronius (1). Enfin, Mgr Guillon, évêque titulaire de Maroc, dans ses œuvres de saint Cyprien, dit à la lettre LXXX, que les martyrs étaient détenus aux mines de Siga.

Pline a écrit ceci au sujet de Siga (2). Le fleuve *Malvana* termine et limite la Tingitane Après la Malvana, c'est la ville de Siga, située vis-à-vis de Malaga en Espagne, ancienne résidence de Syphax, mais qui fait maintenant partie de la seconde Maurétanie, car indépendamment de la Numidie où était Cirta, la Maurétanie sur laquelle Bocchus régna depuis, obéissait aussi à Syphax.

Mgr Dupuch raconte qu'il visita les ruines de *Siga Takembrit* et sur la roche voisine donna le baptême à un nouveau-né. Il reliait ainsi aux évêques actuels d'Algérie, la chaîne des *Martinus* et des *Emptacius* qui en 411 et 484, se rendirent à Carthage pour représenter l'Eglise de Siga.

Morcelli parle de l'évêché de Siga au mot *siccesitanus episcopus*, ce mot, dit-il, vient du municipe de Siga. Ce n'est pas étrange que ceux qui étaient Siguenses, sigenses, fussent appelés siccesitanos.

Telles sont les diverses opinions émises au sujet du lieu d'exil des confesseurs de Numidie. Il reste à démontrer que les mines d'exil furent bien celles de Siga et non celles de Sigus.

Ces martyrs furent donc détenus en Maurétanie et non en Numidie.

Les preuves de cette thèse, défendue par nous, nous sont fournies par les lettres de saint Cyprien, par l'Archéologie et surtout par la Géographie.

---

(1) *At Baronius putat intelligendum esse de metallo sigensi in Mauritaniae Tingitanae, quot fortasse melius est.*

(2) Cf Dupuch, p. 18.

I. — Preuves des Lettres de saint Cyprien

(a) Nous lisons dans la lettre de saint Cyprien aux exilés : Les lieux où l'on allait jadis recueillir l'or et l'argent sont aujourd'hui ceux à qui l'on en porte le présent. Or, nous verrons plus loin qu'à Sigus et aux environs, il n'est aucune mine soit d'or, soit d'argent, soit même de tout autre métal. Martin Routh, du collège d'Oxford, dans ses notes sur l'édition anglaise de saint Cyprien (1), dit qu'il n'était pas nécessaire que ces confesseurs eussent été envoyés dans des mines d'or ou d'argent. Car, continue-t-il, Pline n'a-t-il pas dit, livre IV : « *Numquid nullius rei præter marmoris Numidici, ferarum, porventu insignem* ». Ces termes de l'historien romain, qui dénient à la Numidie, toute mine, ne sont-ils pas, malgré l'opinion de Martin Routh, une preuve de plus en faveur de notre Maurétanie ? Celle-ci, en effet, peut revendiquer la possession de mines nombreuses et très riches.

(b) Saint Cyprien n'aurait pas annoncé les peines supportées par les fidèles de la Numidie, si les évêques eussent été exilés dans cette province, qui était leur patrie.

(c) En troisième lieu, les exilés n'auraient pas eu besoin de faire appel aux aumônes de saint Cyprien. En effet, Sigus de Numidie est comme un point central entre les évêchés dont les titulaires étaient détenus. Comprendrait-on que les fidèles de ces évêques ne soient pas venus apporter à leurs pasteurs, des aumônes, comme cela se pratiquait envers saint Cyprien, exilé à Curubis ? Les collègues des martyrs, nombreux en Numidie, seraient aussi venus les visiter, partager avec eux leurs ressources.

(d) On ne comprendra pas non plus, que les exilés, dans leurs réponses, n'aient pas nommé les évêques de *Sigus* ni aucun des prêtres de cette ville épiscopale. En admettant même que le siège fut vacant, on ne peut croire que les martyrs, dont plusieurs étaient évêques, n'aient pas reçu la visite du clergé de Sigus. Si cette visite avait été faite, nos exilés qui nomment un

---

(1) Migne. — *Saint Cyprien*, p. 1081.

archidiacre et trois simples clercs, eussent rappelé le nom des prêtres visiteurs.

Mais, dira-t-on, aucun évêque ou prêtre de *Siga*, n'est nommé non plus ? Oui, c'est vrai, mais rappelons-nous que nous sommes en 260. A cette époque Siga, n'était peut-être pas encore une ville chrétienne, le christianisme étant venu lentement évangéliser ces pays de l'ouest Africain. D'ailleurs, comme nous le verrons, ces martyrs n'étaient pas exilés à Siga même, mais dans les mines plus éloignées, soit vers Beni-Saf, soit à Honein. Cette contrée était encore peu peuplée au IIIe siècle.

A *Sigus*, au contraire, nous sommes en plein cœur de la Numidie. On ne compte pas à cette époque les cités épiscopales de cette province, tant elles sont nombreuses et rapprochées. Comment donc croire, que dans leur propre pays de Numidie, ces martyrs aient souffert de la misère et de l'abandon, comme les lettres le proclament ?

Il y a donc toute probabilité pour que ce lieu d'exil ne soit pas *Sigus*, mais *Siga*.

II. — Preuves d'Archéologie

(a) Nous avons dit que les *metalla siguenses* avaient été placés par Morcelli à Sigus. L'archéologie nous montrera qu'il faut plutôt les identifier avec Siga. Les habitants de Sigus, en effet, n'ont jamais été appelés *Siguenses*. Sigus, ville de Numidie, située à 25 milles de Cirta et à 28 de Macomades, possède de nombreuses inscriptions. Quoique simple pagus, centre agricole dépendant de la colonie de Constantine, Sigus eut plus tard le titre de Municipe (1). Sigus est représenté aujourd'hui par un village du même nom, autrefois nommé Bordj-ben-Zekri. Les inscriptions qu'on y a relevées, outre trois centenaires, deux de 101 et une de 105 ans, présentent plusieurs fois les ethniques, *Siguitani, Siguitenses, Siguita*. Ainsi le n° 5694 porte ceci : Herculi sac. D. D. P. P. Siguitanorum. Le n° 19.121 nous

---

(1) Cf. *Corpus*, tome VIII, n° 5.704

rappelle les Castelli Siguitanorum. Le n° 19.131, la Respublica Siguitanorum. Jamais l'ethnique *Siguenses*, n'a été rencontrée.

(*b*) A Siga de Maurétanie, nous ne trouvons pas *Siguenses* mais *Sigenses*, qui s'en rapproche beaucoup. Nous lisons, en effet, dans l'itinéraire d'Antonin, le municipe de Siga placé entre *Portus Caccilii* et *Portus Sigensis*. Cette carte d'étapes mentionne aussi une autre localité nommée Artisiga et placée entre Portus Caccilii et Ad Fratres. Il existait donc trois localités voisines portant la même désinence de Siga. Scylax appelait Siga *Sigon*, d'où croit-on, est venu le nom de *Rachgoun*, Ras *Sigon*, en arabe tête de Sigon.

Quant à Siga, on a retrouvé les ruines de cette cité à *Takembrit*, à cinq kilomètres de la mer sur la Tafna et en face d'un îlot qui porte encore le nom de Siga. Plus loin que l'îlot de Siga, et au centre de la baie, à 3 kilomètres de la côte, se dresse la fameuse *insula Acra* des Romains devenue l'île de Rachgoun. En face d'elle, se jette le fleuve Siga, aujourd'hui la Tafna. Ptolémée et Strabon nomment ce fleuve et la ville qui se trouvait sur sa rive gauche. Scylax attribue à cette citée une origine phénicienne : plus tard, elle devint la résidence du roi Syphax. Plusieurs monnaies de ce roi numide ont été découvertes à Takembrit, sur l'emplacement de l'antique Siga. Plus tard, Pline la cite comme une des villes célèbres de la Maurétanie Césarienne.

Comme nous l'avons dit, Siga se trouvait à 5 kilomètres de la mer. *Portus Sigensis* en était le port et Artisiga la ville voisine. Ainsi de nos jours nous avons en Allemagne, Brême, cité située dans l'intérieur et Bremerhawen, bâtie sur la mer.

Nous avons dit encore, que des monnaies des princes numides y avaient été retrouvées. Depuis, Siga a donné des monnaies romaines et une borne milliaire qui porte le nom de la cité. A Siga M. I. — *A Siga milliarium primum*. C'était la limite du premier mille. Cette borne a été découverte au pied de la colline qui porte Takembrit. Les érosions de la Tafna avaient permis de l'apercevoir. Ajoutons, pour être complet, qu'on retrouve les ruines de constructions antiques soit dans l'île de Rachgoun, soit à Portus Sigensis, soit même à Takembrit. Ce dernier mot, signifie même en arabe, les *citernes* et vient des restes des constructions romaines qu'on y retrouve. On y aperçoit sur les rives de la Tafna, des anneaux de fer, scellés dans le roc et servant à amarrer les légers bateaux qui remontaient le fleuve jusqu'à Siga. On y aperçoit aussi de grands murs de quai, qui font deviner l'existence d'un port sur ce point.

Léon l'Africain indique d'ailleurs l'importance de Siga, lorsqu'il dit : grande cité, édifiée par les Romains, qui la fondèrent sur un lieu au large circuit de murailles, autour desquelles il y a encore quelques édifices romains. Cet auteur l'appelle Ned-Roma, mais il fait erreur, car d'après le langage indigène ce serait plutôt Dad-Roma, l'autre Rome (1).

Telle est l'antique cité de Siga, devenue Archgoul au Xe siècle. Elle fut décrite par El-Bekri, qui la connut peuplée et magnifique. Plus tard, devenue le principal port de Tlemcen, elle fut détruite par Ibn-Ghania au XIIe siècle. Elle porte aujourd'hui le nom de Rachgoun, et est appelée à devenir le grand port de cette région fertile et vaste. C'est près de l'antique cité de Siga, sur l'emplacement du Portus Sigensis, que sera, paraît-il, construit une grande jetée et créé un port important, destiné à être le débouché naturel de l'ouest oranais.

C'est à cet endroit ou dans les environs que nous placerons les *metalla Siguenses*. Le mot de *Sigensis* attribué au port de Siga et si semblable à *Siguense*, nous semble une preuve de ce que nous avançons. De pareilles altérations de copistes ne sont pas rares : celles-ci sont si peu importantes, qu'elles permettent de croire que *Sigensis* et *Siguensis* furent à l'origine le nom d'une seule et même cité : Siga.

III. — Preuves de Géographie

Qu'il nous soit permis tout d'abord de donner ce que j'appellerai une preuve de raison topographique. Les évêques exilés, nous le savons, appartenaient pour la plupart à la Numidie. Or, il semble peu naturel qu'on ait exilé ces martyrs dans leur propre

---

(1) *Bulletin Hist. Afric.*, T. II. p. 190. — Note.

patrie. Lorsqu'il s'agit de punir toute une partie de population, on la transporte hors du pays qu'elle habitait. C'est le seul moyen de faire cesser l'agitation. C'est ainsi qu'au début de la conquête, les tribus belliqueuses du Sud-Oranais, furent transportées dans la province de Constantine, loin des frontières du Maroc, d'où elles recevaient du secours. C'est encore, loin de leur pays que nous avons exilé le roi du Dahomey et la reine de Madagascar. Il semble donc probable que cette population chrétienne a été exilée avec son clergé, loin des villages qu'elle habitait, afin de préserver la partie, qui encore n'avait pas adhéré à la doctrine catholique.

(a) Mais voici une preuve directe de géographie. Elle paraît convaincante. Sigus est dépourvue *complètement* de mines. J'ai sous les yeux la lettre de M. le Président de la Société archéologique de Constantine, le distingué M. Mercier... En l'état actuel, écrit-il, aucune mine n'existe à Sigus. En raison des recherches qui se sont effectuées dans nos environs, on peut dire que rien n'est apparent, ne subsiste même dans la mémoire des gens...

Faisons remarquer que l'Algérie en général, contient de nombreuses mines et carrières de toutes sortes. Vraisemblablement, c'est *seulement* le territoire de Sigus, qui par une étrange coïncidence en est dépourvu. Sans doute, M. Mercier semble dire qu'il faudrait chercher ces mines à *Aïn-Semara*, à 20 kilomètres de Constantine, sur la route de Sétif. Cette localité présente des carrières de très beaux marbres, dont on voyait les traces d'exploitation ancienne. Mais, il nous sera permis de faire remarquer que l'identification des mines de Sigus avec les carrières d'Aïn-Semara est invraisemblable. La grande distance qui sépare ces deux localités empêche tout rapprochement de nom. Si les fidèles catholiques de Numidie eussent été envoyés en Numidie, leur province, jamais les évêques exilés n'auraient appelé ces carrières, *metalla siguenses*. Il y avait, en effet, entre Sigus et Aïn Semara, plusieurs cités importantes. Ne semble-t-il pas tout naturel que les carrières aient pris le nom de la ville la plus importante et la plus proche et non d'une cité éloignée et peu connue. Sigus n'était qu'un pagus, simple village, dépendant de Constantine. Les carrières d'Aïn-Semara s'appelleraient plutôt mines de Sila, de Cirta, de Miléve, de Phua, d'Uzelis, villes voisines d'Aïn-Semara et importantes.

Il reste donc acquis, que Sigus ne possède aucune carrière ou mine et que la plus proche carrière, celle de marbre d'Aïn-Semara, ne peut, à cause de sa grande distance de Sigus, donner son nom au lieu d'exil de nos martyrs.

(b) Il en est *autrement* s'il s'agit de Siga de Maurétanie. Aux environs de cette cité et sur les rives de la Tafna existent en abondance des carrières et des mines de toutes sortes. Les gîtes métallifères y sont nombreux et en pleine exploitation. Plusieurs de ces mines portent la trace de travaux Turcs ou Arabes. Serait-ce trop s'avancer que de dire que les Romains les avaient découvertes ? On n'ignore pas, en effet, que soit en Algérie, soit ailleurs, le musulman a toujours continué à exploiter les anciennes carrières mais n'en a pas entrepris de nouvelles. C'est avec les restes des monuments romains que l'arabe a construit ses mosquées. Ceux qui visitent leurs édifices de Kairouan, de Tlemcen et d'Alger, reconnaissent les colonnes antiques et parfois le monogramme du Christ, sculpté sur les châpiteaux.

C'est donc à Siga que nous placerons le lieu d'exil des confesseurs de Numidie. Siga, en effet, avons-nous dit, est peu éloignée de l'embouchure de la Tafna. Or les montagnes qui bordent ce fleuve, la Siga des Romains, possèdent de nombreux filons métallifères, des carrières de marbre et des matériaux de construction.

La notice minéralogique de *Ville*, publiée il y a quelques quarante ans, cite les phosphates de la rive gauche de la Tafna, la pierre à savon ou savon minéral de l'*Oued-Torba* et aussi les douze gîtes de pouzzolane de *Rachgoun*. C'est avec cette sorte de ciment qu'on a construit la jetée du port d'Oran. M. Ville cite encore à 8 kilomètres de l'embouchure de la Tafna, des mines d'hydroxyde de fer. Non loin s'ouvrent aussi les mines de fer et de cuivre de *Sidi-el-Safi*, dont la teneur est de 61 % de fer. On y a retrouvé des scories anciennes, indiquant une exploitation antérieure par les Turcs et peut-être par les Romains.

Près du même fleuve de la Tafna, l'antique Siga, se rencontre le gîte d'*Aïn-Kebira*, 63 % de fer métallique. Un peu plus loin sont les filons de *Mersa-Honeïn*, en pleine exploitation et la mine très riche de *Bab-Mieurba*. Les oxydes manganèses sont nombreux aussi chez les *Beni-Senous* et si l'on continue jusque vers la frontière du Maroc, on rencontre les mines de plomb argentifère, de calamine et de cuivre de *Gar-Rouban*. Enfin, la plus vaste exploitation de fer de la province est la mine de *Beni-Saf*, située à 12 kilomètres de l'ancienne Siga. L'extraction du minerai qui occupe près de 600 mineurs, monte annuellement au chiffre de 400,000 tonnes, expédiées surtout en Angleterre et aux États-Unis. On n'y a pas, il faut l'avouer, retrouvé de trace d'exploitation romaine. Béni-Saf n'est pas très loin des ruines de Camerata, dont les énormes moellons ont servi à l'édification du centre de Guiard.

En définitive, le pays qui environne Siga est extrêmement riche en mines de toutes sortes. Il répond de plus, aux diverses fosses d'extractions des metalla, dont les lettres des évêques exilés rappellent l'existence. Rien ne nous empêche de croire que le lieu d'exil de ces martyrs ait été très éloigné de Siga ; à Gar Rouban peut-être où on a cru retrouver des traces d'exploitation antique de plomb et d'argent. Nous savons d'ailleurs qu'au IIIe siècle, cette partie de la Maurétanie était peu peuplée. Siga, ancienne capitale Numide et ville royale était alors peut-être la seule ville importante de cette vaste région, qui de la Tafna va aux frontières du Maroc.

Quoi d'étonnant dans ce cas, si les exilés donnent à leurs divers centres d'exploitation de mines, le nom commun de Metalla Siguenses ou mieux de Siga !

Il ne nous semble pas douteux donc, qu'il ne faille placer les Metalla Siguenses, auprès de la ville de Siga ou tout au moins dans la région de la Tafna. Le *Bulletin de Géographie d'Oran*, dans une étude documentée sur l'arrondissement de *Tlemcen*, par le distingué M. Canal, dit ceci : A cause des vastes proportions de Siga, on l'appelait Dad-Roma ou l'autre Rome. Siga a été un municipe avec évêché et les empereurs romains *en avaient fait un lieu de déportation* (1).

---

(1) *Bulletin des Ant. Afric*, 1886 p. 190.

Nous avons demandé à M. Canal sur quelles raisons il s'appuyait pour avancer ce fait historique. Tout en garantissant l'authenticité de ce document, M. Canal n'est pas sûr s'il a trouvé cette preuve dans l'*Univers Pittoresque* ou surtout dans l'*Afrique Ancienne* de d'Avezac. L'opinion de cet auteur, dont nous n'avons pu vérifier l'exactitude, serait, si elle est certaine, une preuve de plus en faveur de la thèse que nous soutenons.

En définitive, le contexte des lettres de saint Cyprien et des évêques exilés, l'Archéologie et surtout la Géographie fournissent des preuves en faveur de Siga. Ce *serait donc à Siga*, ville de Maurétanie et *non à Sigus* de Numidie, que Nemésien et ses compagnons auraient été exilés.

C'est donc dans notre province d'Oran que ces martyrs ont souffert ; cette assertion nous semble acquise à la critique historique. Espérons que ces modestes lignes inspireront d'autres travaux sur ces persécutions obscures des premiers siècles de notre Église d'Afrique. Le catholicisme, l'histoire et la géographie profiteront de ces études nouvelles et notre *Oranie* en sera plus connue et aussi plus aimée.

M. LEBOURGEOIS, au nom de M. BERTHOU, lieutenant au 115ᵉ régiment d'infanterie, membre de la Société de Topographie de France, donne lecture d'une note sur :

Une application militaire de l'orientation par la lune

(RÉSUMÉ)

Déduire des Tables ou de la simple appréciation à vue sur disque lunaire l'angle terre-lune-soleil ; et de la position cachée, mais connue, la nuit, du soleil par l'heure, déduire l'orientation de la lune.

M. Bernard d'ATTANOUX, Membre de la Société de Géographie d'Alger, donne lecture de la communication suivante :

Du rôle de la femme arabe dans la société indigène

Au cours du voyage d'étude et de propagande que vient d'effectuer Madame Bernard d'Attanoux et auquel j'ai pris part, nous avons été amenés à faire les constatations les plus intéressantes sur la situation de la femme arabe dans la société indigène et sur le rôle que joue cette femme auprès de l'élément masculin du pays. Il semble qu'il y ait lieu d'appeler l'attention publique sur ces constatations, non pas seulement parce qu'elles vont à l'encontre des idées qui ont cours dans la masse, mais aussi et surtout, à cause des enseignements qu'elles comportent au point de vue de l'attitude que nous devons observer, si nous voulons nous concilier nos sujets musulmans, de la collaboration desquels notre œuvre coloniale ne saurait se passer.

Il est admis chez nous, comme chose évidente et hors de discussion, qu'en terre d'Islam, la femme constitue une quantité absolument négligeable, étant uniquement bonne à porter des fardeaux et à rouler le couscous. Ignorant tout de la vie extérieure, incapable de penser et de vouloir ; elle n'aurait, bien entendu, ni influence, ni encore moins autorité sur l'époux.

Ceux qui ont étudié d'un peu plus près la société indigène, admettent, il est vrai, que chez les Berbères, il n'en est pas tout à fait de même. Ils reconnaissent que la monogamie d'une part, et d'autre part le droit reconnu à la femme berbère de posséder en propre des biens dont elle conserve l'administration, donnent à cette femme une véritable part d'action dans le ménage.

Mais cette exception faite, il n'en demeure pas moins acquis, pour presque tout le monde, que dans l'ensemble du monde musulman nord africain, la femme ne compte pour ainsi dire pas, n'étant considérée, suivant la position sociale de son mari, que comme un jouet de luxe ou comme un serviteur préposé gratuitement aux plus rudes besognes.

Or les faits viennent singulièrement infirmer une théorie aussi absolue.

La femme arabe telle que nous la rencontrons dans les champs et sur les routes, ployant sous une charge trop lourde ou suivant péniblement à pied son seigneur et maître confortablement installé sur sa mule, nous offre, il est vrai, un spectacle bien de nature à justifier l'opinion courante.

Il faut, par contre, observer que cette femme fellah ne représente pas, à elle seule, tout l'élément féminin, pas plus, du reste, que la paysanne des contrées les plus arriérées de la France ne représente toute la société féminine de notre pays. En jugeant de la généralité d'après une seule catégorie, nous agissons comme cet Anglais qui débarquant à Boulogne et rencontrant une rousse à sa descente du bateau, inscrivait gravement sur son calepin : « En France toutes les femmes sont rousses. »

En fait, les femmes de la classe élevée et de la classe moyenne, se montrant peu au dehors, échappent complètement à notre examen, et même pour les autres, nos investigations masculines s'arrêtent au seuil du logis, dans lequel il nous est interdit de pénétrer, et dont nous ignorons à peu près tout, attendu que la plus élémentaire convenance nous interdit d'entretenir les maris des choses de leur intérieur.

Une étude sur la situation réelle de la femme arabe ne saurait être entreprise que par des femmes qui, elles, ont accès dans les demeures où elles peuvent voir par leurs yeux et se mettre assez en confiance avec leurs hôtes pour recueillir les matériaux nécessaires à un travail documenté.

Une telle œuvre ne semble pas, jusqu'à présent, tenter beaucoup les femmes françaises et c'est véritablement fâcheux, car les premiers résultats de l'expérience que vient de commencer l'une d'elles (dont je ne suis ici que le porte parole), indiquent quel profit nous serions appelés à retirer d'une action embrassant l'ensemble de notre possession.

Le premier de ces résultats est de prouver combien l'opinion que l'on se fait de la femme arabe est erronée sur de nombreux points. Sans doute cette femme manque généralement de toute instruction, et sa mentalité ne saurait se comparer à celle des occidentales. En revanche il ne faudrait pas conclure de là, que les musulmanes sont des créatures absolument passives, sans jugement et sans idées sur la vie qui les entoure et même sur le monde extérieur. Il suffit de quelques instants de conversation pour constater qu'elles possèdent au contraire, un esprit très fin, très subtil et qu'elles savent fort bien apprécier les choses et les gens; leur genre d'existence semble avoir ouvert en elles les facultés d'observation. C'est ainsi que sur divers points nous en avons rencontré qui nous ont considérablement surpris par la sûreté du jugement qu'elles portaient par induction sur telles ou telles personnalités locales qu'elles ne pouvaient apprécier pourtant que d'après de simples indices extérieurs recueillis à la dérobée. D'autre part, ces femmes ne sont pas si étrangères aux choses du dehors, qu'elles ne se rendent parfaitement compte de ce que l'on pense d'elles, dans nos milieux, et de la très mince estime dans laquelle nous les tenons. « Dis bien que nous ne sommes pas des bourriquots », insistait l'une d'elles auprès de la visiteuse française. « Les Français ne nous aiment guère, disait une autre, ils nous méprisent et nous appellent sales arabes ; pourtant nous prenons soin de nos personnes et chez nous il y a des « madames » comme chez vous. » Ou bien c'étaient des épouses qui profitaient de la présence d'une Française pour solliciter son intervention en vue de faire obtenir aux époux une place ou un avancement.

Ces quelques exemples, et d'autres encore que nous pourrions citer, dénotent un état d'esprit peu d'accord avec la thèse qui fait de la femme arabe une chose inerte au lieu d'un être pensant. Ils montrent au surplus que cette femme est déjà assez rapprochée de nous pour qu'il soit possible de prendre contact avec elle, de s'en faire comprendre, et d'arriver à gagner suffisamment sa sympathie pour entreprendre de redresser dans son esprit les idées fausses qui s'y trouvent, en grand nombre en ce qui nous concerne, idées qui contribuent à perpétuer le malentendu existant entre les deux races.

Mais tout cela ne servirait à rien si la femme arabe était, ainsi qu'on l'affirme de divers côtés, dépourvue de toute influence et de toute autorité au foyer conjugal. Heureusement que la réalité n'est pas précisément conforme à la légende. Les constatations recueillies au cours de notre voyage et prises dans les milieux les plus divers ne permettent aucun doute à cet égard.

Déjà, du reste, l'histoire nous a montré certains exemples de l'influence que la femme peut exercer sur son époux, et c'est ainsi que l'on voit, lors de la révolte des Ouled-Sidi Cheikh, un grand chef de la tribu sur le point de faire lui aussi défection, être maintenu dans le devoir par les conseils et l'autorité de sa compagne. Ne cite-t-on pas, d'autre part, des femmes assez considérées de leur vivant pour être vénérées après leur mort à l'égal des plus grands Saints de l'Islam ; telles Lalla-Marnia et d'autres dont les Koubas sont l'objet de pieuses manifestations.

Quant à nous, aux diverses étapes de notre route, nous avons pu constater que, soit qu'elle s'exerce par les charmes physiques, lorsque la femme est jeune, soit qu'elle provienne plus tard de l'ascendant moral, l'influence sur l'homme est des plus réelles ; que la musulmane sait vouloir, et arrive même à imposer sa volonté.

Ici c'est une femme qui ne pouvant se faire à la vie en commun avec ses co-épouses, manœuvre si habilement qu'elle parvient à se faire attribuer en propre, une maison spéciale où elle pourra mener une existence plus conforme à ses goûts. Ailleurs c'est un mari professant si peu pour sa compagne le mépris hautain que l'on se plaît à lui prêter, et à ce point subjugué par elle, qu'il l'admet journellement à sa propre table. Ailleurs encore c'est la fille d'un chef des Hauts-Plateaux laquelle se révèle apôtre des revendications féministes ni plus ni moins qu'une européenne de notre époque ; qui déclare un beau matin vouloir participer à la vie libre des hommes, chose déjà surprenante, et qui, chose plus surprenante encore, atteint d'agir à sa guise, de sortir quand bon lui semble, d'aller à visage découvert, de chasser, monter à cheval, etc....

Peut-être objectera-t-on que ce sont là de menus détails. Ils sont dans tous les cas caractéristiques. En outre il faut considérer (chose que l'on oublie trop souvent), que la vie arabe tout entière n'est faite que de ces détails qui peuvent paraître infimes à nos esprits portés aux conceptions d'ordre plus élevé, mais qui n'en ont pas moins pour les indigènes une importance considérable.

Si donc la femme arabe est accessible à notre action, et si son influence peut s'exercer réellement sur l'homme aussi bien que sur l'enfant, il semble qu'il doive résulter pour nous, de cette double constatation, une règle de conduite toute tracée, si nous voulons arriver à combler le fossé qui sépare le peuple conquérant du peuple conquis.

En ce qui nous concerne, nous estimons que ce n'est pas faire œuvre vaine de s'adresser à la femme. Du reste s'il en était autrement on ne verrait pas cette action sur l'élément féminin s'exercer avec la persistance que l'on constate de la part d'émissaires étrangers, dans l'Afrique du Nord et spécialement en Algérie et au Maroc.

L'examen des faits a fortifié chez nous cette conviction, que nous voudrions voir partagée en France, que c'est par la femme que l'on pénétrera l'âme arabe non, sans doute, pour la modeler à notre image, mais pour arriver à établir entre les deux éléments constitutifs de notre Colonie, le lien de sympathie qui permettra à la collaboration de l'européen et de l'indigène de porter tous ses fruits.

La parole est donnée à M. DE CLAPARÈDE, délégué et président de la Société de Géographie de Genève, qui fait une communication sur

Le Canal de Suez

M. DE CLAPARÈDE prend texte du discours de M. Hanotaux, représentant comme un des plus grands évènements du siècle, le percement du canal de Suez, et donne lecture d'une communication du plus haut intérêt sur l'œuvre de celui qu'on appelait le « grand français ».

Se faisant l'interprète du Congrès, M. MESPLÉ, remercie chaleureusement le Délégué de Genève, qui, par le sujet choisi, les sentiments exprimés à la France, l'empressement qu'il apporte à se rendre à ses Congrès, a acquis des lettres de grande naturalisation, non seulement françaises, mais algériennes.

M. Georges BLONDEL, au nom de M. Augustin BERNARD, Membre de la Société de Géographie d'Oran, donne lecture de la communication suivante :

L'Oranie et ses Régions naturelles

Nul pays ne se prête, autant que l'Algérie, à être divisé en un certain nombre de régions naturelles. Les grandes divisions sont données par les phénomènes du climat, qui amènent à y distinguer le Tell ou pays des arbres et des cultures, la steppe ou pays des graminées et de la vie pastorale, le Sahara ou région non cultivable, sans arbres et sans cultures (sauf dans les oasis et par l'irrigation). Bien entendu, il n'y pas là trois bandes ininterrompues d'égale largeur : il y a des îlots boisés ou cultivables dans la steppe et le Sahara, des îlots de steppe et de désert en plein Tell. Tout dépend de l'abondance et de la répartition des pluies.

Quant aux subdivisions de ces grandes zones, elles seront déterminées par la nature lithologique des terrains, les plissements qu'ils ont subis et les caractères extérieurs qu'ils présentent. Les facteurs géologiques, en Algérie, agissent en général dans le même sens que les facteurs climatiques, et concourent à diviser l'Algérie en une série de bandes longues et étroites dans le sens de la latitude.

En collaboration avec mon collègue et ami M. E. Ficheur, directeur-adjoint de la Carte Géologique de l'Algérie et professeur à l'École des Sciences d'Alger, je me suis efforcé, dans une étude qui paraîtra prochainement, de tracer les cadres des régions naturelles de l'Algérie et d'ébaucher les grands traits d'une classification rationnelle du relief de cette contrée. Je me propose de donner ici aux Membres du Congrès de Géographie, en ce qui concerne la province d'Oran, un aperçu de cette ébauche, que d'autres reprendront et perfectionneront après nous. Nous nous sommes servis comme de juste, pour l'Oranie, des travaux de M. L. Gentil et M. G.-B.-M. Flamand.

La chaîne littorale de l'Algérie occidentale peut être considérée comme ayant son origine à la pointe Ouest du Sahel d'Oran, au cap Figalo, où la brusque inflexion de la côte, jusqu'à Camerata, correspond à la dépression de la Sebkha d'Oran. Cette chaîne est d'abord tronçonnée et discontinue ; elle ne commence réellement qu'à l'embouchure du Chéliff, d'où elle se poursuit dans le Dahra. Elle comprend le Sahel d'Oran et le massif d'Arzeu, où on observe, entre les coteaux pliocènes et les gros pitons des terrains secondaires (Mourdjadjo et Santa-Cruz, Djebel Kahar et Djebel Orouze), le même contraste à peu près que dans le Sahel d'Alger entre les collines tertiaires et le massif ancien de Bouzaréa. Ce littoral diffère surtout de celui de l'Algérie orientale, en ce qu'il reçoit une quantité de pluies beaucoup moindre : cela tient surtout à la moindre largeur de la Méditerranée, au voisinage de l'Espagne, aux promontoires du Rif et aussi à l'altitude moins grande des hauteurs littorales.

Une grande dépression tertiaire, que nous proposons d'appeler sublittorale, limite au Sud cette première chaîne. Dans la province d'Oran, elle comprend les plaines basses de la Sebkha, du Sig et de l'Habra, et la vallée du Chélif.

Puis vient la grande zone montagneuse qui est en quelque sorte l'axe du Tell, et pour laquelle M. Ficheur et moi proposons le nom de *chaîne médiane*. Elle comprend le massif des Traras, qui paraît être l'extrémité du Rif marocain et qui semble appartenir à un axe primaire distinct de celui d'Oran et d'Arzeu, le bassin de la Tafna, région de fracture et d'effondrement où les volcans ont bâti sur les ruines du massif ancien et des chaînes primaires ; enfin la chaîne du Tessala et des Beni-Chougran. Au Sud, la chaîne médiane de l'Oranie est limitée par une bande tertiaire correspondant aux plaines de Lalla-Marnia, de Bel-Abbès et de Mascara, d'une altitude de 400 à 500 mètres, qui doit à la présence du phosphate de chaux dans la terre arable, à l'abondance des eaux descendues du massif jurassique et à d'autres circonstances encore d'être une excellente région agricole, et surtout un pays à céréales.

Le massif jurassique de l'Oranie, que nous appellerons *massif intérieur* du Tell, paraît être la terminaison d'une des zones du Moyen-Atlas Marocain. Il comprend le massif de Tlemcen, les monts de Daya, le massif de Saïda, celui de Frenda. « Il donne, dit Reclus, le spectacle, rare à l'orient de l'Atlas marocain, des eaux courantes et des cascades. » C'est que le massif jurassique de l'Oranie, plus élevé que les chaînes littorales, peut recevoir l'influence bienfaisante des vents humides, qui au contraire, dans l'Algérie orientale, déversent la presque totalité de leurs précipitations sur la Kabylie. On y rencontre les phénomènes ordinaires des pays de calcaires fissurés, des sources vauclusiennes, des grottes, des *avens* comme dans les Causses.

Au sud du massif jurassique commencent les steppes, hautes plaines sans écoulement, occupées en leur centre par des dépressions salées, les Chotts. Quelques crêtes montagneuses émergent comme des îlots, à demi enterrées sous les alluvions. Les steppes de l'Oranie, continuation du Dahra marocain, sont le pays du mouton ; l'alfa tapisse les reliefs, pendant que les dépressions sont principalement occupées par l'armoise, le Lygée sparte, et les parties sablonneuses par le *Drinn*.

L'Atlas Saharien, mur de soutènement, du côté du sud, du massif de hautes terres de l'Algérie, comprend dans l'Oranie le massif de Figuig, les monts des Ksour, le Djebel Amour. Le type orographique général est celui de grandes plaines parallèles, séparées par de longs et étroits reliefs, des crêtes arides d'une constitution simple ; on peut y distinguer deux aspects, bien caractérisés par leur nature lithologique : les reliefs gréseux et les reliefs calcaires. La limite de l'Atlas Saharien, qui est la limite même de l'Algérie au point de vue de la géographie physique, est assez facile à tracer : c'est la limite où les chaînons plissés secondaires font place aux terrains d'atterrissement d'origine continentale qui recouvrent peut-être les derniers et les plus faibles de ces plis.

Ceux des membres du Congrès qui feront le voyage d'Aïn-Sefra traverseront successivement ces diverses régions naturelles ; ils auront ainsi de l'Algérie une coupe excellente, et emporteront de ces pays si divers l'impression vive et personnelle que rien ne saurait remplacer.

Si l'on compare les régions naturelles de l'Oranie à celles des autres provinces algériennes, deux conclusions s'imposent.

La première est que, tandis que la province d'Alger par exemple montre sur le littoral ce qu'elle a de plus beau, les superbes cultures de son Sahel et de sa Mitidja, les orangeries de Blida, la province d'Oran au contraire s'ouvre par un vestibule un peu triste, qui ne laisse guère soupçonner la fertilité de la plaine de Bel-Abbès, la richesse en eaux courantes et en forêts du massif de Tlemcen. On a dit quelquefois que l'Algérie n'est qu'une façade ; quelques-uns ont ajouté : une façade derrière laquelle il n'y a rien. Nos hôtes pourront constater par eux-mêmes combien cette manière de voir est injuste et inexacte.

Une seconde conclusion, c'est que, des trois provinces, l'Oranie n'est pas, tant s'en faut, la plus favorisée de la nature au point de vue des conditions naturelles. On convient cependant en général que c'est la plus prospère. A quoi faut-il attribuer ce paradoxe géographique ? C'est, je le crois très sincèrement, aux Oranais, à leur intelligence, à leur activité, à leur esprit d'initiative. Une pareille conclusion n'est pas pour déplaire aux habitants de la province d'Oran. Les Membres du Congrès jugeront s'il n'y a là qu'une illusion de ma part, ou si, comme je le pense, cette manière de voir correspond bien à la réalité.

M. Georges BLONDEL, toujours au nom de M. Augustin BERNARD, Membre de la Société de Géographie et d'Archéologie d'Oran, donne communication de la note suivante :

Les Ports de l'Oranie

Les côtes de la province d'Oran sont formées en majeure partie de terrains récents, tertiaires ou quaternaires ; le miocène et le pliocène constituent des falaises argileuses ou gréseuses, pendant que les baies sont occupées par des plages de sables. Ces sables, résultant principalement de la désagrégation des grès helvétiens et pliocènes, sont assez abondants en certains points pour former des dunes. Quand aux parties saillantes de la côte, elles montrent en divers points soit des schistes anciens et des calcaires jurassiques, soit des roches éruptives. Les calcaires compacts du lias forment, comme partout en Algérie, des pics et escarpements rocheux : tel est notamment le cap Noé. Les roches éruptives récentes affleurent notamment au cap Milonia dans la région de la basse Tafna, au Djebel Mzaïta, et constituent des îles en avant du littoral (Rachgoun, îles Habibas).

Le littoral de la province d'Oran peut se diviser en quatre sections : de la frontière marocaine au cap Noé, il est rocheux, constitué par le massif des Traras ; entre le cap Noé et le cap Figalo, la côte correspond aux effondrements et aux éruptions volcaniques de la Tafna et d'Aïn-Temouchent, qui ont bâti sur les ruines du massif ancien, dont il reste des traces notables entre Beni-Saf et Camerata ; du cap Figalo à Arzeu, c'est le rebord, abrupt en général, du massif d'Oran ; d'Arzeu à l'embouchure du Chélif, la côte est bordée par des alluvions basses jusque vers Mazagran, puis par une falaise de miocène supérieur.

Si variée que soit cette constitution toutes les côtes de l'Oranie présentent des caractères communs : les chaines étant parallèles au littoral, les rivages sont à la fois escarpés et peu découpés. Sur ce *littus importuosum* de l'Algérie, c'est l'Oranie qui est la plus dépourvue, la moins favorisée de la nature.

Un seul bel abri naturel : Arzeu. Ce port est celui de l'Oranie orientale ; quant à Mostaganem, malgré les efforts très grands qui ont été faits pour y créer un port, l'emplacement est si défectueux qu'on peut se demander si l'on y parviendra jamais.

Quant à l'Oranie occidentale, plusieurs localités s'y disputent l'honneur de devenir des ports ; les principales sont le Cap-de-l'Eau, l'Oued-Kiss, Nemours, Honeïn, Rachgoun, Beni-Saf.

Je ferai d'abord remarquer que la question peut changer d'aspect le jour où le Maroc s'ouvrira à notre pénétration économique et que nous y trouverons peut-être, pour desservir cette région, le bon port qui nous fait présentement défaut. Il ne serait donc pas raisonnable d'entreprendre des travaux trop considérables qu'une éventualité qu'on veut espérer prochaine rendrait inutiles.

Nemours est très mal choisi, souvent inabordable. En outre, on se heurte ici à un massif montagneux ; quand on calcule le prix de revient, il ne faut pas tenir compte seulement de la *distance en plan* entre un port et la région à desservir. Qu'il s'agisse de routes ou de voies ferrées, les frais, les retards, les difficultés de toutes sortes résultant d'une montée comme celle de Bab-Taza doivent entrer en ligne de compte (1).

Le port de Beni-Saf a ceci pour lui qu'il existe et suffit actuellement à un tonnage effectif de plus de 300.000 tonnes. Je n'ai aucune objection de principe contre le port de Rachgoun, préconisé par M. Milsom avec une énergie et une constance auxquelles il faut rendre hommage. Je pense que si Beni-Saf ne suffit pas, et qu'il n'y ait pas à Rachgoun de danger d'ensablement, comme le déclare M. Milsom, on peut créer là à peu de frais un petit abri en reliant l'îlot Siga à la terre.

Quant à la création d'un vaste port de guerre en ce point, dont avait jadis parlé M. Milsom, je ne crois pas qu'un congrès de géographie ait une compétence quelconque pour aborder cet ordre d'idées. Il faut laisser à ceux qui ont la charge de la défense nationale, le soin de juger ce qu'il convient de faire, et ne pas invoquer des considérations stratégiques pour engager des dépenses excessives que l'utilité économique ne suffirait pas à justifier.

En terminant, je me permettrai d'attirer l'attention des Membres du Congrès sur deux considérations que je leur soumets. La première est que l'avenir est à la concentration du commerce maritime dans un petit nombre de grands ports ; les économistes l'ont maintes fois répété, mais on ne saurait assez y insister. C'est que les grands ports seuls peuvent procurer aux navires d'un tonnage de plus en plus considérable que l'on construit actuellement les installations complètes et l'outillage perfectionné qu'ils réclament, leur donner toutes les facilités d'entrée, de sortie, de chargement, de déchargement, de radoub dont ils ont besoin. Chaque pays est ainsi amené, par la force des choses, à développer deux ou trois ports principaux à l'exclusion des autres. Il faut concentrer l'effort financier sur un petit nombre de points, sous peine d'en affaiblir l'effet en le dispersant. Pour fixer les idées, si par exemple on dispose de 10 millions pour les travaux de ports dans la province de l'Ouest, on devra en consacrer 8 au moins au port d'Oran, le reste étant employé à

---

(1) Je dois cette remarque à M. Getten, l'éminent ingénieur si regretté dans la province d'Oran.

doter les petits ports d'aménagement très simples et peu coûteux.

Une seconde considération qui découle de la précédente, c'est qu'on ne peut, en matière de ports, *facere ex nihilo*. Lorsqu'il s'agit de vanter la supériorité de tel ou tel port, on raisonne toujours dans l'hypothèse de la table rase. Mais un port n'est pas seulement un ensemble de bassins et de quais plus ou moins bien aménagés : c'est un lieu de passage pour les marchandises et les voyageurs, un nœud de voies de communication. Lorsque le dernier Congrès international de Géographie visita le port de Hambourg — j'en appelle ici au témoignage de mon collègue et ami Blondel — on nous montra d'abord la Bourse, qui est comme le cerveau commandant à ce grand corps. Oran n'a pas la prétention de se comparer à Hambourg, ce sera pour le prochain millénaire : c'est tout de même le deuxième port de la colonie, un centre commercial très actif et très prospère. Que le port présente de réels inconvénients, qu'il soit imparfaitement abrité, que la falaise abrupte qui le sépare de la ville et de la gare de Karguentah soit un assez fâcheux obstacle, nul ne le nie. Mais, comme l'a fait voir mon maître Marcel Dubois, la valeur des découpures naturelles des côtes varie à travers l'histoire, à mesure que la navigation change et que progresse l'art de l'ingénieur.

Oran, port naturel médiocre, est et doit devenir le grand centre maritime de l'Oranie ; sa magnifique croissance n'est pas près de s'arrêter, et le Congrès de Géographie s'associera certainement au vœu que nous formons pour que rien ne soit épargné afin de le doter de l'outillage le plus complet et le plus perfectionné.

M. Blondel dépose ensuite au nom de M. JOSEPH FRANCONIE une brochure sur

La transformation des Banques Coloniales

qui a déjà paru dans les *Questions Diplomatiques et Coloniales*.

M. Paul BONNARD, de la Société de Géographie de Tunis, développe ensuite quelques considérations sur

Bizerte port de mer et peut-être centre métallurgique

(RÉSUMÉ)

Bizerte, qui est incomparablement mieux placée que Malte sur la ligne de Gibraltar à Suez, peut devenir un grand port de commerce à une condition toutefois, c'est d'être un point de ravitaillement pour le charbon.

140.000 tonnes de charbon sont à Malte, presque rien à Bizerte.

Le frêt de l'Hinterland peut y amener le charbon.

Il suffit pour cela de compléter la ligne Thala-Tunis par un embranchement sur Souk-el-Kmis.

La longueur est de soixante-cinq kilomètres dans la vallée de l'Oued-Tessa.

Le tracé est indiqué par la nature. Il n'offre pas les difficultés du tracé Thala-Tunis, résultat de l'art.

La métallurgie du fer, du zinc, etc., devient possible à Bizerte, si ce sont les phosphates et non les minerais qui vont chercher le charbon en retour.

Elle est donnée à l'Angleterre dans le cas contraire. Bizerte peut devenir centre métallurgique avec des établissements comme ceux du Creusot, mieux placés qu'à Cette.

Les débouchés seront le port militaire et le camp retranché de l'Afrique du Nord, le port de commerce accessible aux plus grands navires, et peut être un chemin de fer de pénétration, le transsaharien de l'Est.

Journée du Jeudi 3 Avril 1902

SÉANCE DU MATIN

Président : M. LORIN, Rédacteur en chef de la Société de Géographie Commerciale de Bordeaux ;
Assesseurs : M. le C^{dant} COUDERC DE FOULONGUE, Délégué du Ministère de la Guerre, et M. le Lieutenant AZAN, Délégué de la Société de Géographie de Dijon.

La séance est ouverte à 9 heures du matin, dans la salle des séances du Conseil municipal.

La parole est donnée à M. Louis IMBERT, de la Société de Géographie Commerciale de Bordeaux, pour une communication sur

Le Groupe Colonial de la Conférence Ravignan

Mesdames, Messieurs,

Le *Groupe Colonial de la Conférence Ravignan,* qui fait partie de la Société de Géographie Commerciale de Bordeaux, a été fondé en vue d'étudier les questions coloniales et de les faire connaître le plus possible, de grouper les bonnes volontés et les initiatives des jeunes gens suivant les cours de l'enseignement supérieur, ou s'engageant dans les carrières commerciales et industrielles.

Le Groupe s'intéresse aux travaux des Sociétés de Géographie ou autres, s'occupant des colonies, suit leur mouvement de propagande et d'enseignement, par l'assistance à leurs conférences et la lecture de leurs journaux et publications.

Des cours, des conférences, des causeries, sont organisés, et chacun des Membres du Groupe est tenu d'y assister et s'engage à faire, dans l'année, un travail ou un rapport sur un sujet colonial. Ainsi, les jeunes gens du Groupe, se familiarisent, pour ainsi dire, avec les colonies; ils y acquièrent et s'efforcent de répandre autour d'eux, des notions sages, précises, utiles; ils sauront que pour faire de la colonisation sérieuse, il faut un personnel de choix, des jeunes gens laborieux et dévoués, d'une grande sobriété, d'une conduite irréprochable, des hommes de caractère et de bonne volonté.

Au moment où les questions coloniales préoccupent de plus en plus les nations civilisées, il est de l'intérêt de la Patrie de connaître ses possessions lointaines, d'apprendre à ses enfants le moyen d'en tirer le meilleur parti, pour recueillir dans l'avenir, les fruits des sacrifices soufferts dans le passé.

La jeunesse de nos grandes écoles est l'avenir de la France; à ce titre, les Sociétés de Géographie ont le devoir de favoriser, de leur mieux, le travail et les efforts des jeunes, de leur accorder leur bienveillance et leur appui, d'encourager et de promouvoir dans la mesure du possible parmi la jeunesse instruite, des initiatives et des groupements de ce genre, et de leur assurer les concours moraux et matériels qui leur sont indispensables.

La parole est donnée ensuite à M. le Comte Henry de Castries, de la Société de Géographie de Paris, pour une communication sur une

Introduction à l'Histoire Générale du Maroc

Messieurs,

J'ai pensé que le Congrès géographique d'Oran, voudrait bien entendre quelques fragments d'une introduction destinée à une histoire générale du Maroc, et qu'après les avoir entendus, il voudrait appuyer et encourager cette œuvre d'intérêt national. J'ajoute que c'est un bonheur pour moi qui aime si passionnément l'Oranie, ce pays à qui j'ai donné pendant près de vingt ans, toutes les pensées de mon cerveau, et auquel je suis attaché encore par tant de liens, c'est un bonheur pour moi, dis-je, d'apporter une contribution, si modeste qu'elle soit, à la célébration du millénaire de la ville d'Oran.

J'ai employé tout-à-l'heure, à propos de l'histoire du Maroc, l'expression d'intérêt national, et je tiens à la justifier devant vous, par des considérations d'ordre purement scientifiques.

Le Maroc, Messieurs, est français par sa carte ; cette carte est l'œuvre de M. de Foucauld, dont le nom est connu de tous les géographes, de M. de Segonzac, dont vous pouvez admirer les magnifiques travaux exposés dans la salle du Secrétariat, et enfin, de M. le capitaine Larras, détaché à la mission militaire marocaine. Tous les itinéraires des autres voyageurs, ne sont que des « jeux d'enfants », — l'expression est d'un Anglais, M. Budgett Meakin, appréciant l'œuvre de Foucauld — comparés à ces reconnaissances grandioses qui fixent désormais l'orographie et l'hydrographie, et même la géographie du « Maroc inconnu. » Je m'empresse de joindre à ces trois noms, celui de M. de Flotte Roquevaire, qui a été et qui continuera à être l'intelligent architecte des travaux de topographie marocaine, et qui doit nous donner prochainement, une seconde édition de sa belle carte du Maroc, la seule qui existe au monde.

Mais, Messieurs, si le Maroc est français par sa carte, par l'exploration géographique qui en a été faite, il ne l'est pas encore par son histoire ; j'ai voulu qu'il le devînt, et c'est pourquoi, imitant de loin, de très loin, l'exemple de nos trois vaillants explorateurs, je me suis attaché à révéler l'histoire de ce pays, comme ils s'étaient attachés à nous révéler la structure de son sol.

M. DE GASTRIES donne ensuite lecture de nombreux fragments de son introduction, et termine en faisant un pressant appel à la bonne volonté de tous pour lui communiquer ou lui faire connaître les documents épars que recèlent les bibliothèques. C'est ainsi qu'il y a quelques années il a pu découvrir dans une bibliothèque de France un document diplomatique très intéressant sur le Maroc. Groupant ainsi tous les efforts, bénéficiant de la bonne volonté de tous, il y trouvera le plus puissant et le plus encourageant appui pour mener à bien l'œuvre qu'il a entreprise.

« Des quantités de documents sont dispersés partout, le travail
« qu'il faudrait dépenser pour les rassembler dépasse complète-
« ment l'effort d'un homme seul, aussi je compte beaucoup sur
« la bonne volonté de tous ».

M. Mohammed ben Rahal tient à remercier M. de Castries de la franche impartialité avec laquelle il a traité son sujet, et insiste pour que tous les membres du Congrès facilitent la tâche qu'il s'est imposée, en recherchant les documents qui pourraient lui être utiles.

En appuyant cette motion, M. le Président remercie M. le Comte de Castries de son intéressante communication que l'assistance entière à écoutée avec la plus sympathique attention, regrettant seulement que l'auteur ait dû écourter ses citations.

La parole est donnée à M. NICOLLE pour analyser la communication suivante de M. MIRAMONT, Membre de la Société de Géographie d'Oran, empêché par les préparatifs de l'excursion dans le Sud-Oranais.

Les Entrepôts Francs dans le Sud Oranais

Faut il reparler du Sud-Oranais, après les intéressantes études dues aux hommes distingués qui sont allés dans ces régions nouvelles, par devoir professionnel ou simplement attirés par le charme mystérieux de l'inconnu ?

Je répondrais négativement, si mon sujet ne représentait un intérêt tout spécial à raison de son caractère économique.

Adressons avant tout, puisque nous allons parler du Figuig, un souvenir ému et un salut très respectueux aux héroïques soldats, éclaireurs de notre civilisation, qui dorment leur dernier sommeil sous les sables du désert de feu.

L'inconcevable légèreté, ou tout au moins la très regrettable omission qui fut apportée à la rédaction des articles 4 et 5 du traité de Lalla Marnia, est la cause des deuils récents, des difficultés sans nombre que nous avons rencontrées et que nous rencontrerons encore dans la pénétration même pacifique de l'oasis de Figuig.

On sait que Figuig est marocaine, en vertu de l'article 4 du traité de Lalla-Marnia de 1845. Il eût été d'autant plus facile de ranger cette oasis célèbre, dangereux repaire des pillards du Désert, nœud des communications vers le Maroc et vers le Sahara, sous notre influence directe, que sa position géographique empêchait les négociateurs marocains d'élever la moindre objection sérieuse à cette annexion. En effet, le méridien qui passe à Nemours, ville algérienne, laisse très à l'Est l'oasis de Figuig.

Quoi qu'il en soit, nous sommes en présence d'un fait accompli, et il faut, tout en déplorant l'erreur commise par nos diplomates, nous féliciter de ce que le nouveau « modus vivendi », inauguré par l'installation à Figuig d'une garde marocaine, est de nature à mettre un terme aux déprédations, aux crimes du genre de ceux qui ont amené en janvier dernier, la mort des capitaines Gratien et de Cressin.

Un des récents numéros de *l'Écho d'Oran* nous apprend que de bonnes relations s'établissent entre l'Amel du Sultan et nos officiers. Le Capitaine des affaires indigènes du poste de Beni-Ounif, va une fois par semaine rendre visite à l'Amel. Il pénètre dans l'oasis sous l'escorte de quelques askris marocains. Cela est de bonne augure pour l'avenir, et l'on peut prévoir que sous peu, nos négociants, et peut-être nos touristes, pénètreront librement à Figuig. Ceux-ci pourront mentionner l'oasis sur leur itinéraire de route, comme s'il s'agissait de Biskra ou de Kairouan.

Avant d'entrer dans le vif de la question, je prends la liberté de de relater les évènements de ces derniers mois dans le Sud, depuis le voyage qu'y fit, en Octobre 1901, M. le Gouverneur général.

J'ai suivi attentivement les incidents de notre pénétration, et je ne crois pas qu'on les ait résumés à ce jour. Il est vrai que demain d'autres surgiront et que ce travail n'offrira qu'un intérêt déjà rétrospectif. Il n'importe ; il est bon qu'on sache comment l'habileté diplomatique de M. Paul Révoil, nous a conduits en un si court délai, à la mission franco-marocaine et aux résultats inespérés, il y a quelques mois, que je signalais plus haut.

Les 25 et 26 octobre dernier, M. le Gouverneur général était à Duveyrier et Djenan-ed-Dar, et recevait les hommages de dix notables des Doui-Menia et du marabout des Kenatza, très influent sur les ksours de l'Oued-Bou-Did.

Après avoir examiné le tracé du chemin de fer, il prédisait le rétablissement de l'ordre à bref délai, et nous devons reconnaître que cette prédiction s'est réalisée.

Un peu plus de trois mois après, en effet, le 6 Février, la mission franco-marocaine arrivait à Duveyrier et s'acheminait vers Beni-Ounif et Figuig, malgré quelques protestations sans importance des ksouriens de Zénaga.

Le ksar de Zénaga a toujours été le foyer de la résistance figuiguienne.

Le 11 février, M. le Général Cauchemez et Si Mohamed ben Guebbaz, chef de la mission marocaine, entraient à Zénaga et étaient reçus par le Pacha du Sultan et les notables, d'une façon plutôt courtoise.

Ils furent admis aux honneurs de la diffa ; mais cette politesse s'adressait peu à nos troupes, et le dépit que ressentaient les ksouriens de voir les infidèles fouler le sol sacré de l'oasis mystérieuse, n'échappait pas à ceux de nos nationaux qui accompagnaient la mission. Sans la présence de Mohamed ben Guebbaz la poudre aurait certainement « parlé ». Les figuiguiens, travaillés par les Anglais, ne cachent pas qu'ils ne nous craignent point, tandis que, par peur des Anglais, nous n'oserions nous-mêmes, disent-ils, rien entreprendre contre eux.

Cette hostilité s'est manifestée vis-à-vis de moi-même, malgré les paroles de paix et de conciliation que je prononçais dans mes entretiens avec les indigènes de l'oasis. A aucun prix ils ne voulurent me vendre un objet de maroquinerie que j'aurais désiré emporter en souvenir de mon entrée à Figuig : « Puisque vous, « les Français, avez profané notre sol, nous ne voulons rien faire « avec vous ».

Cette abstention ne durera pas. L'habitude du contact, les efforts pacificateurs de nos négociants et les bons procédés de notre administration, vaincront sans nulle peine ces résistances momentanées. Il faut de la patience — une patience ferme et digne — et ne rien brusquer. C'est le procédé recommandable par excellence à ceux qui ont affaire aux indigènes.

Les 156 askris marocains chargés de la police de l'oasis et des environs sont campés à demeure. On les a fait rentrer par Marnia et passer sur notre sol. Ne somme-nous pas autorisés à voir là un indice de plus de la faiblesse du Sultan Moulay-abd-el-Azziz, et sous le couvert d'une attention délicate ou d'un chemin plus rapide, n'a-t-il pas choisi la voie de l'Algérie pour être plus certain de la sûre arrivée à destination de sa petite troupe ?

On nous dit que si Mohammed ben Guebbaz a institué définitivement les impôts que le Sultan entend prélever désormais sur les ksour de Figuig, où, jusqu'ici, on n'avait pu en percevoir. Les taxes seront : de 0 fr. 10 par palmier, 0 fr. 25 par mouton et 0 fr. 25 par burnous vendu. Chaque ksar de l'oasis fournira annuellement 15 jeunes gens à l'armée du Sultan, et la solde quotidienne de ces soldats sera de 1 fr. et d'un kilo de semoule. On dit même que des droits de douane de 5 fr. environ par quintal seront établis sur les marchandises françaises. C'est à peu près le taux perçu sur les produits étrangers qui entrent par les ports marocains. Nous ne nous trouverons donc pas dans de plus mauvaises conditions que nos concurrents.

Le chemin de fer dont le point terminus est aujourd'hui entre Duveyrier et Béni-Ounif, devait primitivement laisser à l'ouest Béni-Ounif et passer à Djenan-ed-Dar. De récentes décisions ont modifié ce tracé. Dans quelques jours, si même ce n'est déjà fait, Béni-Ounif sera relié à Duveyrier, et d'ici peu la voie ferrée atteindra Djenan-ed-Dar. Béni-Ounif sera la gare de Figuig. L'orée de l'oasis en est distante de 2 kilomètres environ par le col de Zénaga.

M. le Gouverneur Général télégraphiait en octobre dernier, de Djenan-ed-Dar. Depuis le 2 mars un bureau télégraphique est placé à Béni-Ounif de Figuig, grâce à l'activité de nos fonctionnaires. La mission franco-marocaine a quitté le Figuig à la même date, laissant, pour régler les questions d'ordre et de police, un capitaine des affaires indigènes, commissaire français, et Zoubir-Skiredj, commissaire marocain.

Figuig compte 2.000 maisons, près de 14.000 habitants et 280.000 palmiers ; les 7 ksours réunis (Zenaga, El-Abid, Ouldarih, Ouled-Sliman, El-Mriz, Hammam-Foukani et Hammam-Tahtani); à quelques centaines de mètres se trouve la Zaouïa de Bou Amama. Elle est à 25 kilom. de Duveyrier, soit à 620 kilom. d'Arzeu, 230 kilom. d'Igli et 300 kilom. de Tafilelt. Son altitude est de 900 mètres environ. L'oasis est entourée d'un mur d'enceinte continu, coupé de nombreuses tourelles. Une chaîne de montagnes très élevées et à pic l'enserre, la protégeant ainsi d'une seconde ligne de fortifications naturelles beaucoup plus efficace que la première.

Cette position rend toute surprise difficile car la chaîne n'est percée que de défilés très étroits, qui sont les cols de Zénaga et Tagla ainsi que de la Zousfana, faciles à garder, et d'autre part une large plaine nue prolongée à l'Est par des dunes sépare l'oasis des montagnes arides.

Figuig récolte des dattes, des figues, un peu d'orge et de blé et quelques légumes. Elle est un centre économique placé vers le Maroc et vers le Sahara, et elle est aussi un point stratégique de valeur par sa position au débouché des principaux défilés du Djebel-Amour.

Quand la paix régnera définitivement dans ces régions naguère si tourmentées, quand nos relations avec Figuig seront devenues amicales, ce qui ne peut tarder, pourquoi l'oasis ne serait-elle pas comme Biskra une station hivernale recherchée ? Mieux que Biskra encore son site est admirable et son climat doux.

En attendant que ce vœu se réalise, appliquons-nous à développer notre commerce avec le Maroc et avec les oasis du Sud.

C'est au dévouement éclairé du député d'Oran, M. Etienne, qu'est due la création des marchés francs algériens, décidée par décret du 7 décembre 1896, rendu applicable le 1er février 1897.

Jusqu'alors les Anglais étaient à peu près les seuls pourvoyeurs des oasis sahariennes.

Le décret autorisant en Algérie le transit en franchise des marchandises destinées à ces oasis et l'institution de tarifs spéciaux pour la Cie F.-A. en vue du transport de ces marchandises, nous ouvrirent le commerce du Sahara algérien et marocain, et permirent à nos produits de lutter victorieusement contre les produits de provenance étrangère.

Avec un sens très juste de l'avenir, le gouvernement a compris tous les avantages que notre commerce, notre industrie, nos voies ferrées oraniennes, retireraient de cette pénétration et combien ces rapports tout pacifiques concourraient (mieux que les armes qui soumettent mais laissent au cœur des vaincus la rancune) à étendre notre domination parmi les peuplades peu sédentaires du Gourara et du Touat.

Malheureusement, ni les négociants algériens ni les producteurs français, ne s'intéressaient à ces conditions nouvelles et le trafic fut de nulle importance en 1897 et 1898.

Je puis dire qu'au prix de mille efforts et d'autant de démarches auprès des pouvoirs publics, je fus le premier à créer un mouvement commercial de quelque importance dans le Sud-Oranais. La connaissance exacte de ces régions que me valent 15 années de voyage à cheval ou à chameau dans les tribus indigènes, me permettait de convaincre lorsque je sollicitais des mesures de faveur. Aussi ces mesures ne me furent-elles pas refusées, et j'ai ici à exprimer, — en mon nom et en celui de tout le commerce français que ces mesures favorisent —, mes sentiments de profonde gratitude à M. Etienne, l'éminent député d'Oran, l'incontestable chef du groupe colonial à la Chambre, qui a bien voulu s'intéresser à cette œuvre si féconde et si utile pour le commerce français, à M. le Gouverneur Général, dont le précieux concours ne nous a jamais fait défaut, au haut personnel de la Cie F.-A., à M. Beaugey, directeur de la Cie, à Paris, dont le concours éclairé et l'intention ferme de favoriser nos transits nous ont été d'une utilité incontestable, à MM. Bertrand et Rouzeaud, les sympathiques chefs de service auprès desquels nous avons toujours l'accueil le plus bienveillant, à M. le Directeur des Douanes qui s'est montré un chef avisé et bienveillant et a bien voulu donner les ordres nécessaires pour que tout en respectant les exigences administratives, notre commerce fut aussi favorisé que possible, à M. le commandant Rogerie, du 1er Etranger, commandant d'armes à Djenan-ed-Dar, à M. le capitaine Du Jonchay, chef du Bureau arabe de Méchéria dont nous ne saurions trop faire ressortir l'amabilité et l'obligeance toujours dévoué, à la presse, etc.

On ne s'imagine pas les efforts déployés par les Anglais pour accaparer le commerce du Maroc et celui des oasis du Sud. Ni leurs industriels, ni leurs capitalistes n'ont hésité un instant à user tous les moyens en leur pouvoir pour attirer à eux cette riche clientèle des oasis. Chez nous au contraire tout le monde restait indifférent alors qu'il aurait fallu opposer à l'énergie des Anglais, une énergie égale si non supérieure... c'est-à-dire française. La tâche n'était pas aisée et ce n'est pas sans une extrême activité que j'ai, pour une bonne part, obtenu la progression qu'on constate dans les chiffres du tableau qui suit. Il fallait détourner les caravanes qui allaient s'approvisionner en Tripolitaine, à Mogador et à Tanger, les amener à passer chez nous et leur montrer que, mieux que les Anglais mêmes, nous pouvions leur livrer des produits de qualité irréprochable à des prix très avantageux.

Voici quelques années que le marché franc d'El-Aricha fut supprimé, ne donnant rien. Ceux de Djenien-bou-Rezg et d'El-Abiod-Sidi-Cheik n'allaient guère mieux. Mais cet insuccès était causé par l'indifférence, par la crainte de s'aventurer en des régions peu connues, et je luttais, persuadé qu'on devait réussir, en s'y employant avec énergie et esprit de suite.

Figuig, je l'ai dit, renferme 14.000 habitants; le Gourara 30.000, le Tidikelt 20.000, les Béni-Abbès 10.000, le Touat 80.000, le Dahara 4.000 tentes, les Béni Guil 5.000 tentes, le Tafilelt plus de 100 Ksours chorfa de la dynastie Hassanide, les Doui Ménia 6.000 feux, les Aït Atta 15.000 feux, les Moghrar-Foukani et Moghrar-Tahtani 4.000 âmes, en tout un total d'environ 518.000 âmes; il faut ajouter à cela les nombreuses caravanes.

Comment ne pouvions-nous pas lutter, possédant depuis la côte un chemin de fer de 650 kilomètres, avec les marchandises anglaises débarquées aux ports marocains et transportées à dos de chameaux à des distances égales, par des chemins très peu sûrs et si lentement que près d'un mois est nécessaire là où nos locomotives transportent en deux jours ?

J'avais la conviction que je ménageais à mes concitoyens la possibilité de bonnes affaires et que je remplissais une tâche patriotique. Et ce double. but soutint mes efforts. En 1899, sur mes instances, M. Étienne obtint que nos sucres à destination des oasis sahariennes bénéficieraient de la prime de 4 francs et de la détaxe de transport de 3 fr. par 100 kilos. L'essor fut donné. Les minces résultats du début ont largement progressé. Les statistiques ci-après, qui s'appliquent à toutes les marchandises exportées par les entrepôts francs de l'Oranie (sans parler des grains), le montrent jusqu'à l'évidence.

Les indigènes qui ne connaissaient que les marchandises anglaises (tissus, denrées, droguerie, bijouterie, etc.) et qui n'en voulaient pas d'autres, acceptent maintenant nos produits. Constatation curieuse et qui montre en quelle estime on tenait les produits anglais : tout ce qui était introduit devait porter l'estampille anglaise pour trouver un écoulement facile et assuré.

Mais nos progrès ne doivent pas nous satisfaire encore. Il faut continuer à faire appel à nos négociants ; il faut chercher à attirer les capitaux vers ce commerce du Sud. Quoi qu'on en dise il y a une place importante à prendre, et ceux qui ne le croient pas n'ont certainement pas, comme je l'ai fait moi-même et à l'aide des éléments dont je disposais, étudié la question des oasis sahariennes au point de vue spécial de la pénétration économique. Les chiffres sont plus éloquents que toutes les appréciations et c'est à eux que nous nous en remettons du soin de faire la preuve de l'avenir de ce genre de commerce.

De 1899 à 1901, il a presque quadruplé.

Dans la belle étude sur l'Oranie qu'il a publiée dans notre dernier bulletin, M. Augustin Bernard doute du succès de nos entreprises commerciales dans le Sud. Nous connaissons tous les facultés de fine observation dont est doué M. Augustin Bernard. Mais son voyage a été rapide, et peut-être fût-il plus intéressé par la géographie physique que par d'autres points de de vue. Ses impressions sont celles d'un lettré délicat, d'un touriste épris de dilettantisme. Un commerçant n'en aurait certes pas éprouvé d'aussi intellectuelles, mais il soutiendrait assurément ma thèse, quelque vif regret qu'il ait de se mettre en contradiction avec notre distingué confrère.

STATISTIQUE

	1899	1900	1901	TOTAL	TOTAL
	kilos	kilos	kilos	kilos	Francs
Sucre raffiné..	641.985	1.023.341	1.862.742	3.528.268	1.411.307f 20
Sucre brut....	»	»	2.800	2.800	1 120 »
Tissus divers..	44.342	75.709	89.000	209.051	1.045.255 »
Café	11.863	22.855	42.504	77.222	77.222 »
Poivre........	4.030	7.459	11.479	22.968	29.851 90
Thé vert......	863	2.028	8.803	11.694	35.082 »
Girofle	322	1.496	3.688	5.516	6.170 »
Muscade	»	»	102	102	462 »
Piment fort...	»	»	282	282	225 »
Farine........	»	»	13.394	13.394	4.018 »
Semoule......	»	»	32.343	32.343	9.672 »
Bougies (paquets)	40.000	72.000	105.240	108.150	140.050 »
Savons.......	22.350	38.420	64.246	125.016	37.500 »
Huiles........	17.000	29.050	45.226	91.325	27.397 »
Droguerie	15.620	23.045	59.325	98.430	98.430 »
Cannelle......	215	594	1.173	1.982	2.774 »
	798.590	1.297.997	2.312.147	4.328.543	2.926.086 10

Ces chiffres officiels fournis par la Douane, sont ceux des marchandises exportées par les entrepôts francs de l'Oranie. De cette liste, seuls le café et le thé sont de provenance étrangère, mais j'ai la très ferme espérance de pouvoir sous peu alimenter mes entrepôts francs du Sud (Djenien-bou-Rezg, Duveyrier) et mon entrepôt volant de Figuig, avec du café de Djibouti et du thé de l'Annam. Nous nous passerons ainsi complètement de l'Etranger et n'aurons recours qu'à la métropole et à nos colonies, ce qui est le but que nous devons poursuivre avec une inlassable persévérance.

J'estime qu'avec un capital suffisant on pourrait traiter dès maintenant plusieurs millions d'affaires par an et réaliser de gros bénéfices en pratiquant l'échange de nos produits avec les caravanes qui apportent à profusion des dattes, des peaux, du filali, de la laine, des lingots, des plumes, du beurre, de la cire, etc.

A Timimoun, dans le Gourara, par exemple, les indigènes échangent un sac de dattes contre un pain de sucre de la valeur de 2 fr. 50 port compris.

Le commerce des grains, non indiqué au tableau, peut aussi devenir considérable.

Traçons un parallèle entre ce que coûte le transport à dos de mulet et de chameau des ports marocains aux oasis sahariennes, et le prix auquel ce transport revient, d'Oran ou d'Arzeu, aux mêmes points, par chemin de fer.

Dans le premier cas il faut compter 25 jours de marche environ, soit 2 mois pour l'aller et le retour. Un chameau qui peut porter 200 kilos environ au maximum ou un mulet 120 kilos est loué de 40 et 50 francs pour la première partie du voyage et autant pour le retour. En prenant le chiffre le plus bas cela fait 20 francs par 100 kilos, soit *200 francs* la tonne.

Le chemin de fer fait payer *130 francs la tonne* jusqu'à Duveyrier, situé à 25 kilomètres de Figuig, prix très élevé, mais il y a lieu de penser que nos démarches présentes amèneront sous peu l'application d'une importante détaxe. Il faudrait que l'on ne payât pas plus de 0,10 centimes par tonne kilométrique.

Cela ferai, pour 600 kilomètres environ *60 francs* la tonne, jusqu'à Beni-Ounif de Figuig et Djenan-ed-Dar. Ces prix permettraient de lutter encore plus avantageusement contre l'élément étranger.

Dès maintenant l'avantage des prix est tout en faveur du passage par l'Oranie et nos entrepôts francs. Et nous ne parlerons pas de la lenteur désolante des transports par les voies marocaines, de l'insécurité de celles-ci, infestées de tribus rebelles à l'autorité du Sultan et d'autant plus audacieuses qu'elles savent que sa police est impuissante à réprimer leurs criminelles agressions, du manque d'eau en été et de la traversée de l'atlas en hiver.

C'est le 10 janvier 1902 que M. le Gouverneur Général a pris un arrêté ouvrant au transit international la ligne d'Oran à Aïn-Sefra et Duveyrier.

Les marchandises devaient être d'abord expédiées en caisses doubles et plombées. Il fallait de plus que l'expéditeur déposât une caution suffisante à couvrir largement le montant des droits, des frais de procès-verbaux, de transport, etc., qui pourraient éventuellement frapper ces marchandises si on les réexpédiait en contrebande dans les pays avoisinants. Les sommes ainsi versées à titre de garantie n'étaient remboursées qu'une fois les denrées entièrement vendues dans les entrepôts francs, ce qui pouvait durer 12 à 18 mois, quelquefois plus. Par exemple, pour 10.000 francs de sucre expédié, il fallait laisser entre les mains de la Douane 18.000 francs de dépôt improductif.

Ces mesures gênaient jusqu'à l'impossibilité cette sorte de négoce. Les cautions à verser en douane limitaient le capital disponible du négociant qui, en outre de la perte d'intérêt, était forcé de restreindre ses affaires.

Une réforme s'imposait. Je fus assez heureux pour obtenir, tout dernièrement, que les marchandises fussent munies d'un simple emballage et qu'aucun dépôt de fonds ne fût plus exigé par la Douane au moment de l'expédition.

Il y a peu de temps, sur le rapport d'un fonctionnaire de l'Administration des Finances, il était question de reporter à Aïn-Sefra la zone franche. Pourquoi pas jusqu'à Méchéria ou même jusqu'à Aïn-el-Hadjar? Les entrepôts francs sont-il créés pour faciliter le commerce avec les indigènes ou pour permettre aux européens d'acheter moins cher et de jouir de privilèges exceptionnels? C'eût été ouvrir l'Algérie et le Sahara à la contrebande de l'étranger car des milliers de douaniers seraient indispensables pour garder les frontières. C'eût été de plus une injustice. Est-ce là ce qu'on désire? Nous formons en passant le vœu que de semblables mesures ne soient pas prises sans qu'une enquête sérieuse ait été faite auprès de tous ceux qui sont à même de donner un avis éclairé sur ces questions.

En résumé ne nous décourageons pas. Nous avons l'intime conviction que cette question est intéressante pour les Français. En ce temps d'âpre concurrence on ne saurait négliger aucun débouché.

L'opération à effectuer est double. Il faut non seulement nous attacher ces populations commercialement en leur vendant de bons produits à des prix raisonnables, mais il faut aussi assurer l'écoulement de tous leurs propres produits. Leur acheter ce qu'elles peuvent vendre et leur vendre tout ce qu'elles peuvent acheter, voilà quel doit être notre but.

Profitons de ce que tout le monde a, présentement, les yeux tournés vers le Sud pour y étendre notre influence. Cette extension s'obtiendra mieux par la pénétration économique que par des mesures administratives ou des opérations militaires.

La sécurité, grâce aux efforts de nos soldats, sera bientôt complète en ces parages. M. Révoil, dans le discours qu'il prononçait en octobre dernier à Djenan-ed-Dar, nous en donnait l'assurance :

« A peine ouvert avec le Sud, notre commerce accuse déjà
« des chiffres qui permettent de présager son développement.

« L'exploitation du chemin de fer, dans sa section la plus
« méridionale, escomptée en perte assez sensible, se solde en
« bénéfices.

« Il ne reste plus qu'à appliquer demain à ces régions un
« système d'occupation plus économique et mieux approprié.

« Nous pourrons alors envisager l'avenir sans aucune crainte
« et nous féliciter pleinement de l'œuvre du passé ».

Et le lendemain à Aïn-Séfra, répondant aux officiers qui le recevaient, il ajoutait :

« La mission qu'il nous reste à accomplir dans le Sud Oranais
« est particulièrement délicate. Comme vous l'avez dit, pendant
« mon séjour au Maroc j'ai eu la notion très nette de la
« nécessité absolue d'arriver promptement à la pacification du
« Sud Oranais.

« Nous avons bien fait, étant forts, de nous montrer patients
« vis-à-vis d'agresseurs qui se réclament vainement d'une autorité
« qu'ils méconnaissent eux-mêmes et qui sont reniés par le pou-
« voir souverain qu'ils invoquent. Vous pouvez en être assurés,
« cette patience sera bientôt récompensée. »

C'est sur ces réconfortantes paroles que nous terminerons cette trop longue étude. Nous avons pensé que puisque le Congrès faisait l'honneur à l'Algérie de lui demander son hospitalité, il convenait que nous, algériens, l'initions aux questions qui nous préoccupent, l'intéressions à nos désirs et sollicitions la bienveillance et la notoriété de tous ses membres en vue de l'aide qui nous est utile pour que puisse continuer la marche en avant de notre plus belle colonie.

———

M. BEL ALFRED, membre de la Société de Géographie d'Oran, prend la parole pour la communication suivante :

Les Lacs d'Algérie (Chotts et Sebkhas)

Quand on regarde une carte de l'Afrique du Nord, on y voit figurer un grand nombre de lacs. Depuis le Maroc, jusqu'au golfe de Gabès, il y en a de toutes grandeurs, qui s'étalent dans le Tell, dans les hautes steppes, ou dans le Sahara algéro-Tunisien. L'esprit se reporte invinciblement vers ces beaux lacs des Alpes, autour desquels se groupent les cités et les villas, que sillonnent les embarcations, et qui, avec leur cadre merveilleux de verdure et de glaciers, sont parmi les plus beaux paysages qu'il soit donné à l'œil de l'homme de contempler.

Les lacs de l'Afrique du Nord ont un tout autre aspect, un tout autre caractère. La vie est absente de leurs bords souvent fiévreux (1). A peine aperçoit-on, selon la saison, quelques rares échassiers ou des bandes de canards qui s'y sont peut-être reposés par erreur (2). Peu ou point de végétation, sur leurs

———

(1) Dans la plupart des lacs d'Algérie, on ne trouve pas de poissons ; ils ne pourraient y vivre à cause de la salure excessive des eaux. (Voy. VILLE, Not. Géolog. sur les Zahrez, 355).

(2) Pour le chott Ech-Chergui, voici les observations, sur la faune de ce lac, qui m'ont été transmises par M. le Capitaine Pungot du bureau arabe de Saïda : en permanence aux environs du lac, la judelle (foulque), le râle d'eau, le bécasseau, la poule d'eau, le chevalier, la perdrix rouge d'Algérie. Comme oiseau de passage : la cigogne (mars-avril), le flamand rose (avril-mai), le héron gris, le canard (col vert), la sarcelle, le canard gris, le pèlerin, la kanga, la tadorne, les bécassines (royale, double et sourde), l'outarde, le pluvier gris, l'oie sauvage (de mai à fin septembre), de grands passages de mouettes (en août-septembre).

rives désertes; ni arbres, ni roseaux n'ombragent leurs bords ingrats (1). Non seulement on n'y pêche et n'y vogue, mais presque tous n'ont de l'eau que d'une manière intermittente et sont le plus souvent recouverts d'une croûte salée qui étincelle sous le soleil d'Afrique au milieu des terres brunes (2).

« Le chott, dit M. Wahl (3), n'est pas plus un lac, que l'oued n'est un fleuve. Le Hodna et le Chergui ressemblent encore moins à des nappes, comme le Léman et l'Ontario, que le Chélif au Rhône. L'eau du chott est peu profonde, vaseuse, saumâtre, jamais potable ; en été, quand les oueds languissants se perdent en route, le soleil a bientôt fait de tout tarir. L'évaporation laisse alors d'épaisses couches de sel, dont les efflorescences blanchâtres présentent, quand la lumière s'y joue, l'éblouissant éclat d'une mer de glace (4). »

Le mot *chot't'* de l'arabe régulier (plur. *chot'oût'* et *chot't'àn*) signifie *bord, rivage* (d'une masse d'eau), *fleuve*. Dans le dialecte

---

(1) Rarement, dans le voisinage dénudé du chott, une source d'eau douce entretient quelque végétation et donne au pays une note moins triste et moins monotone, que M. Augustin Bernard a fort bien caractérisée, pour le chott Chergui, dans ses *Notes de voyage en Oranie* : « Près du Kreider, dit-il, on entre dans la cuvette du chott Ech Chergui, étrange paysage de sable, de sel et de sulfate de chaux qui luit au soleil. Seuls les saules et les peupliers du Kreider, interrompent l'illusion de ce paysage lunaire ; leur tendre et jeune verdure met une note de vie au milieu de toute cette mort ». (*Bull. Soc. Géog. d'Oran*, t. XXI, fasc. LXXXIX, déc. 1901, p. 291, 292 et tir. à part p. 59-60). Parlant du Zahrez Gharbi, Ville dit à son tour « en plusieurs endroits, nous avons observé à la surface du sol (du bassin) des bouquets de joncs indiquant la présence de l'eau à une faible profondeur. (*Not. géolog. sur les Zahrez*, p. 355).

(2) Il serait peut-être préférable d'indiquer sur nos cartes par un signe plus frappant que celui ordinairement employé (un grisé sur les bords), le véritable caractère des chotts. L'atlas colonial allemand de Laughaus, indique en violet les dépressions salines analogues du sud-ouest africain allemand.

(3) *L'Algérie*, Paris, 1889, 41-42.

(4) Je m'empresse de dire que je ne suis ni un géologue, ni un géographe de profession, mais un simple amateur. L'étude des chotts m'avait été proposée comme sujet de leçon par l'École supérieure des Lettres d'Alger, l'année dernière, pour le Diplôme d'Études Supérieures d'Histoire et de Géographie ; la question m'a semblé si pleine d'intérêt, que j'ai cru pouvoir en faire l'objet de la présente communication. C'est toutefois avec un vif plaisir que j'adresse, ici, mes publics remerciements et l'assurance de ma profonde reconnaissance à M. Augustin Bernard, professeur de géographie à la Sorbonne, dont j'ai eu l'avantage d'être l'élève à l'École Supérieure des Lettres d'Alger et qui a bien voulu faciliter ma tâche en me prodiguant ses conseils éclairés. Je remercie également M. le capitaine Punget du bureau arabe de Saïda et M. le lieutenant Longé du 1er Bataillon d'Afrique en résidence au Kreider, qui ont eu l'obligeance de me fournir d'utiles renseignements sur le chott Chergui. M. Péquignot, directeur des Salines d'Arzeu m'a communiqué avec beaucoup d'amabilité les indications que je lui ai demandées sur ce lac; qu'il reçoive l'expression de ma gratitude.

algérien, il est en outre employé pour désigner les étangs et les lacs salés.

Le mot *sebkha* (pl. *sebâkh*) existait dans le dialecte du H'idjàz (Arabie) ; on le trouve chez les poètes antéislamiques avec le sens de *dépression saline*. Le vocabulaire d'arabe vulgaire de Beaussier donne comme pluriels à ce mot : *sebkh* et *sebkhât*, et le sens de *lac salé, grand étang salé, marais salant, saline*. Le vocabulaire de Lerchundi (dialecte marocain) donne à ce mot le pluriel *sebâkh* (1).

Dans la géographie de la Berbérie, les mots chott et sebkha sont à peu près synonymes (2), tous deux désignent des dépressions salines et sans écoulement à la mer (3).

On trouve encore un certain nombre d'autres termes, qui dans l'Afrique du Nord, servent à désigner des bas-fonds plus ou moins larges et profonds renfermant de l'eau douce ou salée, ce sont :

D'âya, inconnu dans le Tell, est un mot du dialecte saharien ; il désigne un bas-fond où l'eau se rassemble pendant la saison des pluies (4).

R'dîr, pl. *R'odrân* (et *r'daïr* à Tlemcen) mare, flaque d'eau. Ce mot est employé dans le Kitab el-Adouani (5), pour désigner les citernes naturelles. Les indigènes appellent encore *r'dîr* les petites mares qu'ils obtiennent en barrant la route aux eaux de pluies, dans les vallons, pour y faire boire leur troupeau. Dans certaines régions, le mot *mar'der* (pl. *mr'âder*) est employé également (voy. Rolland, *géolog. du Sahara*, p. 24).

---

(1) Cf. LERCHUNDI, *Vocabulario espanol-arabico*, 129 *(Sub voce Balsa)*; BEAUSSIER, p. 285 ; DOZY, *Supplément aux Dictionnaires Arabes*, I, 625 (s. v. سبخ).

(2) Il y a **sebkha** ou **chott** suivant que l'évaporation et la concentration sont plus ou moins grandes. Le chott a en général des berges un peu plus nettes que la sebkha.

(3) La différence établie par Largeau entre le chott et la sebkha est absolument fausse. *(Le Sahara Algérien*, Paris, Hachette, 1881, p. 50, n. 1).

(4) Cf. BEAUSSIER. *Vocabul. arab.-franç.*, 381 ; LERCHUNDI, 129 *(Sub voce Balsa)*.

(5) Cf. *Kitab el-Adouani*, tr. FÉRAUD, 52 ; on lit également dans *El-A ini*, comment. sur Bokhâri : « C'est la mare que l'on obtient en arrêtant un cours d'eau », voy. éd. Boûlâq, I, 260, 261. Les pluriels R'dour et Ar'àdir sont aussi quelquefois employés (Voy. DOZY, *Sup. aux dict. arab.*, II, 202).

Guer'a est employé dans l'Est avec le sens de marais (1). Dans la province d'Oran, il est inconnu dans ce sens (2).

Guelta (pl. *glèt* et *glati*) désigne un bas-fond alimenté par une source et contenant de l'eau douce et potable (prov. d'Oran). Stumme (3) en dialecte tunisien lui donne le sens de bourbier (Pfütze).

Mehareg, inconnu dans la province d'Oran, s'applique, dans le Sahara, à des cuvettes où l'eau de pluie stagne quelque temps (4).

Il y a encore d'autres mots, moins usités, que ceux qui précèdent, ce sont *bh'ar* (pl. *beh'oûr*) qui signifie mer, fleuve, lac (le diminutif *bah'îra*) est employé dans le Tell et les Hauts-Plateaux avec le sens de jardin potager; *heycha* (Sahara). bas-fond humide, souvent avec pâturage (d'ap. Rolland); *çah'an* est une grande dépression circulaire et *h'aoûdh* une petite cuvette, au Sahara, d'après Largeau (*Le Sahara algérien;* Hachette, 1881, p. 112, note).

I

Origine des Chotts et Sebkhas

Les chotts et les sebkhas d'Algérie ne sont donc autre chose que des dépressions fermées plus ou moins vastes et renfermant plus ou moins d'eau, selon la saison. Ces dépressions sont, en somme, des étangs ou des lacs d'une espèce particulière.

Quelle origine doit-on leur assigner? la même qu'aux autres lacs évidemment. Nous possédons des classifications des lacs, d'après leur origine, élaborées par de savants géographes comme Richthofen, Penck et plus récemment Forel.

---

(1) Cf. Beaussier, 539 et surtout Dozy, *Supp.*, II, 332, s. v. فرعة

(2) Dans le dialecte des Beni Choûgrân, prononcé Gour'a, il est mis pour Roug'a et désigne un champ de deux ou trois hectares: Voy. Delphin. *Textes d'arabe parlé*, p. 36 et note 6, p. 38. Ne faudrait-il pas dans Guer'a, voir à l'origine un terrain nu, sans végétation et comparable à la tête sans cheveux d'un teigneux (Gr'a)?

(3) *Tunisisch. grammat.*, glossaire, p. 177.

(4) Ce mot ne figure pas dans les vocabulaires d'arabe vulgaire. Venant de la racine *hareg* (هرق) il signifierait: l'endroit où l'on verse (de l'eau).

Arrêtons-nous à la classification de Forel (1), il distingue : 1° les lacs tectoniques ; 2° les lacs d'érosion et de corrosion : (*a*) érosion aérienne, (*b*) corrosion par l'eau stagnante, (*c*) érosion et corrosion par l'eau courante ; 3° les lacs de barrages (éboulements, courants de lave, glaciers, moraine latérale, cône de déjection, certains lacs de cratères) ; 4° lacs mixtes.

Nous voyons par là, combien nombreuses sont les causes, qui peuvent donner naissance à des lacs. Il est évident que toutes les forces qui agissent sur la surface terrestre peuvent conduire directement ou indirectement à la formation de cuvettes. D'une manière générale, la plupart des lacs ont une origine complexe ; plusieurs facteurs y ont travaillé dans des proportions très diverses. Il y a, comme le dit justement Forel, des *familles de lacs* (lacs des Alpes, lacs de Finlande, etc.) et d'autre part, chaque lac a son histoire et sa physionomie spéciales.

Si l'on applique maintenant ces principes généraux aux lacs d'Algérie, on commencera par écarter un certain nombre de causes : les causes glaciaires et éruptives. L'origine tectonique doit être au contraire retenue. Reportons-nous en effet à ce que dit Penck de la *formation des cuvettes*. Les cuvettes sont, dit-il, les formes en creux de l'écorce terrestre, autour desquelles les pentes se relèvent ; en opposition avec les vallées qui débouchent les unes dans les autres, ce sont des cavités plus ou moins complètement fermées.... L'origine des grandes cuvettes est due aux phénomènes orogéniques ; elles se creusent entre les saillies de l'écorce et les eaux viennent s'y rassembler (2) ».

Les grands chotts de l'Afrique du Nord auraient donc une origine tectonique. Il ne semble pas, d'autre part, qu'ils soient dus [sauf peut-être le Melr'ir et certains autres chotts tuniniens, d'après M. Rolland (3)] à de véritables effondrements (Graben) comme la Mer Morte et les grands lacs de l'Afrique orientale.

Il serait évidemment téméraire de ma part, et il n'est point entré dans ma pensée, de vouloir développer ici une théorie complète de la formation originelle des lacs d'Algérie ; les géolo-

---

(1) Forel, *Handbuch der Seenkunde*, Stuttgart, Engelborn, 1901.
(2) Penck, *Morphologie*, II, 203.
(3) Rolland, *Géologie du Sahara Algérien*, 208.

gues eux-mêmes n'ont pas encore abordé de front cette question si complexe (1). Ils sont souvent en désaccord sur la nature des terrains, qui ont formé le fond des chotts. M. Pomel, dit bien que les atterrissements continentaux couvrent les dépressions et les méplats du massif atlantique et que les chotts et les sebkhas occupent, tout simplement, les points déprimés des hautes steppes ; mais ce géologue a regardé comme quaternaires ces atterrissements continentaux, que l'on a reconnu aujourd'hui être plus anciens et correspondre au pliocène et même au miocène (2). Sous la désignation d'alluvions des gours, M. Flamand (carte géologique, nouvelle édition) a réuni les terrains caillouteux rouges occupant les falaises des chotts oranais et les berges des ravins entaillés dans le plateau : il appelle ce terrain *mio-oligocène*.

Si l'on considère en outre que la direction des grands chotts est parallèle aux plissements de l'Atlas, on aura encore une nouvelle indication qui mérite de ne pas être négligée.

Il apparaît dès lors que la formation de leurs cuvettes est contemporaine du soulèvement de l'Atlas, c'est-à-dire de l'époque tertiaire (éocène-miocène) (3). L'expression « Zwischenwannen » de Penck qui paraît rendre assez bien leur condition, pourrait leur être appliquée.

Au surplus, M. Ville, dont les travaux sans être exempts de quelques erreurs, renferment tant d'utiles indications, parlant d'un dépôt de sel dans la sebkha d'Oran, antérieurement à celui qui y est apporté par l'alimentation actuelle, le date de l'époque tertiaire et dit textuellement (4) : « On ne peut faire remonter

---

(1) M. Rolland a cru pouvoir distinguer postérieurement au soulèvement de l'Atlas, trois mouvements principaux. Selon lui, ce serait le second de ces mouvements (qu'il place entre pliocène et quaternaire) qui aurait déterminé la configuration des bassins lacustres du Sahara et de l'Atlas et fixé l'emplacement des futurs chotts. Le 3e mouvement (entre quaternaire ancien et quaternaire récent) aurait été marqué par l'affaissement du fond des dépressions lacustres à leurs niveaux actuels. (*Géologie du Sahara Alg.*, 209).

(2) Voy. aussi ROLLAND, *Géol. du Sah.*, 161, 162.

(3) M. Pomel (*Sahara*, 47) a démontré qu'« en Algérie-Tunisie, l'Atlas n'a éprouvé que de légères modifications de reliefs sous l'action des ridements du système des grandes Alpes » (pliocène). Voyez aussi, *Ibid*, p. 86. « Quant au massif de l'Atlas, dit M. Rolland (*Géol. du Sah.* 162) son émersion définitive fut bien postérieure à celle du Sahara Algérien, elle n'eut lieu qu'à la fin du miocène moyen ».

(4) *Recherch.*, 132.

l'origine de ce dépôt qu'à l'époque de l'apparition de la cuvette de la sebkha d'Oran, hors de la mer où se déposait le *terrain tertiaire*... » et plus loin (1) : « Les salines d'Oran et d'Arzeu sont comprises dans la grande ondulation du *terrain tertiaire* qui s'étend le long du littoral... Les chotts Chergui et Gharbi occupent le thalweg d'une vaste ondulation du *terrain tertiaire* parallèle à la précédente... » M. Rolland, à son tour, parle des chotts sahariens dans un sens analogue (2) : « bien avant l'époque actuelle et même avant l'époque quaternaire, les eaux des grands lacs, qui occupaient l'emplacement des chotts salés que nous voyons aujourd'hui au Sahara, étaient déjà chargées de matières salines. »

On ne saurait toutefois se dissimuler que la formation des chotts est due à des facteurs multiples dont les principaux, comme on le verra plus loin, sont *l'érosion éolienne* et la *corrosion par l'eau stagnante* (action chimique sur les roches solubles, gypses, carbonates, etc., contenus dans le lit du lac). C'est à cette dernière cause que M. Pomel semble faire allusion quand il parle « d'un agent inconnu » de l'érosion des berges (3).

D'après les considérations qui précèdent, on groupera les lacs d'Algérie de la façon suivante : 1° *Sebkha d'Oran* et *lac d'Arzeu*, dans la dépression tertiaire, entre la chaîne littorale et la chaîne du Tessala (4) ; 2° La grande série *R'arbi, Chergui, Zahrès, Hodna* dont l'altitude décroît de 1.500 à 400 mètres, dans la dépression tectonique entre l'Atlas tellien et l'Atlas saharien ; 3° Les *chotts constantinois*, à la suite des précédents, mais orientés en

---

(1) *Recherch.*, 139.

(2) *Géologie du Sah.* 170 in fine.

(3) *Sahara*, 54 et 55. Toutefois quand ce géologue dit que « les fonds de Sebkha se relient assez rarement par des pentes insensibles aux sols avoisinants » cela ne peut s'entendre de l'ensemble des chotts d'Algérie-Tunisie, et en particulier de la Sebkha d'Oran, du Hodna, des chotts Constantinois et du Sud Tunisien par exemple Il en est de même du chott Ech Chergui dont le fond forme une cuvette à peine sensible dans le plateau sur lequel se trouve le chott. La pente du terrain avoisinant est tout à fait insensible et semble prolonger la surface du lac. Du côté du Sud cependant à hauteur de Bou Ktoub, le sol se relève légèrement et *en pente douce* pour former une colline de quelques mètres de hauteur et de cinq kilomètres environ de longueur.

(4) M. Ville a classé dans une même catégorie les Zahrez, le lac d'Arzeu et les lacs d'Oran, à cause de la composition analogue de leurs eaux et par ce qu'ils sont tous placés dans les mêmes conditions géologiques (Voy. *Not. Géolog. sur les Zahrez*, etc., p. 385).

partie du S.-W. au N.-E. comme les plissements eux-mêmes de la région ; 4° Le *lac Fezzara* et les *lacs de La Calle*, dans une plaine quaternaire analogue à la Mitidja dont ils nous représentent assez bien un état antérieur (1) ; 5° Dans le Sahara algérien, le bassin du Melr'ir dont la contre-partie est le bassin du Gourara.

Quant aux agents externes qui ont certainement contribué, eux aussi, à la formation des chotts ou tout au moins leur ont donné leur forme actuelle, on ne saurait se rendre compte exactement de leur action sans examiner de plus près les caractères de ces lacs.

II

Caractères généraux des Chotts et des Sebkhas

On en aperçoit trois principaux :

1° *Ce sont des lacs sans écoulement*, des lacs fermés. Je vais essayer de mettre en lumière les conséquences qu'entraîne cette particularité de nos chotts algériens.

On sait que l'eau courante est le principal agent de l'érosion subaérienne. Or, lorsqu'il s'agit d'une dépression en communication avec la mer, le *niveau de base* (2) étant fixe (puisque c'est la mer), la régularisation des thalwegs se fait normalement et le comblement du lac a lieu avec une parfaite régularité (3). On voit en somme, que les lacs avec écoulement à la mer sont comblés par les dépôts alluvionnaires et vidés par les émissaires ; ils disparaissent donc, à la fois, par comblement et par érosion.

Quand le *niveau de base* est formé par une dépression sans

---

(1) Dans cette catégorie on pourrait placer les lacs de Bizerte et ceux de Tunis. Si l'on voulait s'occuper de classer également les autres chotts Tunisiens, il faudrait mettre dans une catégorie à part, les chotts de la Tunisie orientale, qui occupent les parties déprimées de la grande plaine quaternaire.

(2) On entend par *niveau de base* l'endroit où l'eau courante arrive à l'immobilité, c'est-à-dire, l'endroit où nul écoulement nouveau n'est possible. On lui a donné le nom de niveau de base parce que c'est le point à partir duquel commence le creusement du thalweg.

(3) Pour des détails sur ce phénomène du modelé au moyen de l'érosion par les eaux courantes, voyez : DE LAPPARENT. *Leçons de Géographie Physique*, p. 69 et suiv.

écoulement maritime — c'est le cas qui nous intéresse — il est instable. Il est en effet à la merci de deux agents opposés et variables : l'apport des rivières et du ruissellement qui tend à élever son niveau et l'évaporation qui tend à l'abaisser. A moins que la dépression ne soit soumise d'une manière continue à un régime de pluies abondantes, c'est l'évaporation qui l'emporte ; le *niveau de base* recule de plus en plus.

Dans ce cas, la régularisation des thalwegs est impossible, car les embouchures se déplacent sans cesse.

« Les bassins déprimés (sans écoulement maritime), a dit M. de Lapparent (1), se distinguent tous, par une topographie mal définie, qui tient à ce que le travail des eaux courantes n'a pu y faire disparaître entièrement l'indécision originelle de la surface (2) ». Il ajoute un peu plus loin : «.... la constitution propre d'une dépression de quelque étendue doit nécessairement paralyser l'œuvre du modelé. En effet, il y manque le facteur le plus essentiel, c'est-à-dire un niveau de base, non seulement bien défini, mais constitué avant tout travail d'érosion, par une nappe d'eau importante et invariable... En tous cas, les inévitables variations de la surface du lac enlèvent au niveau de base cette fixité qui en ferait le point de départ de la régularisation des pentes. »

D'un autre côté, tandis que dans un territoire normal, les alluvions apportées par les fleuves sont immédiatement dispersées dans la mer, celles que reçoit un lac y demeurent forcément, élevant son niveau et agrandissant d'autant la surface d'évaporation. En même temps, la rivière alimentant la dépression, embarrassée par ses propres dépôts, multiplie ses divagations au voisinage de l'embouchure ».

---

(1) Cf. DE LAPPARENT, *Ibid*, 135.
(2) A ce point de vue, voici par exemple une description du chott Ech Chergui, que je dois à l'amabilité de M. le Capitaine Punget et qui peut s'appliquer à la plupart de nos chotts et sebkhas : « Le chott ne reçoit pas un seul affluent important. Il ne recueille que les eaux de pluies reçues directement par lui ou amenées par de nombreux oueds. Tout mouvement de terrain formant vallée, si légère soit-elle, en pente vers le chott, donne un oued plus ou moins marqué, aux jours de pluies torrentielles. Alors on distingue à peine un très mince filet d'eau qui se perd dans les sables bordant le chott et s'infiltre jusqu'à la couche argileuse qui forme le fond du lac. L'orage terminé, l'oued se retrouve à sec et présente comme lit une ligne caillouteuse et remplie de sable fin lavé par les eaux ».

Quant à l'existence de bassins sans communication avec la mer, elle s'explique par la sécheresse du climat. On lit, en effet, dans la *Morphologie* de M. Penck (1) : « La formation et l'existence durable des cuvettes fermées, n'est possible que si l'action de l'eau courante est très faible, comme dans les steppes et les déserts. Les cuvettes fermées sont un des traits caractéristiques du paysage des régions sèches ». Lorsqu'en effet, l'humidité est normale, les cuvettes débordent et l'on a des lacs ouverts (*Flussseen*, lacs de fleuves, par opposition aux *Endseen* ou lacs terminaux).

Qu'on se représente maintenant ce qui s'est passé dans l'Afrique du Nord, après que les plissements de l'Atlas eurent été terminés et les cuvettes fermées : Les dernières périodes tertiaires et la période que M. Pomel désigne sous le nom de quaternaire ancien, ont vu s'accumuler à la surface, d'énormes masses de sédiments *lacustres* ou tout au moins, d'eau douce. Ces immenses accumulations de dépôts sédimentaires dans le Sahara, avaient même fait croire longtemps à l'existence d'une ancienne mer saharienne, hypothèse détruite, on le sait, par M. Pomel. L'Afrique du Nord a donc passé antérieurement à la période historique actuelle par *une ou plusieurs* phases très humides. Les débris de squelettes de grands animaux comme l'hippopotame et l'éléphant, habitués à vivre dans les rivières et au milieu des forêts, ont été trouvés dans les grottes et dans les alluvions d'une époque relativement récente. En ce temps-là (le quaternaire récent de M. Pomel), le pays était soumis à un régime de pluies abondantes ; d'immenses forêts couvraient son sol, ainsi qu'une végétation luxuriante, favorisée par une humidité continuelle.

Les grands chotts sont, à n'en pas douter, les derniers restes de vastes lacs qui ont occupé les Hauts-Plateaux et le Sahara septentrional. C'est pourquoi ils sont *tous* situés sur des atterrissements quaternaires ou pliocènes, qui représentent leur extension ancienne.

La période historique a vu seulement une légère détérioration, encore n'est-ce pas absolument prouvé (2). Si l'humidité avait

---

(1) PENCK, *Morphologie*, II, 224.
(2) Voyez à ce propos un fort intéressant chapitre de M. SCHIRMER, *Le Sahara*, p. 120 et suiv.

continué, on peut imaginer que les chotts se seraient vidés, vers les régions plus basses, par des fleuves et auraient probablement versé leurs eaux dans la mer (1). C'est ce qui est arrivé en Espagne où les plateaux du centre étaient recouverts, à l'époque miocène, de nappes lacustres qui se sont vidées dans l'Ebre, le Guadalquivir, etc.

Y-a-t-il en Algérie des lacs à écoulement maritime qui fassent par conséquent exception? Oui, et l'exception ici vient confirmer la règle. Dans l'Est de la province de Constantine, ne trouve-t-on pas les lacs de La Calle et en particulier la Guer'at-el-H'oût qui s'écoule dans la mer (2)? Or ce lac se trouve dans des conditions particulièrement favorables, étant placé sous un climat assez humide, et dans le voisinage de la mer. Il en est de même pour les lacs de Kairouan et de la Tunisie orientale qui jouissent d'émissaires intermittents. C'est que pour ceux-là, la besogne n'était pas difficile (3), elle l'était trop pour les autres cuvettes, même pour la Sebkha d'Oran qui, si elle est voisine de la mer, jouit du moins d'un climat bien plus sec.

« Le principal caractère du désert, dit M. J. Walther (4), est l'absence d'écoulement régulier vers la mer. *L'afflux et l'écoulement des eaux* régularisent le niveau des lacs dans les climats à humidité normale et l'évaporation n'y change pas grand chose. *L'afflux et l'évaporation* déterminent le niveau d'un lac sans écoulement et c'est la cause des phénomènes qu'on observe dans les lacs désertiques. »

On sait aujourd'hui que les déserts en général et le Sahara en particulier, sont des formations du climat et non du sol, et M. Pomel écrivait en 1872 (5) «.... Le caractère essentiel de la région saharienne n'est point d'être constituée par un sol stérile en lui-même, mais bien d'être absolument privée de pluies fécon-

---

(1) C'est ce qui arrivait pour le lac d'Arzeu ainsi que l'a remarqué M. Péquignot *(Essai sur la constitution de la Saline d'Arzew*, p. 10).

(2) Voyez Fournel, *Richesse minérale de l'Algérie*, liv. I, 26, 27.

(3) En somme, l'évolution topographique est plus avancée du côté de la Tunisie; mais il faut aussi considérer : 1° Que le plateau y est moins large; 2° Que le climat y est plus humide, au moins dans la province de Constantine.

(4) J. Walther, *Das Gesetz der Wüstenbildung*, Berlin, 1900, p. 67.

(5) Pomel, *Le Sahara*, p. 21.

dantes et régulières... » et plus loin (1) «... l'unique particularité essentielle du Sahara, et l'on pourrait dire sa cause, réside dans une constitution climatérique spécialisée par une sécheresse presque absolue. »

C'est aussi la sécheresse de l'atmosphère qui a donné naissance aux chotts et aux sebkhas, c'est-à-dire aux dépressions sans écoulement dans ce pays, par suite de la *rupture d'équilibre* entre les précipitations et l'évaporation. Sans parler du Sahara, on ne sait que trop combien l'Algérie-Tunisie est mal partagée sous le rapport des pluies (2). Son éloignement de l'Océan, l'absence dans le pays d'importants massifs montagneux, la disposition des chaînes de l'Atlas parallèlement à une côte, trop peu découpée et très voisines de celle-ci, sa situation entre le désert aux températures extrêmes et la Méditerranée, voilà autant de causes qui contribuent à lui donner le régime climatérique tout spécial dont elle jouit. Le climat de l'Algérie-Tunisie est caractérisé dans son ensemble par *une saison sèche en été*; juin, juillet, août, septembre sont sans ou presque sans pluies. Ce caractère fondamental du climat algéro-tunisien le distingue du climat des autres pays de la zone tempérée comme l'Europe où les pluies sont réparties sur tous les mois de l'année; il le distingue aussi du climat des régions tropicales, caractérisé au contraire par des pluies d'été.

Il est facile d'apercevoir les effets de ce climat sur le régime des eaux. Pendant la *saison sèche* d'été, qui coïncide avec la période de fortes chaleurs, l'évaporation est très abondante. Les rivières, au contraire de ce qui a lieu dans les pays d'humidité normale, s'appauvrissent à mesure qu'elles s'éloignent de leur source. Elles tarissent rapidement, si elles ne réussissent — comme il arrive fréquemment — à pénétrer dans le sous-sol, où elles sont

---

(1) POMEL, *Le Sahara*, p. 24 et 65.
(2) Parmi les nombreuses publications relatives au climat algéro-tunisien, on pourra consulter les suivantes : THÉVENET, *Essai de climatologie algérienne*, Alger-Giralt, 1896, 44 pl. — SAMBUC, *Recherches sur le climat d'Alger*, Alger-Remordet, 1893, in-8°. — SCHIRMER, *Le Sahara*, Paris-Hachette, 1893. Voir aussi les n°⁸ du *Bulletin de Climatologie* et en particulier les nombreux articles du D' BERTHRAND, Secrétaire de la Société, et ceux de M. ROLIN, *Régions pluvieuses d'Algérie*, bull. 1869, etc...; ainsi que les volumes des travaux et communications des Congrès pour l'avancement des sciences (Alger, Oran, Tunis, Carthage) et FOURNEL, *Rich. minér. d'Alg.*, II, 171-175.

en partie à l'abri de l'évaporation (1). Quant aux chotts et aux sebkhas, dont les eaux, après la saison pluvieuse, présentent une large surface d'évaporation, ils sont encore plus vite asséchés et ne présentent bientôt plus que l'aspect de bas-fonds recouverts d'une couche blanchâtre de poussière ténue et salée.

M. Schirmer a établi que lorsqu'il y a rupture d'équilibre dans un climat entre les précipitations et l'évaporation, en faveur de cette dernière, le pays évolue vers le désert; cette évolution portant d'ailleurs en elle-même ses limites (2). « Le désert, dit-il en parlant du Sahara, si stérile qu'il ait été, le devient toujours davantage (3). »

Au surplus on doit remarquer que si la sécheresse du climat peut seule maintenir des dépressions fermées, inversement, les dépressions fermées sont assez propices au climat désertique, parce qu'il y a peu de causes de précipitation de la vapeur d'eau et beaucoup de causes d'évaporation.

M. J. Murray (4) a établi en effet avec des chiffres, que les dépressions non drainées par la mer reçoivent en moyenne un peu moins du tiers de l'eau qui tombe sur les autres régions du globe.

Celà est dû surtout à ce que les dépressions sont généralement éloignées des océans, sources de l'humidité atmosphérique.

Cependant M. de Lapparent a montré dans un article intitulé « Dépressions et Déserts » (5) que les dépressions ont elles-mêmes une influence directe sur l'assèchement de l'air. La démonstration de ce savant est basée sur les principes suivants : 1° Toute masse d'air qui s'élève, se dilate en pénétrant dans une atmosphère raréfiée et par suite se refroidit. — 2° Toute masse d'air qui s'abaisse, s'échauffe et en conséquence sa capacité de saturation

---

(1) On sait que la rivière qui coule en sous-sol n'est pas complètement soustraite à l'évaporation, car une partie de l'eau remonte à la surface, par capillarité.

(2) L'évolution vers le désert semble s'être produite surtout *à la lisière*, à l'époque historique, c'est-à-dire, précisément dans la région des chotts; il n'est pas impossible notamment, d'après La Blanchère, que la dépression du Melr'ir ait été à l'époque historique un grand fourré marécageux (selon Lapparent) abritant de gros animaux.

(3) SCHIRMER, *Le Sahara*, 186. Voyez aussi *Ibid*, p. 108 et 109.

(4) In *Scottish Geographical Magazine*, 1887.

(5) In *Annales de Géographie*, n° du 15 Octobre 1895.

augmente ; de sorte que le vent descendant est desséchant. C'est le cas du vent qui arrive dans les dépressions fermées.

Il est facile de constater le phénomène sur un exemple, et quelques chiffres des quantités de pluies, des températures, de l'évaporation, suffiront à traduire éloquemment la situation défavorable des dépressions, au point de vue de l'humidité. Sans aller bien loin chercher cet exemple, considérons la vallée du Chélif et prenons-y deux stations pour les comparer à deux autres, prises sur le versant sud de l'Ouarsenis : (1).

	PLUIES — Moyenne annuelle de toutes les observations recueillies	Évaporation moyenne pour le mois le plus humide et pour le mois le plus sec		TEMPÉRATURES			
				Moyennes mensuelles corrigées pour le mois le plus froid et le plus chaud		Moyennes des	
		Janv.	Août	Janv.	Juillet	maxim. absolus	minim. absolus
Orléansville.......	442 m/m 4	2,2	9,2	7°7	26°7	46°1	2°8
St-Cyprien les Attafs.....	415 3	3,3	14,9 en juillet	8°3	28°5	46°0	2°1
Teniet el Had....	635 6	1,9	8,9	3°8	23°4	38°3	4°9
Tiaret...........	744 8	1,2	9,8	3°5	23°7	34°9	3°3

2° *Les lacs d'Algérie sont des lacs temporaires :* Presque tous les lacs de l'Algérie se vident entièrement par évaporation. Les conséquences de ce phénomène sont nombreuses. Dans un climat à humidité normale en effet, le niveau des lacs est extrêmement constant et les pluies y changent très peu de chose. C'est même là une des causes de l'aspect enchanteur de ces lacs, entourés de jardins et de maisons qui baignent leur pied dans les eaux. Dans les lacs sans écoulement, au contraire, l'irrégularité du niveau est la règle car l'apport d'eau est périodique et l'évaporation constante.

Envisageons de plus près les conséquences de l'assèchement temporaire des lacs algériens :

---

(1) Ces chiffres sont tirés de l'*Essai de Climatologie Algérienne*, par A. THÉVENET, Alger-Giralt, 1896, pages 62, 63, 53, 18 et 22.

(*a*) Lorsqu'un lac est plein d'eau, la ligne de rivage est bien marquée, *les limites nettes*, car l'apport par le ou les cours d'eau équivaut sensiblement à la somme de l'eau, qui lui est enlevée par l'exutoire et l'évaporation. Ainsi l'on saura que le lac de Genève a toujours telle profondeur en tel point, telle largeur en tel autre endroit, etc. ; ses eaux arriveront toujours en un mot à un niveau à peu près invariable. Pour les chotts *il ne saurait y avoir de limites nettes* car les choses se passent d'une manière toute différente. D'abord, comme on vient de le voir, ils n'ont pas d'exutoire et leur niveau dépend uniquement du rapport entre l'apport par les oueds et l'évaporation. Ce sont là deux agents fort capricieux. Les oueds ne roulent de l'eau qu'au moment des pluies ou fort peu de temps après ; ils coulent dans une région souvent dénudée ; le bassin du chott est généralement imperméable et les sources au voisinage du chott sont donc rares, de sorte que pendant la saison chaude leurs eaux sont évaporées avant même d'avoir pu atteindre le lac.

On s'explique, après cela, l'instabilité du niveau de l'eau du chott et de ses dimensions. Aussi les différents ouvrages qui nous ont parlé des chotts leur attribuent-ils des hauteurs d'eau et des dimensions fort élastiques ; on y lit par exemple : « La Sebkha d'Oran renferme en hiver de *30 à 40 centimètres* d'eau et couvre alors une surface d'*environ* 10 kilomètres sur 40. En été elle est complètement desséchée. La profondeur *maxima* du « lac d'Arzeu », *pendant l'hiver* n'excède pas un mètre (1). « Le chott Chergui » s'étale sur une longueur de 170 kilomètres et une largeur de 8 *en moyenne*. Le niveau de l'eau y est *très variable* selon la saison (2). La description que fait M. Ville (3)

---

(1) PÉQUIGNOT, *Essai sur la const. de la sal. d'Arz.*, 6.
(2) VILLE, *Rech.*, 13. Voici les renseignements qui m'ont été communiqués par M. le Capitaine du Bureau arabe de Saïda : « Le chott Ech Chergui est complètement à sec pendant la majeure partie de l'année. Il présente alors à sa surface une croûte saline, parfaitement dure et capable de supporter des poids considérables. Cette surface est brillante et de loin présente l'aspect de la mer. Des promontoires de sable qui se détachent en noir sur le poli du lac complète l'illusion et rappellent les découpures de la côte. Cette illusion persiste durant la saison des pluies (décembre, janvier, février). Le chott se recouvre alors d'une nappe d'eau dont l'épaisseur varie de quelques centimètres à un mètre (cette dernière profondeur est l'exception). Le moindre coup de soleil fait disparaître cette nappe, qui fait place à une boue jaunâtre et très consistante pendant les mois de moyenne chaleur (mars, avril, mai) ».
(3) VILLE, *Not. géolog. sur les sal. des Zahr*, 352 et suiv.

des « Zahrez » est non moins suggestive. « Le Zharez Gharbi a 40 kilomètres de *longueur moyenne* sur 8 de *largeur moyenne* Il renferme en hiver une nappe d'eau très fortement salée, qui *s'élèverait, dit-on, jusqu'à* 3 mètres au centre du lac...... Le 6 novembre 1855 la plus grande partie du sel du Zahrez Gharbi avait été dissoute par les eaux de pluies tombées au commencement de l'automne...... Le 3 décembre nous avons traversé l'extrémité orientale du lac et nous n'avons trouvé dans toute sa largeur qu'une lame d'eau fortement salée de deux centimètres de hauteur au plus... » Pour le Zahrez Chergui, le même géologue fournit des renseignements analogues (1). Il serait fastidieux de multiplier les exemples, ceux-ci suffisent à nous montrer combien les chiffres donnés pour la superficie des lacs et la hauteur d'eau sont de peu de valeur, puisqu'ils sont seulement ceux qu'il y avait le jour où l'observateur est passé. D'une manière générale, les hauteurs d'eau de nos chotts sont faibles et le plus souvent exagérées dans les manuels de géographie. Il y aurait grand intérêt à entreprendre des observations suivies dans ce sens, à savoir *combien de temps les chotts sont à sec, combien de temps ils sont remplis d'eau, quelle surface ils recouvrent aux différentes saisons*, etc. Je dois dire qu'on n'a rien fait de semblable jusqu'ici.

(*b*) Lorsqu'un lac est plein d'eau, il y a triage des sédiments ; lorsqu'au contraire un lac est desséché, il y a travail irrégulier ; car, alors, un nouvel et capricieux agent d'érosion, le vent, entre en jeu pour modifier le relief du bassin. Il vient lorsque la cuvette est à sec, en balayer le fond, emporter au loin les sables fins, la terre meuble et desséchée qui le tapissent. Cette érosion éolienne détruit le travail alluvionnaire effectué dans le bassin fermé, comble les anciens thalwegs de la saison pluvieuse et complique à l'infini les conditions du modelé. Les débris arrachés au fond desséché de la cuvette sont transportés à de plus ou moins grandes distances (2).

---

(1) VILLE, *Ibid*, 355 et suiv.
(2) « Il n'y a généralement pas de dunes proprement dites sur les sebkhas, dit M. Rolland, les sables roulant sans s'arrêter sur leur sol, quand il est sec et dur, ou au contraire étant fixés et se mêlant au sol quand il est humide. On trouve cependant çà et là, au Nord d'Ouargla, quelques traînées isolées, remarquables par leur régularité et leur parallélisme ». *Géologie du Sahara Algérien*, p. 103 et note 1. Le chott Ech Chergui desséché ne présente pas de dune, il est parfaitement plan.

La topographie du fond du chott varie donc chaque année. Aussi les pistes qui le traversent sont-elles parfois dangereuses, par suite du déplacement des fondrières. Les indigènes racontent à ce propos, que des caravanes entières ont été englouties, dans les vasières du Melr'ir, sans laisser la moindre trace. Le cheikh El-Tidjâni (1) qui parcourut ces régions au commencement du XIVme siècle de notre ère, dit, à propos de ce grand chott : « Nous arrivâmes le matin... On fit la prière sur un sol qui paraissait un tapis de camphre ou une terrasse d'albâtre. Le terrain est si peu solide qu'un endroit d'environ cent coudées, près du bord et sur lequel on avait beaucoup marché, s'enfonça tout-à-coup et engloutit les hommes et les animaux qui s'y trouvaient ; les chameaux se mirent à beugler, puis il ne resta plus d'autres traces d'eux, que leur fiente qui monta à la surface... Ceci arriva à l'heure du douhour (midi). J'ai vu alors un homme qui, avec une longue lance sondait l'endroit où tout avait disparu et il enfonça sa lance jusqu'à la main sans trouver le fond (2) ».

Un autre voyageur musulman (3) parlant des sentiers dangereux, qui traversent les chotts du Djerîd, a pu dire de chacun d'eux : « qu'il est étroit comme un cheveu, tranchant comme une épée ». M. Pomel, à son tour, a signalé le danger que présente la traversée de certains chotts (4).

Dans les pays secs l'action des agents externes, et en particulier du vent, est donc curieuse ; aussi n'a-t-elle pas manqué d'éveiller l'attention des savants. Il n'est pas douteux qu'à côté de *l'érosion éolienne* qui forme les dunes et creuse les cuvettes, on doit

---

(1) Le cheikh El-Tidjâni qui vivait à l'époque du prince Hafçide El-Lah'iyâni entreprit avec ce prince en 706-708 de l'H (= 1306-9 de J.-C.) un voyage dans le pays de la Tunisie actuelle. Il écrivit le récit de ce voyage. Ce récit forme l'ouvrage que l'on connaît sous le nom de *Rah'la d'Et-Tidjâni* et dont les extraits traduits par A. Rousseau, dans le journal asiatique (1852-1853) peuvent donner une idée. Le texte arabe n'a pas été publié.
(2) *Et-Tidjâni*, cit. p. FOURNEL, *Rich. min. de l'Alg.*, I, 335, 336.
(3) El-Ayâchi (XVIIe siècle), *Rah'la*, p. 71, cit. p. FOURNEL, *Rich. min. de l'Alg.*, 336.
(4) « Plusieurs sont réputés dangereux à traverser, et la tradition donne à l'appui de cette réputation des exemples terribles de disparition de familles et de tribus, qui sont sans doute légendaires, mais concordent avec ce que l'on connaît de positif dans le bassin analogue du Djerid, où les voyageurs sont astreints à suivre les routes jalonnées s'ils ne veulent pas s'exposer à être enlisés ». POMEL, *Sahara*, 71. Voyez aussi : LARGEAU, *Le Sahara Algérien*, Paris, Hachette, 1881, p. 50 et *Diodore de Sicile*, cit. par LARGEAU, *Ibid*, p. 51.

considérer aussi ce que l'on a appelé la corrosion par *l'eau stagnante,* dont j'ai parlé plus haut (p. 9). L'action combinée de ces deux agents a été exposée en quelques mots par M. Flamand au Congrès de Géographie d'Alger (1899). Je ne saurais mieux rendre compte de la théorie soutenue par ce savant géologue qu'en rapportant ici ses propres paroles : « Sous l'action des eaux météoriques, dit-il, qui, par leur passage dans l'atmosphère dissolvent de l'acide carbonique et par leur séjour à la surface du sol se chargent d'acide silicique, il y a dissolution des carapaces calcaréo-siliceuses sur lesquelles se développent les steppes d'alfa.

« Sous l'action de la chaleur ces eaux météoriques s'évaporent peu à peu ; elles reprécipitent les matières primitivement dissoutes, mais sous forme de poussière ; l'action éolienne agit alors et les disperse dans l'atmosphère. Ce phénomène se répétant dans le temps, on conçoit que bientôt, toute la carapace calcaire attaquée, disparaisse par places. Celle-ci enlevée, des ruissellements se produisent dans les masses gréseuses sous-jacentes et la cuvette du lac se forme ainsi,

« Toute l'idée de cette théorie résulte donc, d'une part, de l'action acide des eaux, et d'autre part, de la fonction du vent comme agent transporteur (1). »

Ce sont évidemment là les principaux agents externes qui concourent au modelé des chotts. M. Flamand n'a d'ailleurs fait qu'indiquer en quelques lignes sa théorie et ne l'a appliquée qu'au Gharbi ; il se réserve sans doute de la développer plus tard. Certainement, l'action du vent a pu contribuer à former des cuvettes plates où les eaux se rassemblent. On observe le fait dans toutes les régions sèches. On leur attribue notamment la formation des lacs de Hongrie. Mais le vent ne paraît pas pouvoir creuser profondément et il me semble difficile d'aller de là jusqu'à lui attribuer la formation des grands chotts.

A côté des petits étangs temporaires qui ont pu se former de la sorte, il en est, dans ce pays, qui sont dus également aux agents externes et n'ont pas non plus une origine tectonique. Ce sont :

---

(1) *Compte-rendu des Travaux du Congrès nat. des Soc. Fr. de Géog.*, Alger, 1899, p. 279. Le principe de la théorie sommairement exposé par M. FLAMAND, est dû, ainsi qu'il nous l'apprend, à l'ingénieur des mines, M. Pouyanne, qui fit en 1862 un voyage d'études en Algérie.

1° Les étangs que laisse un fleuve qui meurt et s'éteint en route, comme on en rencontre dans la région de Tougourt. Ils sont dus à l'imperfection du modelage du relief que la rupture d'équilibre entre les précipitations atmosphériques et l'évaporation a maintenue en leur supprimant l'exutoire nécessaire à la régularité du comblement.

« Les grands fleuves, a dit M. Schirmer (1), recueillant moins d'eau ont diminué de volume ; bientôt ils n'ont plus atteint en tout temps la mer ou le lac qui les recevait. Les uns ont reculé pas à pas vers leur source, marquant d'une mare terminale chaque étape de leur retraite. D'autres, surpris par la sécheresse, avant d'avoir eu le temps d'égaliser le fond de leur lit, se sont réfugiés au fond des cavités que leur courant impétueux avait traversées. Ils se sont ainsi égrenés en un chapelet de lagunes, encore unies de loin en loin par une crue temporaire ; puis, ces crues elles-mêmes ont disparu et les cavités se sont vidées ».

Ces lacs sont analogues aux crecks d'Australie (2).

2° Les petites sebkhas, désignées parfois sous le nom de Gueltas, de R'dirs, etc... qui se forment derrière les dunes (3) barrant une vallée, comme celles d'Ouargla par exemple, d'après M. Rolland (4).

3° Les dayas, qui couvrent la région à laquelle elles ont donné leur nom, sont évidemment des lacs de formation récente et dus uniquement aux agents externes. Ces agents ont plus ou moins profondément creusé ou modifié le manteau d'atterrissement. Aussi les dayas ont-elles des formes très variables (5). Le fond de leur bassin se relie au plateau d'atterrissement, tantôt par des pentes douces, tantôt par une dénivellation plus ou moins accentuée, comme par exemple les dayas de Zabbacha Gharbi et de Zabbacha Chergui qui selon M. Rolland, ont des berges

---

(1) SCHIRMER, *Le Sahara*, 109.
(2) Voy. AUGUSTIN BERNARD, *L'Archipel de la Nouvelle Calédonie*, 1895, p. 88.
(3) « Les dunes jouent dans le Sahara le rôle de véritables réservoirs d'eau en absorbant les eaux des pluies et des oueds, qu'elles rendent ensuite à leur pied par suintement ou par sources ». Voy. ROLLAND, *Hydrologie du Sahara Algérien*, 1. N., 1894, p. 13, 14 et 31, note 2.
(4) *Géologie du Sahara Algérien*, I. N., 1890, p. 103.
(5) ROLLAND, *Géol. du Sah. Alg.*, 25.

d'une vingtaine de mètres de hauteur. Toutefois, si elles présentent quelques différences au point de vue de la topographie, elles ont partout « les mêmes caractères avec les mêmes limons (1). »

Dans l'aride désert, les dayas sont seules à conserver quelque humidité et à avoir quelque végétation. « Les dayas, a pu dire M. Rolland, rompent la monotomie générale et font un heureux contraste avec la stérilité environnante ; leurs sombres massifs de verdure, éparpillés à la surface fauve du désert, ont souvent été comparés aux taches d'une peau de panthère. »

Cependant, l'eau des dayas est encore plus éphémère que celle des chotts et lorsqu'on va à Bou-Ghezoûl « pour voir le mirage », si l'on arrive après de grandes pluies, on y trouve de vrais lacs et non des lacs imaginaires.

On mettra encore dans cette 3ᵉ catégorie les petits lacs, mares généralement d'une faible surface et sans profondeur qui se forment dans nos plaines basses, après de grandes pluies. Ces petits étangs temporaires reposent sur un fond marneux et gardent de l'eau pendant quelques semaines seulement. Leur dessèchement engendre le paludisme.

4° Fournel cite un lac formé, à l'embouchure d'une rivière, par une dune de sable accumulée par les flots et qui barre l'embouchure. C'est le lac El-Abiod, à l'embouchure de la Mafrag. « Lorsque la Mafrag, dit-il, a rompu, par de grosses crues, la dune de sable qui barre son embouchure, il suffit d'un coup de vent du N. W. pour que les eaux de la mer soient poussées dans le lac... et lorsque vient la sécheresse, l'évaporation naturelle de ces eaux laisse un dépôt de sel marin recueilli par les indigènes de la région (2) ».

5° Enfin nos lacs artificiels, tels que ceux des grands barrages et les étangs du djebel Ouah'ch (3) à Constantine que je me bornerai à mentionner.

J'ai dit au commencement de ce paragraphe que les lacs d'Algérie étaient temporaires. Il y a toutefois exception à cette

---

(1) ROLLAND, Géol. du Sah., 29.
(2) FOURNEL, Rich. min. de l'Alg., I, 30. C'est, dit M. Fournel, le seul lac d'Algérie où l'on recueille le sel marin.
(3) Voyez leur description d'après le guide : PIESSE, Algérie-Tunisie, Paris-Hachette, 1901, p. 120, 180, 237, etc.

règle et les lacs de Bône (Guerʻa-t-el-Hoût, Guerʻa Djebala, lac Oubeïra) dont j'ai parlé plus haut comme étant des rares lacs ayant conservé leur communication avec la mer, sont des lacs permanents. Ils doivent cet avantage à l'abondance des sources qui les alimentent et à leur proximité de la mer. Ce sont, du reste, à ma connaissance, les seuls lacs permanents de l'Algérie. M. Fournel a même cru pouvoir proposer de faire servir ces lacs à l'industrie en y créant au moyen d'un canal, une série de chutes jusqu'à la mer. (1)

Au surplus, il est évident, qu'il y a de nombreux degrés entre le lac plein d'eau et l'assèchement complet.

3° *Les lacs d'Algérie sont des lacs salés.* Les indigènes ne s'expliquent point la raison de la salure des chotts qui leur a semblé identique à la salure des mers ; ils ont vu dans ces sortes de lacs les vestiges d'anciennes mers.

« Bien avant l'ère du Prophète, dit leur légende, les peuples idolâtres qui vivaient en ce pays (Le Sahara) voulurent avoir une mer. Ils se mirent à creuser pendant que de longues caravanes s'en allaient puiser dans l'Océan. En ce temps-là, Dieu n'aimait pas que l'on se permît de retoucher son œuvre... Il fit périr cette nation téméraire, détruisit ses villes et laissa subsister, en témoignage de l'impuissance humaine, les chotts, grossières ébauches d'un océan manqué (2). »

On lit, d'autre part, dans *Les Prairies d'Or* d'El-Masʻoûdi, (*éd. et tr.* Barbier de Meynard et Pavet de Courteille, Paris, I. I., 1861, t. I., p. 75): lorsque, au moment du déluge, Dieu ordonna à la terre de boire l'eau, certaines portions de la terre tardèrent à absorber l'eau du déluge, les autres l'absorbèrent dès qu'elles en reçurent l'ordre. Celles-ci (la trad. = les premières) donnent de l'eau douce quand on les creuse ; mais les terres rebelles reçurent comme châtiment l'eau salée ; elles devinrent arides et furent envahies par le sel et par les sables.

Il n'y a, du reste, pas si longtemps que l'on croyait encore, que les lacs salés avaient une origine océanique et la question de la mer saharienne n'est pas si éloignée de nous pour être tombée

---

(1) Fournel, *Richess. min. de l'Alg.*, 29.
(2) Wahl, *L'Algérie*, p. 42.

dans l'oubli, pas plus que les polémiques auxquelles elle donna lieu dans le monde des géologues et des géographes. Les immenses dunes de sables du désert, devaient être pensait-on de formation marine : la salure des chotts sahariens rappelait naturellement la salure de la mer ; et puis, on avait été frappé de la situation du Melr'ir au-dessous du niveau de la mer. Pour rendre à l'Algérie un climat plus humide, on avait donc songé à rétablir l'ancien état et à faire arriver la Méditerranée au milieu du désert. Il n'a fallu rien moins que les travaux de M Pomel (1) et son argumentation serrée, pour faire abandonner un projet échafaudé sur une grossière erreur.

Au surplus, la salure n'est pas particulière aux seuls lacs d'Algérie, mais bien à toutes les dépressions sans écoulement à la mer. « L'eau apportée à un lac, dit très bien M. Forel (2), n'est jamais chimiquement pure : elle contient toujours des particules minérales en dissolution... L'évaporation, au contraire, ne prend guère que de l'eau pure. Par suite, l'eau des lacs sans écoulement, s'enrichit de plus en plus de substances dissoutes, jusqu'à saturation ».

Le chlorure de sodium ne manque jamais, dans l'eau des fleuves et entre en moyenne pour 50 % des substances dissoutes qu'elle contient. M. Penck (3) donne l'exemple suivant : 22 % des substances dissoutes dans l'eau de l'Elbe à Tetschen sont du chlorure de sodium ; le fleuve en enlève donc chaque année 6.000 mètres cubes à la Bohême. M. Supan (4) dit que les lacs qui n'ont aucun écoulement permanent ou temporaire, superficiel ou souterrain se trans-

---

(1) Voir à ce propos, les diverses notes présentées par M. Pomel à l'Académie des Sciences, 1874-75. M. Pomel fut chargé en 1877 d'une mission pour étudier les formations géologiques de la côte orientale de la Tunisie et le seuil de Gabès. Ses idées sur l'ancienneté des dépôts du seuil de Gabès furent pleinement confirmées. (Aug. BERNARD et LACROIX, La pénétration Saharienne, publiée pour l'exposition universelle, Paris, 1900, p. 74.) Dès 1872 le même géologue s'était écrié « La mer saharienne semble donc tombée dans le domaine scientifique, comme une vérité acquise et indiscutable sous le patronage de notabilités scientifiques et officielles. Cependant, c'est une erreur, car tout prouve que ce n'est point là ni la cause, ni l'origine de ce désert, au moins dans la partie que les anciens désignaient sous le nom de Libye intérieure et que nous nommons Sahara ». Le Sahara, 7. Consult. aussi ROLLAND, Géolog. du Sahara, 187, 201.
(2) Handbuch der Seenkunde, 48.
(3) Morphologie, II, 245.
(4) Grundzuge der Physischen Erdkunde, 542.

forment tous en lacs salés. Il y a quelques exceptions, notamment le Tchad ; c'est qu'il avait autrefois et qu'il a peut-être encore par intermittence, quelque exutoire.

Les dépressions sans issue à la mer jouent, en effet, absolument le rôle de marais salants. Elles sont simplement plus ou moins riches en sel, selon que les régions drainées par la dépression sont formées de roches plus ou moins salines. L'on ne saurait, dès lors, s'étonner que la quantité et la nature des sels diffèrent beaucoup d'un lac à un autre.

Un fait qui nous frappe dans les lacs de l'Afrique du Nord, est leur salure excessive. Il n'y a là rien que de très naturel, dans un pays dont M. Fournel a pu dire que le sel y était répandu à profusion (1). Hérodote (2), parlant des salines d'Ammon et d'Augile, ne racontait-il pas déjà « qu'à chaque intervalle de dix jours de marche, on rencontrait une mine de sel autour de laquelle des hommes demeuraient en des maisons bâties de grumeaux de sel ».

Soit que l'on parcourt le Tell, les hautes steppes ou le Sahara, on trouve, sur sa route, des terrains salés, des oueds mâlahs et même des rochers de sel gemme. « Le sel du Sahara, a dit M. Pomel, n'est pas plus un délaissé de mer que celui accompagné également de gypse des Hauts-Plateaux et du Tell, dont l'origine n'est certainement pas celle-là, mais doit résulter des concentrations de tout ce que les eaux, pendant des siècles, y ont accumulé de dissolutions opérées sur l'Atlas et l'Ahaggar. Presque tous les terrains en sont imprégnés dans ces parages et il existe en outre, des montagnes entières de sel gemme, associé à des tiphons de roches dioritiques (3) ».

Les roches qui donnent le plus fréquemment des formations salines (4) sont nombreuses et plus particulièrement, celles qui

---

(1) « Le sel vient s'offrir de lui-même et les Arabes n'ont exactement que la peine de le ramasser », FOURNEL, *Rich. min. de l'Alg.*, I, 30. Voyez aussi *Notice minéralogique*, publiée par le Service des Mines, Exposition 1900, p. 17, 18.

(2) Cit. par SCHIRMER, *Le Sahara*, 133.

(3) POMEL, *Le Sahara*, 87.

(4) On trouvera pour ce point particulier, dans les ouvrages mentionnés à la fin de cet article, des renseignements détaillés puisés sur le terrain même et par des spécialistes.

appartiennent au *trias* (1), auquel on attribue maintenant la plupart des montagnes de sel gemme et de nombreux gîtes gypso-salifères (2), à l'*oligocène*, au *miocène*, au *pliocène* et au *quaternaire*. Tantôt le sel affleure à la surface, ou apparaît même parfois sous la forme d'énormes blocs (3); tantôt les formations salines se trouvent dans l'intérieur à une plus ou moins grande distance de la surface, soit sous la forme de bancs de sel gemme, soit sous la forme de minces efflorescences, soit encore mélangé à certaines roches auxquelles il donne une saveur salée.

Les eaux qui après avoir lavé ces roches arrivent dans les lacs où elles sont abandonnées à l'évaporation, sont chargées des divers sels qui entrent dans la composition des roches. Elles ne renferment pas seulement du sel de cuisine, mais aussi du chlorure de magnésium, sulfate de magnésie, sulfate de chaux, carbonate de chaux, salpêtres, nitrates, acide silicique et substances organiques. La proportion de ces sels varie naturellement d'un lac à un autre; quant à la concentration, elle dépend de l'épaisseur de la couche d'eau du lac et par conséquent de la saison (4). On se rendra compte des différences de composition des eaux selon la saison, en consultant le tableau dressé par M. Ville (5), pour la saline d'Arzeu, des résultats d'analyses d'eau

---

(1) COQUAND, *In B. S. G. T.*, 1868, avait attribué à tort et sur la foi d'analogies superficielles, à l'éocène supérieur les gisements gypso-salins aujourd'hui reconnus comme *triasiques*. A la suite d'études nouvelles faites principalement par MM. Blayac et L. Gentil, on s'accorde maintenant à ranger dans le *trias* les pointements gypso-salins dont est parsemé le sol de l'Afrique du Nord. C'est dans cet étage que les place la nouvelle édition de la carte géologique de l'Algérie. Mais il reste encore beaucoup à faire pour arriver à une connaissance exacte et complète du mode de gisement, des conditions stratigraphiques et des particularités diverses que présentent ces pointements.

(2) Voyez aussi : ROLLAND, *Géologie du Sah. Alg.*, 170.

(3) Le rocher de sel sur la route de Boghar à Djelfa en est le plus beau spécimen; il mesure près de 4 kilomètres de tour et s'élève à 200 mètres au-dessus des terrains voisins.

(4) Voy. VILLE, *Not. géolog. sur les Zahrez*, 357.

(5) VILLE, *Recherch.*, 76. Voici du reste l'extrait de ce tableau relatif aux chlorures :

	Chlorure de Sodium	Chlorure de Magnésium	Chlorure de Calcium
28 Janvier 1848	173,6537	8,8585	1,8643
15 Juillet 1847	188,80	35,30	19,70

salée prise au lac, le 28 janvier 1848 et le 15 juillet 1847. On y verra que ce sont les chlorures qui dominent dans l'ordre suivant : chlorure de sodium, de magnésium et de calcium.

On doit remarquer que la salure augmente la capacité dissolvante de l'eau. C'est ainsi que, selon M. Ville, les eaux salées des lacs d'Arzeu, d'Oran, Zahrez Chergui, etc., contiennent beaucoup plus de sulfate de chaux qu'il n'en faut pour saturer un volume égal d'eau distillée.

Pour avoir une idée de la richesse en sel de quatre des principales salines du Tell et des Hauts-Plateaux, on pourra considérer le tableau suivant dressé par M. Ville (1).

Pour 1000 grammes d'eau

	CHLORURE de Sodium	AUTRES SELS
Eau de mer.	27,000	7,3730
Eau de la Saline d'Arzew (28 janvier 1848). .	173,6537	15,7508
— Sebkha d'Oran (30 décembre 1848).	98,1830	15,5690
— Zahrez Rharbi (6 novembre 1855).	243,0300	25,6910
— — (3 décembre 1855).	157,1430	6,3760
— Zahrez Chergui (7 novembre 1855).	237,7400	23,7040

Ce tableau peut nous faire juger de la richesse en sel des eaux de nos lacs. Toutefois il n'en donne qu'une idée approximative. Pour avoir la véritable richesse moyenne il faudrait entreprendre toute une série d'analyses d'eaux prises à intervalles réguliers pendant une année et dans les divers lacs.

Il est encore une remarque qu'ont négligé de faire la plupart des géologues qui ont étudié nos chotts. C'est que la salure et la composition de l'eau, pour un même lac, varient dans les différents points du lac (2). Il serait donc nécessaire pour une analyse cons-

---

(1) VILLE, *Not. géolog. des Zahrez*, 378.
(2) Voyez cependant : PÉQUIGNOT, *Essai, sur la constit. de la sal. d'Arzew*, 6. M. Blayac *(Chotts des Hauts Plateaux const.)*, dit que l'eau du lac Djendeli est peu salée ; elle est presque douce en particulier au Sud et à l'Ouest de ce chott.

ciencieuse de prendre des échantillons d'eau de chacun des lacs en divers endroits ; ce qui n'a pas encore été fait.

Parmi les lacs d'Algérie, il est fort peu d'exceptions à cette règle de la salure.

Pour qu'un lac renferme de l'eau douce, il faut qu'il remplisse deux conditions : d'abord que l'eau qui l'alimente ne soit pas salée ; ensuite que le lac ait un écoulement maritime. Nous avons vu en effet que l'eau qui arrive à un lac n'est jamais chimiquement pure. Dès lors, quelque petite que soit la quantité de sels dissous, ces sels ne disparaissant pas par l'évaporation, ils restent dans la cuvette et l'eau de celle-ci s'en charge de plus en plus.

Or, ces deux conditions sont rarement remplies par les lacs d'Algérie, comme on l'a vu par ce qui précède. Les lacs de Bône, en communication avec la mer, sont des lacs salés (1). M. Blayac (2) cite cependant sur le Hauts-Plateaux constantinois la Guer'a Sarda, dont l'eau est douce parce que, dit-il, elle vient d'un massif essentiellement calcaire ; on peut ajouter aussi, sans doute, parce qu'elle a un écoulement souterrain. C'est là peut-être le seul lac non salé que l'on puisse mentionner en Algérie. Le *Djendeli* lui-même qui renferme presque toujours de l'eau et qui, d'après M. Blayac, a l'aspect d'un lac suisse, est légèrement salé.

III

Utilisation économique des Chotts et des Sebkhas

Quel parti tirer des chotts et sebkhas d'Algérie ? La question a déjà été résolue pour certains d'entre eux. L'exploitation du sel de la Saline d'Arzeu, qui ne date pas d'hier, puisqu'elle existait déjà à l'époque romaine (3), est devenue aujourd'hui une industrie florissante. Malheureusement, c'est à peu près là, la seule mise en valeur un peu sérieuse que l'on puisse mentionner de ces salines naturelles. La saline Ben Zeiyân, près Relizane, donne

---

(1) Fournel, *Rich. minér. de l'Alg.*, 1, 26
(2) *Les Chotts des Hauts Plateaux, de l'E. constant.*, in B. S. G. T., 1897 pages 906 à 912.
(3) Péquignot, *Essai sur la constit. de la Sal. d'Arzew*, 5

annuellement 4 à 5.000 tonnes de sel grossier à l'exploitation, et le petit lac de Valmy n'en fournit que quelques centaines de tonnes.

D'une manière générale, en se plaçant, au point de vue de l'exploitation du sel, il y a en Algérie deux catégories de lacs salés : 1° Les uns, comme la sebkha d'Oran, le lac *Fezzara*, etc., renfermant relativement peu de sel et dont les eaux en sont rarement saturées. Dans ces lacs l'exploitation du sel ne serait pas assez rémunératrice ; aussi a-t-on, depuis longtemps, jugé plus logique de songer à les assécher pour les livrer à la colonisation (1). Dès 1852, M. Ville (2) écrivait déjà à propos de la sebkha d'Oran : « si cette opération se faisait à peu de frais, elle serait d'une très grande importance pour l'avenir agricole de la province d'Oran. » Il passait ensuite en revue les moyens proposés, qui consistaient, soit à faire écouler les eaux dans le *Rio Salado* (canal de 10 kil. ; ligne de faîte 13 mètres), soit à les rejeter dans les boit-tout creusés au milieu du lac.

En 1888, M. Waille-Marial (3) disait à son tour : « Lorsque par des levées de terre on empêche l'irruption de l'eau saumâtre, on peut tenter la culture sur les bords ». L'exondation du terrain par déversement dans le *Rio Salado*, serait, ajoutait-il, une dépense évaluée à 2.700.000 francs, pour écouler les 90 millions de mètres

---

(1) M. Ville raconte qu'en 1849, l'exploitation du sel des petits lacs des environs d'Oran avait été assez considérable pour donner lieu à Oran à l'établissement d'une fabrique de raffinage de sel dont les produits ont été exportés sur la côte en concurrence avec ceux de la saline d'Arzeu. (*Recherches*, 123).

A la suite de plusieurs demandes de concession d'une partie de la Sebkha d'Oran, un décret du Président de la République, du 23 mars 1887, publié au *Journal Officiel de l'Algérie*, le 11 mai, au *Mobacher*, le 4 et par voie d'affiches le 3, ordonna la mise en adjudication, pour 40 et même 60 ans, de 8000 hectares environ du grand lac salé d'Oran pour y établir une saline. Ce projet du reste n'a pas abouti je ne sais pour quelle raison. Ce qui est certain c'est que les communes de Bou-Tlélis, Lourmel, Tamzoura, Tlélat, Mangin, Valmy, s'opposèrent à cette mise en adjudication sous prétexte de l'insalubrité qui, disaient-elles, résulterait de l'établissement d'une saline dans le grand lac. Un rapport du commencement de 1887 de M. Balls, ingénieur des Mines à Oran, à M. le Ministre, et dont j'ai pu voir la minute, détruisait d'une façon magistrale l'hypothèse de l'insalubrité ; il faisait en outre, fort justement remarquer, que la commune de Misserghin, la plus voisine de l'endroit à exploiter ne se plaignait pas.

Pour le moment, tous les projets de salines ou de dessèchement du grand lac salé d'Oran ont été abandonnés.

(2) *Recherches*, 135, 136.

(3) *Oran et l'Algérie*, en 1887, Oran, Perrier, 1888, t. II, 61.

cubes d'eau salée que contient la sebkha après les pluies d'hiver. La dépense serait probablement couverte par la vente des terrains.

Enfin, en 1889, M. Wahl (1) parlait d'un projet de dessèchement de la sebkha d'Oran « dont l'innocuité n'est pas démontrée et dont l'inutilité est certaine ».

De tous ces projets, très sensés, aucun n'a encore été mis à exécution. Peut-être entreprendra-t-on un jour aussi le desséchement du lac *Fezzara* « dont les eaux sont à la fois une cause d'insalubrité et un obstacle à la culture (2) ».

Dans l'intérêt même de la salubrité publique, on ne saurait trop insister, sur le besoin de débarrasser l'Algérie de ces foyers de paludisme, que sont la plupart de nos étangs et de nos lacs de faible salure (3).

Mais si l'assèchement est possible par le drainage pour ces deux lacs voisins de la mer, il ne l'est pas pour les chotts des Hautes-Plaines et de la région Saharienne.

Il y aurait peut-être un autre moyen de se débarrasser de ces mares insalubres, tout en les rendant à la colonisation. Ce serait d'y développer des cultures spéciales, d'y faire croître des plantes dont la vie s'accommoderait de ces eaux saumâtres.

Il n'est pas douteux que les principales cultures algériennes, les céréales et la vigne ne peuvent se développer dans les terrains salés des lacs. Mais il est des végétaux qui y résisteraient parfaitement je crois. La flore du bassin du Chott Ech-Chergui ne compte pas moins d'une cinquantaine d'espèces de plantes (4). Peut être serait-il possible de développer dans certains d'entreeux le chîh' *(Artemisia herba alba)*, si répandu dans la flore des steppes algériennes. A propos de cette flore, MM. Battandier et Trabut disent en effet « Le chîh' occupe les dépressions, le

---

(1) *L'Algérie*, 37.
(2) FOURNEL, *Richesses Minérales*, I, 93.
(3) M. C. Sabatier a étudié la question du paludisme et l'influence néfaste des eaux stagnantes en Algérie, dans une brochure présentée à l'Académie de médecine en décembre 1901. Je ne connais ce travail que par le compte-rendu très succinct qu'en a donné l'*Echo d'Oran*. Ce n'est pas là du reste la seule étude de ce genre et, plus d'une fois, des médecins ont été chargés de rechercher les causes du paludisme et les moyens de le combattre en Algérie.
(4) Voyez leur énumération dans les *archives du 1ᵉʳ Bataillon d'Afrique*.

fond limoneux des cuvettes (1). » On sait que le chîh' et un certain nombre d'autres plantes des terrains plus ou moins salsugineux des chotts peuvent servir de pâturage au mouton algérien, qui s'en trouve même très bien. On lit par exemple dans le *Pays du Mouton* (2) : « Toutes les tribus des Hauts-Plateaux et en particulier celles de l'Ouest, ne vont pas régulièrement hiverner dans le Sahara. Bon nombre d'entre elles, parmi celles des régions nord et centrale se bornent à faire descendre la masse de leur bétail, à la fin de l'été, sur les terrains qui avoisinent les chotts. C'est que, dans ces dépressions, le climat n'est pas aussi rude et les intempéries y sont moins à redouter ; en outre, l'eau salée que boit le mouton, les plantes halophiles, les salsolacées, notamment l'*atriplex halimus*, qu'il mange en certaine quantité, exerce sur son organisme une influence des plus salutaires. »

« Les chotts autour desquels gravitent les grandes tribus pastorales, la plupart du moins, jouent, comme on le voit, un rôle important au point de vue de l'élevage du mouton... »

Le chîh' n'est pas la seule plante que l'on rencontre dans les chotts ; il en est une quantité d'autres, qui envahissent pendant l'été le lit de ces dépressions et le mouton paraît-il, préfère au chîh' les petites plantes intercalaires.

Dans certaines d'entre elles on trouve même une végétation arborescente dont les représentants principaux sont le betoum *(pistacia atlantica)* et le jujubier *(zizyphus lotus)* (3).

Il y a là à mon avis une étude à faire par des spécialistes, étude qui doit porter sur chacun de nos chotts de faible salure. Chacun d'eux en effet par son climat, la nature de son sol ou la composition des eaux qu'il reçoit, peut offrir une adaptation spéciale à telle ou telle plante.

En admettant que les cultures, ainsi développées dans les chotts, ne soient d'aucune utilité économique, elles auraient du moins l'avantage, en desséchant ces marécages, d'être un acheminement vers la destruction d'importants foyers pathogènes. Les exemples

---

(1) *L'Algérie*, Paris, 1898, p. 112.
(2) *Le Pays du Mouton*, ouvrage publié par ordre de M. Jules Cambon, 1893, pages 493, 494.
(3) BATTANDIER et TRABUT, *L'Algérie*, 114.

de la région de Boufarik et du lac Haloula ne sauraient que nous engager dans cette voie.

2° D'autres lacs algériens, comme les Zahrez qui renferment de grandes quantités de sel, pourraient un jour être livrés à l'exploitation et devenir une source nouvelle de revenus pour l'Algérie, si pauvre en mines.

« Le sel de ces salines, écrivait M. Ville en 1859, est l'objet d'une exploitation fort peu active de la part des Arabes campés sur leurs bords. Il est d'une grande pureté (1). Pour que l'exploitation de ces salines pût prendre un grand développement, il faudrait créer des débouchés à leurs produits, ce qui ne pourrait se faire que par l'exécution du chemin de fer... (2). »

On a vu que les eaux des chotts ne renferment pas seulement du sel marin, mais encore un grand nombre d'autres sels, en particulier des sels de magnésie. Ville qui avait analysé les eaux des petits lacs de la Mléta, du Tlélat et de La Sénia, les a signalés dans ses *Recherches* (3) comme très aptes à la fabrication du sulfate de magnésie, de la magnésie blanche et de l'acide chlorhydrique. Il y aurait peut-être de ce côté quelque essai à tenter, quelque industrie nouvelle à créer ? Je laisse aux hommes compétents le soin de répondre à cette question.

Pour le moment, le lac d'Arzeu est un des seuls qui soient exploités. Il était plus voisin de la mer que les autres ; il était donc plus commode d'en exporter le sel que pour les autres.

Le lac d'Arzeu semble avoir été livré à l'exploitation depuis l'époque des Romains (4). Il n'est pas impossible que cette industrie se soit continuée sous quelques unes des dynasties berbères de ce pays et particulièrement sous celle des Beni Zeiyân de Tlemcen. On sait que ce sont les Beni Zeiyân qui firent construire le petit barrage du Sig et ils semblent avoir su, mieux que les autres familles royales musulmanes, tirer parti des ressources

---

(1) « Les sels des Zahrez sont plus purs que celui de la saline d'Arzew ; ils sont très riches en chlorure de sodium et ne contiennent que 0,015 de matières étrangères ». VILLE, *Not. géol. sur les sal. des Zahrez*, 396.
(2) *Not. géol. sur les sal. des Zahrez*, 407.
(3) VILLE, *Recherch.*, 134, 135.
(4) PÉQUIGNOT, *Essai sur la constitution de la saline d'Arzew*, p. 5.

naturelles de leur pays. Rien ne nous permet cependant d'affirmer qu'ils exploitèrent la saline d'Arzeu.

M. Ville (1), à la suite des recherches géologiques qu'il fit, en 1845 et 1846, dans les provinces d'Oran et d'Alger, a donné, dans l'ouvrage qu'il fit paraître en 1852, de longs détails sur l'exploitation du lac d'Arzeu à cette époque. En 1845, dit-il (2), le nombre des ouvriers employés par la saline a été, au plus, de 70 et l'extraction s'est élevée à 5.000 tonnes environ.

En 1890, M. Péquignot, directeur de la saline pour la société anonyme « Établissements Malétra » de Rouen, disait (3) : « L'exploitation augmentant, on dut construire des habitations pour les employés et ouvriers européens. Un chemin de fer à voie de 1^m10, relié à la ligne d'Arzeu à Saïda, mène le sel à Arzeu où la plus grande partie est embarquée (4).

Voici maintenant sur la situation actuelle de l'exploitation les renseignements qu'a bien voulu me fournir M. Péquignot. Le personnel de la saline est très variable, de 30 ouvriers (en hiver) à 300 (en été). L'extraction est faite par des Marocains, qui reviennent chaque année pour ce travail, et s'élève à 15 ou 20 mille tonnes. Le prix de revient est variable suivant les qualités de sel, il est par tonne de 4 à 5 francs pour les sels de produits chimiques et de 20 francs pour le sel fin de table. La plus grande partie de ce sel est expédié d'Arzew par mer. Les « Etablissements Malétra », fabricants de produits chimiques à Rouen, en absorbent déjà 6.000 tonnes. La saline est reliée au port d'Arzew, par 25 kilomètres de chemin de fer et le coût du transport et de 0^f10 par tonne et par kilomètre. »

Lorsque le rail arrivera à Laghouat, il est probable que l'industrie mettra en valeur les magnifiques salines des Zahrez, dont le sel est plus pur et plus abondant que celui du lac d'Arzew.

---

(1) *Recherches*, pages 75 à 121.
(2) *Ibid*, 113.
(3) PÉQUIGNOT, *Op. Cit.*, 3 et 4.
(4) M. Péquignot, écrivait en 1890 « Le lac salé indiqué sur la carte sous le nom de saline d'Arzew est exploité actuellement par la Société anonyme de produits chimiques : *Établissements Malétra*, qui en retire annuellement tant pour la vente que pour sa consommation, 30.000 tonnes environ de sels de toute espèce ». Il est probable qu'il faut voir dans ce chiffre de 30.000 tonnes une coquille, et lire 5000 tonnes, car nous n'avons pas connaissance, que la saline d'Arzeu ait jamais fourni à l'exploitation plus d'une vingtaine de mille tonnes.

IV

En manière de conclusion, je me bornerai à indiquer dans quel sens on doit orienter les recherches à faire sur nos chotts.

1° Il serait bon en Algérie, de tenir compte davantage des travaux étrangers, de ceux des Américains notamment, sur la question.

On doit comparer nos chotts aux autres lacs salés du globe et s'aider des études, auxquelles quelques-uns de ceux-ci ont donné lieu.

2° Entreprendre des recherches géologiques sur la genèse des chotts, leur histoire géologique, leurs anciens niveaux, etc.

3° Faire des recherches sur leur mode d'alimentation et l'évaporation.

4° Faire des analyses *suivies* et *détaillées* sur la composition chimique du sel et des eaux en différents points de chacun d'eux.

5° Etudier la faune (quand il y en a) et la flore pour chercher à développer cette dernière.

6° Tenter leur utilisation économique, soit par dessalement des terrains voisins et du chott même, soit par exploitation des sels qu'il renferme.

Ce sera en somme appliquer à l'Algérie un programme de recherches dressé par Forel.

PRINCIPAUX OUVRAGES A CONSULTER

Fournel......... Un article sur les gisements de muriate de soude en Algérie (in Annal. des Mines, 1846).
Fournel......... Richesses minérales de l'Algérie, Paris-Nat., 1849).
Renou........... Exploration scientifique de l'Algérie, 1848.
Ville............ Recherches sur les roches, les eaux et les gîtes minéraux des provinces d'Oran et d'Alger, Paris-Nat., 1 vol., 1852.
Ville............ Notice minéralogique sur les provinces d'Oran et d'Alger, Paris, Imp. Nat., 1852, p. 75 à 142.
Ville............ Voyage d'exploration dans les bassins du Hodna et du Sahara, Paris, Imp. Nat., 1865.
Ville............ Exploration géologique des Beni Mzab, du Sahara et de la région des steppes de la province d'Alger, Paris, Imp. Nat., 1872.
Coquand......... Origine des ruisseaux salés et lacs salés d'Algérie (in Bulletin Soc. Géol. Fr., 1868).
Hardouin........ Les Lacs salés du Tell (in bull. soc. géol. fr., 1868).
Dubocq......... Constitution géologique des Zibans et de l'Oued R'ir (in Annal. des Mines, 5e sér., t. II.
Pomel........... Le Sahara, (pub. de la Soc. de Climat. d'Alger), 1872.
Pomel........... Une mission scientifique en Tunisie, 1884.
Rolland......... Géologie du Sahara algérien, Paris, Imp. Nat., 1890.
Rolland......... Hydrologie du Sahara algérien, Paris, Imp. Nat., 1894.
Péquignot....... Essai sur la constitution de la Saline d'Arzew, Oran, V. Collet, 1890.
Schirmer........ Le Sahara, Paris, Hachette, 1893.
Blayac.......... Les Chotts des Hauts Plateaux Constantinois, origine de leur salure (in Bull. Soc. Géol. Fr., 1897.
G. B. M. Flamand Aperçu général sur la géologie et les productions minérales du bassin de l'Oued Saoura et des régions limitrophes, in-8°, 166 p. avec carte et gravure, Alger 1897.
G. B. M. Flamand Les grandes dépressions du Sud de l'Oranie (in comptes-rendus du Congrès de Géographie), Alger, 1899.

La parole est donnée à M. GUILLAUME, membre de la Société de Géographie d'Oran, qui fait la communication suivante :

De la Réforme du Calendrier

En l'an 325 de notre ère, le Concile œcuménique de Nicée résolut, après avoir anathématisé les erreurs d'Arius, de terminer les disputes qui s'étaient élevées jusqu'alors sur la fixation de la date de Pâques :
Il fut ordonné :
1º Que dans la suite sans qu'on dût avoir égard aux calculs astronomiques, le 21 mars serait réputé le jour de l'équinoxe du Printemps.
2º Que la Lune, dont le 14me jour tombe au 21 mars ou vient aussitôt après, serait comptée pour la 1re Lune qu'on appelle *la Lune* de mars.
3º Que le dimanche qui suit immédiatement le 14me jour de la Lune de mars serait tenu pour le saint jour de Pâques.
4º Que si le 14me jour de la Lune était un dimanche, la fête de la Résurrection serait toujours renvoyée au dimanche suivant.

La lune civile chrétienne qui fixe chez les catholiques et les orthodoxes la date de la fête de Pâques ne coïncide pas avec la lune astronomique. D'autre part, les églises chrétiennes qui se basent sur les règles du Concile de Nicée n'arrivent pas à être d'accord sur la fixation de cette fête. Ainsi, cette année, cette fête tombe le 30 mars chez les Catholiques et le 27 avril chez les Orthodoxes.

Mais ce fait va disparaître ou disparaîtra prochainement lorsque toutes les églises chrétiennes auront adopté la réforme Grégorienne. Il faut profiter de cette époque peu éloignée où tous les peuples civilisés auront adopté la réforme grégorienne qui s'impose à cause des relations internationales pour faire donner à la fête de Pâques une mobilité moins grande. Cette fête peut varier du 22 mars au 21 avril et par suite toutes les autres fêtes qui en dépendent.

Je vais indiquer succinctement les motifs pour lesquels les différents chefs de la chrétienté accepteront que cette fête soit fixée le 1er dimanche du mois d'avril, en fixant ainsi les différentes fêtes mobiles religieuses ou légales qui en dépendent.

D'après les traditions chrétiennes, d'après Saint Luc et Saint Mathieu, l'église en instituant cette fête n'a pas voulu fêter l'anniversaire de la Pâque du Christ mais bien l'anniversaire de sa résurrection. Or, d'après les plus habiles chronologistes qui fixent la mort du Christ en l'an 33, les hémérologistes trouvent que le Christ a immolé la pâque le 2 avril et a ressuscité le premier du Sabbat qui est le dimanche des Chrétiens et qui a été le 5 avril de l'année 33.

Les Chrétiens fêtant un anniversaire analogue à celui de la naissance du Christ, doivent le faire le 1er dimanche du mois d'avril qui se rapproche le plus du 5 avril de l'an 33.

Quoiqu'actuellement les raisons qui ont motivé la 4me partie des décisions du Concile de Nicée n'existent plus, il est bon de faire remarquer que les œcumenistes de l'année 325 étaient trop préoccupés par les discussions religieuses de l'époque pour comprendre que les Chrétiens ne fêtent pas l'anniversaire de la pâque du Christ du 2 avril 33 mais bien l'anniversaire de sa résurrection du 5 avril 33.

D'après le Concile de Nicée, la fête de Pâques ne doit pas tomber en même temps que la pâque juive. Mais il suffit de faire remarquer que les 2 premiers jours de la Pâque juive sont des fêtes essentiellement religieuses où tout travail matériel est interdit et que quelquefois les Chrétiens et les Juifs ont été en fêtes en même temps. Ainsi en 1897 les Juifs fêtaient Pâques le 17 et le 18 avril et les Catholiques le 18.

D'ailleurs la réforme proposée fera du calendrier actuel un calendrier absolument basé sur la marche du soleil tout en respectant les croyances religieuses. Cette question de la fixation de la fête de Pâques a été soulevée par le pape Léon X. Récemment elle a été reprise par les directeurs des Observatoires de Berlin et de Saint-Pétersbourg qui ont bien montré les inconvénients de la trop grande mobilité de la fête de Pâques sans toutefois émettre un avis sur la fixation de la date de cette fête.

En conséquence, Messieurs, pour les raisons que je viens de faire prévaloir, j'ai l'honneur de soumettre à votre haute approbation le vœu suivant :

« Le Congrès National des Sociétés Françaises de Géographie dans sa session tenue à Oran le 3 avril 1902, émet le vœu que les différents chefs de la chrétienté ordonnent et que les différents gouvernements acceptent que la fête dite de Pâques soit fixée le 1er Dimanche du mois d'Avril de chaque année. »

Ce vœu a été adopté.

L'ordre du jour appelle une communication sur

La Question Marocaine

par M. de SEGONZAC, Membre de la Société de Géographie d'Oran.

Ce sujet a paru d'ordre plutôt politique que géographique et n'a pas été traité en séance publique, mais l'Assemblée a eu le plaisir d'entendre M. de Segonzac et de suivre avec lui, dans la salle du secrétariat du Congrès, où étaient dressées les cartes qu'il a lui-même levées, et où s'est transporté l'auditoire, les itinéraires des récents voyages qu'il a accomplis dans des parties non encore visitées du Maroc.

L'assistance a eu ainsi la bonne fortune de faire le plus intéressant des voyages, en compagnie d'un de nos explorateurs les plus appréciés de ce Maroc, encore hier inconnu ; M. de Segonzac a rendu compte avec la modestie vraie des hommes de valeur qui travaillent sans bruit à une œuvre scientifique et patriotique, de ses intéressantes et souvent périlleuses explorations. A l'appui de son récit, des vues photographiques formant plusieurs albums, avaient été mises à la disposition de ses auditeurs.

La parole est donnée à M. Paul BONNARD, Membre de la Société de Géographie de Tunis, pour une communication sur

Le Chemin de Fer Transsaharien

dont le manuscrit n'a pas été remis au Bureau du Congrès et que les circonstances dans lesquelles elle a été faite ont empêché de sténographier, dans la salle archi-comble du secrétariat où le Bureau et l'auditoire étaient debout.

En raison de la cavalcade historique organisée par le Comité des Fêtes du Millénaire, le Congrès a suspendu ses travaux pendant l'après-midi du jeudi 3 avril.

Le soir, à 8 h. 1/2, dans la salle des fêtes de l'Hôtel-de-Ville, les Membres du Congrès et de nombreux invités se sont réunis pour assister à la

Conférence sur le Vieil Oran

faite par M. Th. MONBRUN, Président honoraire de la Société de Géographie. Le texte de cette conférence n'ayant pas été communiqué à temps pour l'impression au compte rendu du Congrès, sera inséré dans l'un des Bulletins de la Société de Géographie d'Oran.

Journée du Vendredi 4 Avril 1903

La Société organisatrice du Congrès avait réservé cette journée pour offrir aux délégués officiels des Ministères et des Sociétés de Géographie, une excursion géographique et archéologique.

D'Oran à Saint-Leu, nos visiteurs ont pu observer la diversité des terrains de l'Oranie : aux abords immédiats de la ville, la *steppe* avec ses chotts, miroitant au soleil levant ; les carrés de vigne dont le vert tendre des frondaisons naissantes tranche avec le vert sombre des champs de céréales ; la *brousse* aux environs de Sidi-Chami ; l'important vignoble de Saint-Cloud escaladant, d'un côté, les pentes abruptes de la montagne des Lions et se terminant de l'autre sur les bords du lac de Télamine.

A Saint-Leu, le maire, l'honorable docteur Dazan, et son adjoint, M. Chaber, guident la caravane. On visite les ruines romaines ; M. Gsell, professeur à l'Ecole des lettres d'Alger, délégué du ministre de l'Instruction publique est écouté fort attentivement lorsqu'il énumère les différentes parties de la maison d'un riche Romain située au pied du coteau ; on distingue les restes assez bien conservés des trois fontaines qui ornaient la cour intérieure ainsi que quelques débris de mosaïque. M. Gsell, pense que le port était à proximité de la ville et non à l'emplacement d'Arzeu ; des dunes de sable l'auraient comblé depuis.

Portus Magnus fut florissante surtout au IIIe siècle ainsi que l'attestent les nombreuses dédicaces aux empereurs romains de cette époque ; elle fut probablement détruite par les Vandales.

De Saint-Leu, les Membres du Congrès gagnent le domaine des Hamyans, qui s'étend sur une superficie totale de 530 hectares, dont 200 sont plantés en vigne et produisent une récolte annuelle moyenne de 10.000 hectolitres. L'aimable propriétaire, M. Georges Simon, membre de la Société de Géographie d'Oran, explique à ses hôtes l'aménagement de ses caves, installées spécialement en raison des conditions particulières de la température algérienne à l'époque de la vendange. Après un déjeûner exquis, ils montent en wagon à sa porte même pour se rendre aux Salines d'Arzeu, propriété de la Compagnie Malétra, où le directeur, M. Péquignot, également membre de la Société de Géographie d'Oran, les initie à tous les détails de ce gisement sans analogue dans les contrées de l'Europe. Le retour se fait par Arzeu dont le maire, M. Grégoire, fait lui-même les honneurs aux représentants de la science française qu'il a reçus, dès le matin, à Damesme avec le docteur Duzan et après une visite trop rapide de la ville, la Compagnie des Chemins de Fer Algériens de l'Etat a mis à leur disposition un train spécial qui les ramène en gare d'Oran, à 7 heures du soir.

Journée du Samedi 5 Avril 1902

SÉANCE DU MATIN

Président : M. MONFLIER, Président de la Société Normande de Géographie de Rouen.
Assesseurs : M. le Colonel PRIEUR DE LA COMBLE, délégué du Commandant du XIXme Corps d'Armée, et M. PÈNE SIEFERT, délégué de la Ligue Française de l'Enseignement.

M. le Président après avoir annoncé l'intention de la ville de Rouen de convier chez elle, l'année prochaine, les Sociétés de Géographie, et manifesté l'espoir d'y retrouver un grand nombre des congressistes, donne la parole à M. le Docteur MOREAU, Membre de la Société de Géographie d'Alger, sur

Une carte de la Répartition du Paludisme en Algérie

Mesdames, Messieurs et chers Collègues,

Je regrette vivement que mon collègue et ami, M. le docteur Soulié, n'ait pu se rendre à ce Congrès ; je le regrette pour lui d'abord qui eût trouvé honneur et plaisir à suivre vos travaux, pour notre œuvre commune, ensuite, qui eût gagné à vous être présentée par lui plutôt que par moi.

Car je dois à la vérité de vous dire que, si le privilège peu enviable et le hasard de l'ordre alphabétique ont mis mon nom avant le sien sur le titre de notre communication, la part de chacun de nous ne fut point égale dans notre collaboration : celle de M. Soulié fut de beaucoup prépondérante.

Quoiqu'il en soit, je vais tâcher en son absence, de vous exposer brièvement l'origine, les moyens d'exécution et le but de notre travail.

C'est au Comité d'Études algériennes, fondé à Alger, il y a quelques années, par M. le professeur Trolard, que revient l'initiative de l'entreprise. C'est lui qui, parmi les nombreuses questions intéressant la Colonie, qu'il proposa à ses adhérents, voulut bien confier à M. Soulié et à moi le soin d'établir une carte de la répartition du paludisme en Algérie, de cette malaria, de cette fièvre du pays, dont on a dit justement *« qu'elle a fait plus de mal à nos soldats et à nos colons que les balles des Arabes. »*

La chose décidée en principe, nous dûmes recueillir tout d'abord les éléments d'information, indispensables, à un travail de ce genre.

Nous nous adressâmes au Gouvernement Général de l'Algérie à qui nous sommes heureux d'exprimer ici publiquement notre reconnaissance pour la bonne grâce parfaite avec laquelle il accueillit notre demande. Grâce à lui, grâce à l'empressement du Service Topographique à obéir à ses ordres, nous avons pu adresser à tous nos confrères, médecins de colonisation, médecins communaux, médecins militaires, en Algérie, des plans spéciaux et un questionnaire. Les plans dont voici quelques exemplaires, différents pour chaque localité, reproduisaient, d'après les cartes les plus récentes et les meilleures, généralement à une assez grande échelle, les régions sur lesquelles nous sollicitions des renseignements. Le questionnaire, uniforme au contraire, faisait à tous la même demande : Indiquer sur la carte, au moyen de signes convenus :

1° Les foyers malarigènes donnant naissance tous les ans à une endémie palustre ;

2° Les foyers malarigènes engendrant le paludisme suivant l'État pluviométrique des années ;

3° Les foyers malarigènes transitoires, prenant naissance à l'occasion de grands travaux du sol (construction d'une route, d'un ligne de chemin de fer, défoncement en vue de colonisation...) ;

4° Les foyers, jadis malarigènes et assainis aujourd'hui par la culture et par des travaux d'art.

Des cartes du même genre ont été, en d'autres pays, établies sur une base différente, moins subjective et qui semble par là moins exposée aux erreurs dues à la variabilité du point de vue personnel. C'est ainsi, par exemple, qu'une très estimée carte de la répartition du paludisme en Italie repose sur la proportion des décès par cette maladie au chiffre de la population.

Cette base plus objective et d'apparence plus mathématique, ne pouvait nous servir en Algérie pour cette raison que si l'état civil y enregistre des décès, il n'indique pas les causes de la mort.

Nous ne croyons pas d'ailleurs que cette difficulté ou plutôt cette impossibilité de suivre pas à pas nos collègues Italiens soit fort regrettable. En effet, si le paludisme est encore commun en Algérie, comme un simple coup d'œil sur notre carte le fait voir, fort heureusement, grâce aux soins dévoués du Corps médical, les décès immédiatement, nettement, directement imputables à cette maladie, sont rares. Toutefois, si au lieu d'envisager seulement les conséquences immédiates, nettes, directes du paludisme ; des accès pernicieux par exemple, on considère tous ses méfaits médiats ou éloignés, toutes les santés qu'il ruine sournoisement, toutes les défaillances qu'il prépare aux organismes lentement épuisés contre d'autres agressions morbides, tous les décès dont il est la cause indirecte, l'avait bien dit le savant et regretté professeur Verneuil, sa léthalité s'accroît notablement. Mais ce chiffre de léthalité indirecte n'est pas facile à établir d'une manière purement objective et mathématique, même au moyen des statistiques les mieux faites, et l'on se retrouve ainsi devant l'objection que l'on pourrait faire à notre méthode.

Quoi qu'il en soit, puisque nous manquions de cette base d'appréciation, nous étions bien forcés d'en adopter une autre, et nous avons choisi, parce qu'elle nous a paru bonne et pratique, celle que je viens d'avoir l'honneur de vous exposer.

Nous serions injustes et ingrats (et pour rien au monde nous ne voudrions l'être) si, après avoir remercié le Comité d'Études algériennes, le Gouvernement général et le Service Topographique, nous n'adressions aussi un public témoignage de gratitude à tous les dévoués confrères qui nous ont secondés dans notre tâche, qui, pour mieux dire, ont rendu notre tâche possible.

Presque tous, avec louable empressement, nous ont envoyé les renseignements que nous sollicitions de leur obligeance. Si quelques-uns n'ont pas répondu à notre appel, c'est qu'aux uns, sans doute, le temps a manqué, à d'autres la foi dans l'œuvre entreprise. Mais maintenant que cette œuvre a pris corps, nous ne doutons pas qu'ils ne fassent bientôt preuve du même zèle que leurs collègues et qu'ils ne nous envoient les documents nécessaires pour combler les lacunes qui subsistent dans notre carte.

Ne trouvez-vous pas, comme moi, touchante cette collaboration de confrères qui veulent bien être à la peine sans souci d'être à l'honneur, satisfaits, après qu'ils ont dépensé leurs forces pendant une rude journée au service des colons malades, de les prodiguer encore au service d'une œuvre scientifique ? Non contents de nous avoir renvoyé notre questionnaire avec les réponses qu'il comportait et nos plans tout émaillés de signes convenus, beaucoup y ont joint des aperçus personnels intéressants, quelquefois de savants mémoires, comme MM. Grellet, d'El-Biar ; Prengrueber, de Palestro ; Moret, de Marengo ; Chalançon, de Relizane ; Blessing, d'Aumale ; Crouzat, de Médéa ; Merveilleux, de Bou-Sfer, etc., etc.

Sur la carte de l'Algérie au 800.000^{me}, nous avons reporté, point par point, les renseignements reçus, remplaçant seulement les signes conventionnels par des couleurs également conventionnelles.

Si la carte que je vous présente est quelque peu défraîchie et porte des traces de déchirures, c'est que notre œuvre a été longue et traversée par quelques accidents.

Mais c'est là son moindre défaut. Elle en a de bien plus graves : des lacunes, — je vous ai dit pourquoi, des erreurs aussi, sans doute, — comme toute œuvre humaine.

Et pourtant, malgré cela, nous nous sommes enhardis à la soumettre à votre examen. Cela nous a paru d'abord comme un hommage rendu à nos collaborateurs, comme la preuve irrécusable que leur part de travail n'a pas été dédaignée ni perdue.

Et puis nous nous sommes dit que notre œuvre était perfectible. Si nous parvenons à éditer notre carte avec un résumé des mémoires de nos confrères et les conclusions générales qu'ils comportent, si nous pouvons adresser un exemplaire de cette publication à chacun de nos collaborateurs, nous sommes persuadés que de nouveaux et nombreux documents nous viendront, qui nous permettront de combler les lacunes et de rectifier les erreurs. Disons même que, dès maintenant, nous aurions pu si nous l'avions voulu, combler quelques-unes des lacunes dont je vous parle. Et, si nous ne l'avons pas voulu, c'est précisément parce que nous comptons sur la nouvelle collaboration de nos confrères ; c'est parce que nous tenons à conserver à notre travail ce caractère d'œuvre collective et impersonnelle qui lui donne, à nos yeux, une plus haute garantie d'impartialité.

Telle qu'elle est, cette carte nous montre les foyers du paludisme en Algérie. A quoi bon, dira-t-on peut-être, cette constatation lamentable et décourageante pour les colons ?

Cette objection, Mesdames et Messieurs, n'est pas neuve pour nous. On nous l'a faite au seuil même de notre entreprise. Mais elle ne nous a point arrêtés.

Et d'abord, pourquoi se cacher un mal que l'on peut combattre ? A l'envisager clairement et sur des renseignements certains, on gagne en premier lieu ceci : c'est de se tenir à l'écart de deux écueils également dangereux : un pessimisme exagéré qui voit le paludisme partout, et un optimisme aussi excessif qui ne le voit nulle part.

Voyons-le donc où il est et là seulement où il est.

Un coup d'œil sur nos cartes vous le montre dans les plaines et au long des cours d'eau, des chotts, des marais, des routes et des voies ferrées en construction, partout où la terre est la plus fertile et où elle est pour la première fois, profondément remuée. — De là cette première conclusion qu'on ne peut renoncer à habiter ces terrains palustres pour se réfugier sur les hauteurs stériles, comme en des sanatoria, sous peine de renoncer aux plus riches joyaux de la colonie.

Que faire donc ? — Serrer le problème de plus près. Constater que le paludisme est permanent, périodique, passager, éteint ou absent, suivant que les causes malarigènes sont elles-mêmes permanentes, périodiques, passagères, éteintes ou absentes. Combattre ces causes pour restreindre le plus possible l'action du fléau, en attendant qu'on puisse l'anéantir tout-à-fait.

Est-ce difficile ? — Oui — Impossible ? — Non — Supprimer les eaux stagnantes et les marais, partout où cela se peut, par les remblais, le nivellement, le colmatage, la canalisation et le drainage ; forcer ces eaux stagnantes et nuisibles à courir et à fertiliser. C'est déjà une partie du problème.

Ne pas créer de dépressions artificielles de terrain, capables de retenir des flaques d'eau, comme des chambres d'emprunt le long des voies ferrées, choisir autant que possible, les saisons peu favorables à la malaria pour les remuements de terrains, voilà de nouvelles indications.

Il en est d'autres encore :

Les recherches médicales paraissent démontrer l'action considérable des moustiques, de certaines espèces de moustiques du moins, dans la propagation de la maladie. Il y a donc lieu de rechercher les moyens de détruire ceux-ci ou leurs larves et de se préserver de leurs piqûres.

Enfin on ne saurait trop recommander de soigner immédiatement et énergiquement les malades atteints de paludisme. Chacun d'eux constitue, en effet, un foyer humain de multiplication du parasite malarigène. Il est une source non pas directe, mais indirecte de contagion par l'intermédiaire de moustiques et peut être par d'autres voies encore inconnues. On ne saurait à ce propos, oublier la grande figure du docteur Maillot, qui fit tant pour la prospérité de la colonie en y vulgarisant l'usage de la quinine contre les fièvres paludéennes.

Nous sommes heureux de constater qu'un administrateur éminent, M. Camille Sabatier, dans son *Instruction aux Directeurs des Maisons pénitentiaires en Algérie*, est arrivé aux mêmes conclusions que nous.

Le docteur Georges, mort professeur d'hygiène à l'École de Médecine d'Alger, et auparavant pendant vingt ans médecin de colonisation à Boufarik, aimait à rappeler dans ses cours, les débuts lugubres de ce village qu'on appelait « le cimetière de nos soldats », et devenu depuis l'un des plus sains et des plus fertiles de la Mitidja.

Il aimait à opposer à l'action bien connue du climat sur l'homme, l'action moins étudiée mais tout aussi indéniable de l'homme sur le climat.

A cet exemple, j'opposerai celui de Timgad, la célèbre Pompeï algérienne. Prospère au temps des Romains, cette ville en ruines gît aujourd'hui au milieu d'un pays presque désert. L'action de l'homme, son action intelligente du moins, a cessé trop longtemps de se faire sentir alentour.

Qu'on se persuade bien, enfin, de tout cela et qu'on s'en inspire. Et si notre Carte a l'heureuse chance d'obtenir plusieurs éditions, on verra sûrement de l'une à l'autre se restreindre le domaine du paludisme. Et cette nouvelle leçon de choses sera toute à l'honneur de nos colons. Elle dira bien haut, une fois de plus : « Arrière la routine et l'endormant fatalisme ; place à l'énergie humaine, au service de la civilisation ! ».

La parole est ensuite donnée à M. le lieutenant de vaisseau DYÉ, délégué du Comité de l'Afrique Française, pour une communication sur

Nos intérêts nationaux en Abyssinie

Cette communication est analysée ci-dessous :

M. le lieutenant de vaisseau Dyé a été délégué par le Comité de l' « Afrique Française » pour appeler l'attention du Congrès sur une question qui a été la préoccupation constante du Comité de l' « Afrique Française » pendant l'année 1901 et qui a été vigoureusement étudiée dans chacun des bulletins mensuels de cette association.

Cette question est celle de nos intérêts nationaux en Abyssinie et de l'appui à apporter au chemin de fer en construction de Djibouti à Harrar et à Addis-Ababa, véritable support de notre influence dans toute cette partie de l'Afrique.

M. Dyé fait d'abord remarquer que si les séances du Congrès ont brillé d'un éclat particulier sur tout ce qui concerne les questions marocaines, grâce aux études et travaux de MM. de Castries, Mouliéras, Segonzac, Doutté, etc..., il est dans l'Afrique du Nord un autre État indépendant aux destinées duquel la France porte un intérêt singulier: l'empire du Négus Ménélick.

D'ailleurs, à la suite des explorations de ces vingt dernières années, les grandes lignes du partage de l'Afrique tropicale sont maintenant tracées, les sphères d'influence sont délimitées, tandis qu'il reste tout à faire au Maroc et en Abyssinie. C'est donc là que doit se porter tout notre effort d'investigation scientifique, secondant la défense de nos intérêts nationaux. Ces deux pays doivent devenir en quelque sorte les pivots de toute notre politique africaine.

Ensuite sont exposées des notions générales sur la constitution du massif abyssin et des hauts plateaux auxquels l'Ethiopie doit à la fois un climat tempéré, la fertilité de son sol, ses pluies abondantes, et enfin la conservation même de son indépendance. Les Abyssins, peuplade d'origine sémitique et dont les souverains se rattachent par la légende au roi Salomon et à la reine de Saba, ont été convertis au christianisme au IVme siècle ; campés au sommet de leurs montagnes, ils purent résister aux flots successifs des invasions musulmanes.

Les plateaux sont une véritable Suisse africaine, un éden verdoyant avec parfois de verts pâturages, des grands bois de la famille des pins, et parfois des champs de blé et de céréales coupés de bois de caféiers, de buissons en fleurs, de cultures qui rappellent l'aspect de nos campagnes de Beauce et de Normandie. C'est d'ailleurs la terre végétale drainée par le Nil Bleu qui apporte à l'Egypte son limon nourricier.

La place nous manque pour redire en détail l'organisation féodale du pays où un ou deux millions d'Abyssins purs forment la caste des guerriers, qui fournit les seigneurs des fiefs et domine onze à douze millions de paysans Gallas autochtones qui sont les pasteurs et les cultivateurs du sol.

Le conférencier fait sentir le contraste saisissant qu'éprouvèrent les compagnons de Marchand en escaladant le plateau Ethiopien à la sortie des marais du haut Nil, contraste du sol, du climat, des cultures, des races et des vêtements, de l'organisation politique, des moyens de transports. Il rappelle la pompe orientale, rappelant celle des rajahs de l'Inde, qui signala les fêtes offertes par les ras abyssins et par Ménélik aux officiers français... le scintillement des boucliers d'or et d'argent, des pierreries, le chatoiement des étoffes de soie multicolores, des peaux de lion et de panthère, parmi les fumées de l'encens et des parfums, le son des flûtes, les salves de coups de fusil. Puis les festins énormes offerts aux armées par les chefs, agapes qui rappellent la célèbre description du festin des Barbares dans la « Salambo » de Flaubert.

Enfin, sont exposées les conditions économiques de la région, et l'importance du chemin de fer de Djibouti, débouché nécessaire du commerce abyssin, qui s'élève déjà à cinquante millions de francs.

Nous reproduisons ici les conclusions du conférencier :

« C'est au manque des moyens indispensables que l'on est obligé d'attribuer l'échec des efforts faits en 1897 et 1898 pour prolonger à l'ouest l'empire éthiopien jusqu'aux limites publiquement revendiquées par le négus. Faute des ressources nécessaires à l'exécution les entreprises les plus utiles, les idées les plus justes, sont fatalement vouées à la faillite totale. Nous devons apprendre à faire en temps utile les dépenses impérieusement dictées par la sauvegarde de nos grands intérêts nationaux.

« La même situation se présente aujourd'hui et d'une façon particulièrement pressante, à propos du chemin de fer en construction de Djibouti à Harrar et à Addis Ababa. Saurons-nous faire à temps le petit effort nécessaire, sans lequel l'importance de Djibouti serait annihilée, et, ce qui est plus grave, notre influence en Éthiopie minée ? Cet empire, devenu une enclave analogue au Transvaal, se trouverait alors fatalement voué à l'invasion étrangère, à la perte de son indépendance. Grâce à l'excellente convention contresignée le 6 février dernier par le gouvernement, il semble que le péril pourra être conjuré. Et il n'y a pas un Français ayant voyagé en Abyssinie, connaissant la fertilité du pays, et son importance, qui ne se félicite de voir ainsi aboutir la patriotique initiative du Comité de l'Afrique, où MM. Auguste Terrier et Robert de Caix ont jeté le cri d'alarme, et aussi celle du président du groupe colonial de la Chambre, de cet admirable M. Etienne, dont on est sûr de retrouver l'effort bienfaisant partout où il y a dans le monde un intérêt français à défendre.

« Trop peu de personnes, malheureusement, connaissent en France la fertilité réelle du plateau éthiopien, la valeur de ce pays susceptible d'atteindre à un plus grand développement que notre Algérie-Tunisie, et l'utilité capitale du rôle que doivent jouer les forces militaires du négus dans le nord de l'Afrique.

« Trop peu se rendent compte de l'urgence de reporter tout notre effort sur l'accroissement de notre influence dans les deux perles de l'Afrique : le Maroc d'un côté, l'Abyssinie de l'autre. Si nous avons fait, à juste titre, des sacrifices considérables pour assurer à la race française sa place légitime dans le partage des régions équatoriales du continent noir, — pays de richesse relative, aptes à ne produire que les denrées des climats tropicaux difficilement habitables pour les blancs, — comment serait-on assez fou pour ne pas faire en faveur de l'Ethiopie un effort au moins équivalent, puisqu'ici nous sommes assurés d'un avenir et d'une rémunération infiniment plus considérables. Les productions du plateau sont à la fois suivant l'altitude, celles des contrées tempérées ou tropicales (blé, café, céréales et coton, etc.) ; le pays est sain pour la race blanche, qui peut prospérer sur les montagnes au frais climat ; la main-d'œuvre agricole, les cultures, un commerce de cinquante millions existent déjà, prêts à un développement incomparable après la création des voies de communication nécessaires.

« Qui ne sent que les deux axes de notre politique extérieure, en ce qui concerne l'Afrique, ne peuvent être aujourd'hui que les affaires du Maroc et de l'Abyssinie ? Nous devons empêcher toute ingérence étrangère de détourner ces deux pays de leurs destinées normales ; nous devons surveiller leur indépendance avec un soin jaloux en y développant à profusion les œuvres françaises pour les initier à la civilisation, pour faire fructifier les réelles richesses de leur sol et faire surgir les forces latentes de leurs peuples.

« Le chemin de fer de Djibouti est pour nous un levier indispensable au point de vue politique. Commercialement parlant, c'est un véritable « pont » jeté au-dessus du désert aride des Somalis pour relier à la mer les hautes terres tempérées du plateau éthiopien, couvertes d'humus fécond et parées d'une végétation aussi attrayante que celle des meilleures provinces de notre France.

« Le chemin de fer est donc tout à fait semblable à celui du Congo belge, créé par l'opiniâtreté du roi Léopold et du major Thys, pont jeté au-dessus des cataractes pour relier à la mer l'immense bassin fluvial du Congo. On sait le succès de ce dernier et comment les bénéfices de l'œuvre dépassent toutes espérances.

« Drainant fatalement la presque totalité du commerce des plateaux éthiopiens, le chemin de fer de M. Chefneux a le même avenir. Le trafic local actuel entre Harrar et la côte, effectué à dos de chameaux, suffira à lui seul à la rémunération des capitaux réellement apportés à la compagnie. Avec l'accroissement certain du transit le jeu de la garantie d'intérêts pour la construction du dernier tronçon se trouvera réduit à une très courte période dès que la voie sera livrée à l'exploitation jusqu'à Addis Harrar.

« Les chemins de fer éthiopiens draineront toute la sève d'un sol fécond, couvert de cultures, nourrissant par millions travailleurs et consommateurs. Pourrions-nous l'abandonner comme naguère nous avons commis la faute d'abandonner le canal de Suez?

« Travaillons à développer nos relations avec le négus et à fortifier sa puissance : c'est le seul moyen d'arriver à sauvegarder une seconde fois son indépendance menacée. »

M. H. GILLOT, vice-président de la Société de Géographie et d'Archéologie d'Oran, prend la parole pour une communication sur

La Société civile, nationale et philanthropique « La Colonisation Française » dans le Département d'Oran.

Mesdames, Messieurs,

Puisqu'une place a été faite dans le programme du Congrès aux questions de Géographie économique et qu'elles semblent même avoir la bonne fortune d'intéresser vivement beaucoup d'entre vous, je crois que vous ne m'en voudrez pas de signaler à votre attention l'œuvre qui a été entreprise dans ce pays par la Société civile, nationale et philanthropique, la « Colonisation Française », fondée en 1890, à laquelle douze années d'existence semblent assurer désormais des chances très sérieuses de durée et de vitalité.

Une raison toute spéciale m'encourage à le faire ici aujourd'hui : c'est qu'elle a pris naissance dans cette ville, que j'ai, pour ma part, assisté à son enfantement et surveillé soigneusement sa croissance et que beaucoup d'entre vous pourront, dans 48 heures, se rendre compte par leurs propres yeux des résultats qu'elle a obtenus.

Un certain nombre d'habitants d'Oran avaient eu, dès 1889, l'idée de se préoccuper des moyens pratiques et accessibles à tous d'amener des Français à émigrer en Algérie, plus spécialement dans notre province, et à s'y fixer comme cultivateurs, comme colons, pour employer l'expression qui nous est familière, en leur constituant un capital de premier établissement et d'exploitation au moyen de versements mensuels consentis par d'autres Français et par eux-mêmes. Il semblait qu'en fixant à une durée assez longue le bail qui leur serait consenti, ils pourraient sûrement arriver à devenir, à son expiration, de fermiers propriétaires. Il était entendu d'ailleurs que ces mensualités seraient constituées par des versements assez peu élevés pour que tous les gens de bonne volonté, même dans les conditions de fortune les plus modestes, pussent s'intéresser à cette initiative.

Pour préciser davantage, il s'agissait en principe de fournir aux travailleurs de France un intérêt certain de *cinq pour cent* pour leurs petites économies, en donnant pour garantie au capital engagé le sol mis en culture, et en même temps de fournir aux Français colonisateurs, dès le premier jour de leur arrivée en Algérie, une concession d'étendue suffisante pour qu'ils pussent immédiatement y gagner leur vie, en leur assurant, avec la terre, l'outillage nécessaire à sa mise en culture, en leur faisant au besoin quelques avances de fonds, et en y ajoutant toujours cet appui moral, dont l'importance est si considérable pour les nouveaux immigrants.

Cette idée fut favorablement accueillie par beaucoup de nos amis ; mais, quand on voulut l'appliquer, on ne tarda pas à s'apercevoir qu'en limitant aussi étroitement le recrutement des souscripteurs, en se bornant, comme on l'avait pensé d'abord, à les prendre à Oran et dans la province d'Oran, on ne disposerait qu'au bout de trop longtemps des capitaux nécessaires et que, chose plus grave, on transformerait en société purement financière une entreprise dont la conception première avait été surtout patriotique et philanthropique. Un des promoteurs du projet, M. Laurent Boux, qui, depuis plusieurs années, faisait partie de la grande société de retraites populaires « les Prévoyants de l'Avenir » et voyait s'y former ces capitaux énormes dont l'accroissement a provoqué, l'an dernier, l'intervention de nos gouvernants, songea à modifier la conception primitive d'après des principes analogues. Le vice-président des « Prévoyants » M. Dugas, avec qui il s'entretint de la question, l'encouragea à suivre cette voie nouvelle. Nos éminents amis, MM. Etienne et Saint-Germain, qui représentaient alors notre département à la Chambre des Députés, furent du même avis, ainsi que la grande majorité des adhérents de la première heure et, le 29 juin 1890, la Société se trouvait fondée. Elle fut définitivement constituée, le 8 décembre suivant, par acte déposé chez M⁰ Hussenot-Desenonges, notaire à Paris. Les statuts définirent nettement le but qu'elle voulait atteindre : « acquérir des concessions, en Algérie d'abord et ensuite, s'il est possible, dans les autres colonies françaises, pour y établir des colons exclusivement français, soit en leur rétrocédant tout ou partie de ces concessions, soit en supportant les frais de premier établissement et d'outillage et en y installant ensuite les colons admis comme sociétaires. »

Les ressources destinées à l'acquisition de ces concessions devaient être constituées par les versements mensuels des sociétaires. Ces versements furent fixés à *un franc* par mois et la durée établie pour la libération complète de l'engagement souscrit par chaque sociétaire fut fixée à *dix ans*. Au bout de ce temps, tous seraient appelés à se partager, proportionnellement à leur nombre, les revenus de chaque année. Il était en outre stipulé que le revenu de chaque part ne pourrait, en aucun cas, être supérieur à 365 francs.

La crise qui a failli, cette année même, compromettre l'existence des « Prévoyants de l'Avenir » montre combien il était sage d'introduire cette dernière clause dans les Statuts. Je ne vous cacherai pas qu'à ce moment elle me parut, comme à bien d'autres de pure fantaisie — La Société débutait en effet avec un capital de 6.000 francs, représentant l'apport de 50 fondateurs. Mais il ne faut pas oublier que, sur ces 6.000 francs, 600 seulement étaient versés et que le reste, soit 5.400 francs, ne devait entrer dans la caisse sociale qu'au bout de neuf ans, à raison de *un franc* par mois et par action. Ne convient-il pas d'admirer la confiance hardie avec laquelle on se risquait ainsi à créer, on s'engageait à faire prospérer une œuvre aussi utile par des moyens exclusivement démocratiques, en ne s'adressant qu'à la petite épargne des modestes travailleurs? Et qu'ils les connaissaient bien, ceux qui se disaient qu'ils n'hésiteraient pas à se supprimer un plaisir, et souvent à s'imposer quelque privation, pour verser régulièrement la cotisation destinée à former le capital social !

Mais si, quand on compare la faiblesse de ces ressources premières avec la grandeur des ambitions rêvées, on a lieu d'être justement surpris de tant de hardiesse, on se trouve encore plus étonné, quand on considère les résultats qui sont maintenant acquis et que je vais vous exposer rapidement.

La province d'Oran avait été tout naturellement choisie pour l'essai initial ; avec les premiers sous recueillis, on acheta au Crédit Foncier Algérien, moyennant un versement comptant qui vidait la caisse et engageait la Société pour les trois années suivantes, trois propriétés situées sur le territoire de la commune de Bou-Sfer, à 20 kilomètres d'Oran. Leurs contenances respectives étaient de 3, 16 et 33 hectares. C'était une double erreur, dont on s'aperçut bien vite. En raison de la proximité de la capitale de la province, ces trois fermes avaient coûté près de 25.000 francs : c'était beaucoup trop cher, eu égard aux ressources de la Société aussi bien qu'à la difficulté ainsi créée aux fermiers de s'acquitter dans un délai normal. D'autre part, en suivant l'exemple de l'Etat, avec ses concessions industrielles d'étendue beaucoup trop restreinte, on avait fait fausse route : pour que les colons puissent vivre en travaillant, il est indispensable de mettre à leur disposition des étendues de terrain beaucoup plus considérables.

Le Conseil d'Administration eut la sagesse de le comprendre et d'inaugurer immédiatement un nouveau système. On admit en principe que cent hectares étaient indispensables pour cultiver fructueusement, 60 hectares devant être mis en culture chaque année et 40 rester en repos. Grâce à d'actives recherches et aussi un peu à un heureux hasard, des terres favorables furent trouvées à la frontière du Tell, au delà de Saïda, cette « reine du Sud » où beaucoup d'entre-vous iront coucher dimanche. Après avoir dépassé la première station des Hauts-Plateaux, Aïn-el-Hadjar, vous traverserez le plateau des Maâlifs : c'est là que, de mars 1895 à avril 1897, la Société acquit mille hectares d'excellentes terres, profondes et fertiles, dans une région où les pluies sont fréquentes et dont le climat n'est pas sans analogie avec celui de la France. Huit concessions de 100 hectares furent immédiatement alloties. Tout semblait devoir aller à merveille quand une épreuve terrible vint assombrir le tableau et fournir à la Société l'occasion de fournir sa vitalité et l'excellence des principes d'assistance mutuelle qui avaient présidé à sa constitution. Une sécheresse extraordinaire causa en 1897 un manque complet de récoltes en céréales et accula les colons à la misère la plus noire. Les engagements contractés par eux n'étaient plus tenus ; le pain faisait défaut pour les colons et la semence pour la terre manquait. Les usuriers se montraient et les huissiers commençaient leurs tristes besognes. Tout semblait devoir être perdu pour ces braves gens, victimes d'un fléau qui ne s'est pas présenté aussi intense en Algérie deux fois en trente ans. Le Conseil d'Administration, comprenant le devoir que lui imposait la solidarité, se mit en travers des poursuites et arrêta les frais; 300 quintaux de semences furent expédiés par ses soins. Tout fut ainsi sauvé. On voit combien une association aussi fidèle à son idée initiale, de rendre service aux humbles, est supérieure à l'Etat, qui non seulement n'accorde aux victimes d'un sinistre qu'un secours illusoire, mais ne peut plier la rigidité de ses règlements aux circonstances particulières et abandonne, en des cas semblables, le concessionnaire aux usuriers.

Un autre enseignement imprévu se dégagea de cette malencontreuse surprise. Cinq des fermiers, pris de peur après cette mauvaise récolte, demandèrent spontanément à être couverts dans l'avenir par la Société et, pour les mieux protéger contre les aléas de la culture, on constitua leurs fermes en coopératives. Le colon, gardant ses droits à devenir propriétaire dans l'avenir, se plaçait, en attendant, sous la tutelle de la Société qui, réglant en son lieu et place toutes les nécessités de l'exploitation, l'aidait à surmonter les difficultés du premier établissement et lui assurait la vie en lui tenant un compte exact de tout son cheptel. Ce système, qui semblait appelé à donner les meilleurs résultats et à satisfaire tout le monde, a été condamné par la pratique. Dès 1898, à la suite d'une très bonne récolte, plusieurs des intéressés demandèrent à recouvrer leur liberté; le règlement des comptes ne se fit qu'avec toutes sortes de difficultés; l'essai, loin de donner les résultats espérés, mécontenta tout le monde. Aujourd'hui, la coopération a été supprimée partout où elle avait été établie et tous les colons sont libres.

Au cours de cette année, une nouvelle ferme de cent hectares a été concédée, ce qui porte à onze le nombre de fermes. Un des fermiers a payé en entier le montant de son traité et est devenu propriétaire; deux autres sont en pourparlers pour s'acquitter prochainement. Le but que l'on poursuivait est donc déjà en partie atteint.

Tous les cultivateurs qui sont venus de France n'ont pas tous été irréprochables au point de vue du travail et même de la droiture de conduite : les Maâlifs ne sont pas situés dans le pays d'Utopie ; mais le bien-fonds de garantie ne pouvant être entamé par eux et la bienveillance des administrateurs n'ayant pas dégénéré en faiblesse, la Société n'en a que peu souffert.

Un autre risque d'insuccès, plus sérieux et plus digne d'attention, est venu, à un moment donné, solliciter l'attention du Conseil : La culture, en Algérie, n'est pas identique à la culture française. Il faut aux cultivateurs habitués à un autre climat et transplantés sur un sol nouveau, un apprentissage et des conseils éclairés par l'expérience locale.

C'est l'application de ce principe qui a fait la prospérité des colonies anglaises. « Les jeunes Anglais qui veulent s'établir en Australie, par exemple, vont d'abord se former auprès d'un agriculteur australien. Ils font successivement tous les travaux en usage sur les fermes du pays : ils sont bergers, tondeurs de moutons, etc., et ne se mettent à la tête d'une exploitation que lorsqu'ils connaissent bien le métier (1). » Convaincus de l'excellence de ce procédé et de la nécessité de cette étude spéciale du sol, du climat et des conditions de culture propres à chaque contrée, le Conseil a acquis, en 1898, 1550 hectares nouveaux, à côté des terrains précédemment mis en valeur, pour y installer, sous la direction d'un représentant de la Société, une ferme-école pourvue de toutes les ressources nécessaires, dans laquelle les candidats-colons doivent faire un stage préliminaire d'une année, avec appointements, bien entendu, avant d'obtenir une concession.

On peut ainsi, en outre, se rendre un compte plus exact de leur savoir-faire et de leur valeur morale. A l'heure actuelle, m'écrivait récemment le Président de la « Colonisation Française », M. Dugas, la mise en valeur de cette grande ferme couvre déjà presque en entier le capital versé par la plus-value de culture

L'initiative individuelle a donc prouvé ce dont était capable l'association, puisqu'elle est arrivée, en onze années, à réunir environ 250,000 francs et à installer sur le sol algérien 14 familles de travailleurs français, en assurant à chacune d'elles

---

(1) M. S. Durieu. *La Science sociale* ; t. XXVII.

une moyenne de 100 hectares de terres et en leur fournissant les outils et le cheptel, moyennant un loyer de 5 % *au maximum*. Le capital est remboursable en 25 ans et le Colon peut se libérer par anticipation. La première partie de l'œuvre projetée est donc réalisée : la « Colonisation Française » a ouvert un pays neuf aux travailleurs involontairement inactifs dans la métropole ; elle a en même temps créé à la France un nouveau débouché commercial.

Si nous examinons maintenant la question, au point de vue financier, les résultats déjà obtenus ne sont pas moins intéressants. Il s'agissait, dans l'esprit des fondateurs, de procurer aux travailleurs qui gagnent modestement leur vie dans la mère-patrie le moyen de faire fructifier leurs plus modestes épargnes en les associant pour constituer un capital garanti par la terre et en assurant à ce capital un intérêt supérieur à celui que paient l'État, les villes et ce qu'on appelle les valeurs de tout repos. La Société ayant été fondée en 1890 et les actions de 120 francs, payables à raison de 1 franc par mois, ayant été complètement libérées en 1900, il est possible aujourd'hui de juger la chose, chiffres en mains. Ceux que je vais citer sont tirés du rapport présenté à l'Assemblée générale en 1901.

A la date du 1er mai 1901, l'avoir social était de 226.818 fr. 31 en espèces. Il était représenté par les trois fermes du littoral et les huit fermes des Maâlifs, estimées d'après les baux consentis aux colons, à 135.094 fr. et par la ferme-école, évaluée à 114.201 fr., soit au total 249.295 fr..

Les cotisations mensuelles versées par les Sociétaires entraient dans ce total pour une somme de....... 116.716'10
L'émission des bons de 100 fr., pour.......... 77.147'00
Les sommes dues à divers, pour............. 54.616'23
— disponibles et en réserve, pour.. 815'67

Les cotisations versées par les adhérents, au 1er janvier 1900, étaient de 119.162 fr. 79 ; les actions complètement libérées des Sociétaires de 1890, étaient au nombre de 128. Ces ouvriers de la première heure ont donc touché par part, conformément aux statuts qui leur attribuent les intérêts à 5 % du capital versé, déduction faite de 5 % pour la Caisse de réserve, chacun 46 fr. 55 pour les 120 fr. qu'ils ont versés en dix ans par mensualités d'un franc.

Au 1er Janvier 1901, les cotisations versées représentaient un total de 137.218 francs ; les intérêts à répartir étaient de 6.517 fr. 89, que se sont partagés les 128 pensionnés de 1900 et ceux de 1901, au nombre de 126 ; chacun de ces 254 sociétaires a donc reçu 25 fr. 65.

La comparaison de ces deux répartitions éveille tout naturellement l'idée que le taux de la pension risquerait, d'ici à quelques années, de s'abaisser tellement que le recrutement cessât de se produire, mettant ainsi en péril l'existence même de l'œuvre. D'après une proposition qui sera soumise à la prochaine assemblée générale, il sera possible d'assurer annuellement un minimum de pension de 20 francs en prélevant la différence éventuelle sur les bénéfices de la ferme-école et sur ceux des rétrocessions de terres. Je ne suis pas en mesure d'apprécier ce que valent les arguments qui seront produits à ce propos ; mais des juges compétents estiment que le domaine des Maàlifs a déjà presque doublé de valeur; les terres de cette région étaient jadis cotées environ 20 francs l'hectare ; depuis que le plateau a été peuplé par la Société, on n'en trouve plus à 100 francs dans les parties identiques à celles qu'elle a mises en culture. Vous pourrez vous rendre compte par vous-mêmes de ce que valent ces assertions, quand vous traverserez cette contrée.

Je ne voudrais pas, Mesdames et Messieurs, vous détourner plus longtemps des études scientifiques qui sont, avant tout, la raison d'être du Congrès. Mais les questions de géographie économique et de colonisation tiennent une si grande place dans nos préoccupations actuelles et l'occasion qui vous est offerte d'en étudier une *de visu* m'a semblé si favorable que j'ai cru devoir vous la signaler. Depuis la publication de l'ouvrage de Raoul Frary, il est admis que la géographie n'a plus de limites bien définies et qu'elle déborde à tout instant sur la sociologie et l'économie politique. Or, l'idée qui a inspiré la « Colonisation Française » n'est pas moins intéressante au point de vue social qu'au point de vue de la colonisation ; les résultats acquis établissent que ce n'est point une utopie. Que faut-il pour en assurer le succès ? Rien autre chose qu'un apport régulier de mensualités faisant, comme on dit familièrement, la boule de neige. Pourquoi ne se constituerait-il pas ainsi, au service de la mise en valeur de nos Colonies *par les Français pour les Français* un capital anonyme aussi considérable qu'on peut le désirer ? D'après l'appréciation de M. Chatelus lui-même, le fondateur des « Prévoyants de l'Avenir », le système adopté par la « Colonisation Française » complète la pensée qui a inspiré son œuvre et lui est peut-être supérieur. Et vous savez que les capitaux accumulés par les « Prévoyants de l'Avenir » sont devenus si considérables que le Gouvernement a cru nécessaire de faire voter, au mois de janvier dernier, par la Chambre et par le Sénat, une loi spéciale pour en régler la gestion.

Jusqu'ici la « Colonisation Française » n'a guère recruté d'adhérents en France que parmi les plus modestes travailleurs ; il m'a semblé que, signalée à l'attention des hommes compétents et soumise à une étude attentive par les délégués des Sociétés de Géographie, elle pourrait trouver, après examen, des partisans en même temps que fournir à vos réunions l'occasion d'analyses et de comparaisons intéressantes et utiles. L'extrême bienveillance avec laquelle vous m'avez laissé dépasser la durée réglementaire des communications faites au Congrès et l'attention soutenue que vous avez bien voulu m'accorder me font espérer que vous jugerez à propos, après avoir quitté l'Algérie, de vous occuper encore d'elle en signalant cette question à vos collaborateurs.

La parole est donnée à M. ALFRED DURAND, administrateur colonial, délégué de la Société de progaganda coloniale.

M. le Secrétaire exprime les regrets de M. Durand de ne pouvoir, retenu par la maladie, assister à la séance, et dépose sur le bureau, de sa part, la communication suivante :

Notice historique sur Madagascar

Messieurs,

Madagascar, au dire de la légende, fut découverte et colonisée par les Carthaginois. Ce ne fut qu'en l'an 1500, qu'un grand navigateur portugais, Diego Diaz, y aborda.

Des relations commerciales s'étaient dès cette époque établies avec les Arabes. On en retrouve, en effet, la trace dans le langage et les mœurs de plusieurs peuplades indigènes de l'île. Certaines habitudes observées chez les Antaimoro (habitants du Sud-Est) font croire à leur origine arabe ; de même que chez les Antabaoakas (côté Est), dont la race tend de plus en plus à disparaître.

Au début (1506), la Grande Ile prit le nom de Ile de Saint-Laurent, nom donné par les Portugais (N.-O. 1509) (S.-O. 1540), qui les premiers y créèrent des débouchés commerciaux, bien vite détruits par la concurrence des voyageurs français et anglais qui y établirent, à leur tour, des établissements sérieux et dont les luttes politiques et commerciales devaient durer jusqu'à nos jours.

En 1642, le Grand Richelieu délivrait des lettres patentes, à la Cie de l'Ouest, lui concédait Madagascar et les îles voisines pour y ériger des colonies et en prendre possession au nom de la France. Cette compagnie à la tête de laquelle se trouvaient Berruyer et Desmartin, aidés d'un officier de la marine Rigault, comprenait 24 actionnaires. Ce fut Pronis, dont le nom est resté célèbre à Madagascar qui fut agent de cette Compagnie et s'installa en 1643, dans une presqu'île du S.-E. pour y créer Fort-Dauphin.

Les plus grandes difficultés attendaient notre vaillant compatriote ; il eut non seulement à lutter contre les chefs indigènes de la colonie, mais encore contre ses propres chefs, que des dissentiments divisèrent à tout jamais ; et surtout contre l'inertie et l'indifférence du Gouvernement métropolitain ! ! !

Aussi, Pronis profondément écœuré, abandonna ses travaux d'installation et ainsi fut détruit ce premier essai de colonisation.

Ce n'est que 20 années après, qu'un revirement favorable à la politique coloniale se produisant en France, une nouvelle Société au capital de quinze millons de livres — Compagnie des Indes Orientales — fut substituée à la Cie de l'Ouest en même temps que Madagascar recevait officiellement le nom de la « France Orientale ».

Les difficultés inhérentes à un aussi vaste projet – pour cette époque — furent telles, que le résultat ne fut pas plus heureux que le premier essai de colonisation de Pronis. Bien plus encore, en 1672, alors que tout semblait prendre une tournure satisfaisante, les Français, dans la nuit de Noël, réunis à la chapelle de Fort-Dauphin, furent presque tous massacrés par les indigènes.

Madagascar fut alors abandonnée par la Compagnie des Indes Orientales, mais non par Louis XIV qui, pour bien établir qu'il ne renonçait pas à la possession de l'île, fit rendre en 1686, un arrêt du Conseil réunissant Madagascar à la Couronne « pour le roi en disposer selon son bon plaisir, en toute propriété seigneurerie et justice ».

Cent ans plus tard, le comte de Maudave prit, à nouveau, possession de nos anciens comptoirs, au nom du Roi, sans plus de succès que ses devanciers.

Après deux années d'efforts inouïs (1768-70), l'envoyé du roi dut abandonner son entreprise.

En 1774, une nouvelle tentative fut faite par un Hongrois au service de la France ; Benyosky s'installa dans la baie d'Antongil (N.-E.) avec quelques Français déterminés.

Son entreprise, d'un caractère essentiellement commercial, réussit au-delà de toute espérance et donna, dès l'origine, des bénéfices considérables ; il parvint même à avoir sur les tribus des environs un tel ascendant, qu'en 1776, elles le proclamèrent leur chef suprême. Benyowsky, sans cesse aux prises avec les administrateurs de l'Ile de France, donna alors sa démission de

« gouverneur pour le roi de France des établissements d'Antongil », et se consacra entièrement à l'organisation de son propre établissement.

La puissance de ce nouveau génie colonisateur devait amener ses ennemis à tout faire pour l'empêcher de prendre à Madagascar, une situation prépondérante. Aussi sacrifiant l'intérêt général aux rancunes personnelles, les gouverneurs de « l'Ile de France » compromirent-ils l'œuvre entreprise, prétendant que « la France ne pouvait tolérer ainsi une usurpation de territoire. »

Sous le prétexte de rétablir nos droits, ils envoyèrent des troupes à la Réunion pour combattre l'habile administrateur Benyowsky, qui fut tué dans un combat au mois de mai 1786.

En 1791 d'abord, puis en 1804, le général Decaen, envoya au nom de l'empereur Napoléon 1er, Sylvain Roux, comme agent général de la nouvelle organisation de nos possessions françaises à Madagascar, ayant son siège à Tamatave.

Avec la fin du premier Empire, nous perdimes Tamatave, qui fut prise par les Anglais, mais que le traité de 1815 nous rendit, malgré les protestations énergiques du nouveau gouverneur de l'île Maurice, sir Robert Farquhar.

Sylvain Roux fut de nouveau envoyé à Tamatave, il s'y occupa activement et créa des postes importants dans les principaux ports de la côte Est, où nos compatriotes avaient déjà installé des comptoirs commerciaux (Fort-Dauphin, Pointe à Larée, Tintingue, Fénérive, etc.).

C'est à cette époque que mourait à Tananarive le grand Andrianampoinimerina, fondateur de la dynastie et de l'hégémonie Hova (1787-1795).

A son avènement au trône, Andrianampoinimérina avait réuni ses sujets sur la place de Andohalo à Tananarive et dans un kabary célèbre leur avait dit : « Il faut que toute cette terre m'appartienne, la mer doit être la limite de mon royaume. »

Il mourut en 1810, après avoir donné à son peuple une organisation administrative et économique admirable pour l'époque.

Andrianampoinimerina par une sage administration avait mis à exécution une partie de ses vastes projets : conquérant d'un nouveau monde, il avait ajouté successivement à la Couronne, les fleurons qui ont nom : Sihanaka, Bezanozano, Sakalava, Betsileos, etc.

Radama Ier, son successeur, s'appliqua à développer la civilisation hova et à fortifier son empire, dont il voulut porter aussi plus loin les limites.

Sous l'influence du Français Robin, il fit exécuter de grands travaux, entre autres le superbe palais de Soanirano, au Sud et près de Tananarive ; mais en même temps il favorisait l'installation, en Émérina, des sociétés religieuses britanniques qui y créèrent de nombreuses et importantes écoles.

Il signa avec l'agent Farquhar, le 23 octobre 1817, un traité de commerce favorable à l'Angleterre.

C'était le commencement de la « politique de Bascule » contre l'Angleterre et la France, politique qui devait se poursuivre pendant plus d'un demi-siècle, et se terminer par le renversement du gouvernement hova, en 1895.

Sous Charles X, une expédition commandée par le capitaine de vaisseau Gourbeyres, n'eut aucun résultat. Cet officier fit bombarder Tamatave, La Pointe à Larée, Tintingue, pour punir le Gouvernement hova de s'être emparé, sans coup férir, de Tamatave en 1822 et Fort-Dauphin en 1825.

Le Gouvernement de Louis-Philippe, ordonna au chef de l'Expédition de rentrer en France ; Madagascar fut encore une fois abandonnée.

Ranavalona Ire, haineuse de toute influence étrangère, rendue intraitable par notre apathie et notre inaction, cessa toutes relations avec la France et l'Angleterre, chassant de l'Imerina les missions étrangères et infligeant aux Européens, les pires traitements.

Néanmoins, notre éminent compatriote Jean Laborde, venu à Tananarive en 1831, sut par la supériorité de son intelligence, s'emparer d'une façon complète de l'esprit de l'intraitable Ranavalona Ire. A la mort de celle-ci, il continua son ascendant sur le prince Rakoto (Radama II) ; il rendit les plus grands services au nouveau roi, en même temps qu'il le persuadait de rétablir ses relations avec le Gouvernement français.

Radama II, ne tarda pas à inaugurer, en faveur de nos compatriotes, un régime libéral. Il alla même jusqu'à souhaiter le protectorat de la France sur Madagascar, moyennant la reconnaissance définitive de l'autorité hova sur l'Ile toute entière. Des propositions furent alors faites dans ce sens à Napoléon III, qui y acquiesça en principe.

Malheureusement, Radama II mourut étranglé dans son palais, par les adversaires de sa politique.

C'est avec sa veuve Rasoherina, proclamée reine, que M. Laborde conclut un nouveau traité de commerce en 1868. Cet acte diplomatique donnait, aux Français, le droit de posséder dans l'île, des biens meubles et immeubles, transmissibles par héritage, et le droit de commercer librement.

Cette reine mourut le 1er Avril 1868, Ranavalona II a sa cousine, lui succède et gouverna d'abord avec son Premier Ministre, le trop fameux Rainilaiarivony, véritable maire du Palais, qui devait devenir bientôt le maître indiscuté des destinées de la Royauté hova.

Le Premier Ministre Rainilaiarivony, tout en reconnaissant la validité du traité de 1868, signa un décret *interdisant aux hovas, de vendre des terres aux étrangers, sous peine de dix ans de fers.*

C'était dans un autre ordre d'idée, l'application, dans son intégrité, de la « *politique de bascule* », remontant à Radama I.

Les choses ne pouvaient durer ainsi : ce fut la mort de Jean Laborde en 1878, qui devint le prétexte à la rupture fatale entre nos deux pays.

Le Gouvernement Malgache refusa, par application des dispositions de ce décret, d'autoriser ses héritiers à réaliser la succession immobilière. Peu de temps après, Rainilaiarivony, devenu intraitable dans son omnipotence, crût également pouvoir faire remplacer notre drapeau, par le drapeau hova sur la côte Nord-Ouest, chez les populations sakalaves, qui, en 1840, s'étaient placées sous notre souveraineté et nous avaient abandonné les îles de Nossi-Bé et de Nossi-Comba, où nous étions installés. (Amiral Hell, 1841).

Les représentations de nos consuls n'amenèrent aucune modification dans l'attitude antifrançaise de la Cour de Tananarive, attitude qui se traduisit même par des actes de barbarie dont quelques-uns de nos nationaux furent les victimes.

Le Gouvernement de la République résolut d'employer la force. Le capitaine de vaisseau Le Timbre reçut l'ordre de rétablir notre prestige sur la côte Nord-Ouest et y réussit. Quelques mois plus tard, au début de l'année 1883, le contre-amiral Pierre quittait Toulon à la tête d'une expédition militaire.

Sur ces entrefaites Ranavalona II mourut et fut remplacée sur le trône par la petite nièce de Radama I, Razafindrahety, qui régna sous le nom de Ranavalona III, et qui devint la femme de Rainilaiarivony, lequel conserva sa situation de Premier Ministre et Commandant en chef de Madagascar.

L'amiral Pierre bombarda Majunga et Tamatave et s'en empara. Il tomba malheureusement gravement malade et mourut en rentrant en France.

L'amiral Galibert qui lui succéda fut lui-même remplacé, après avoir occupé Vohémar, Foulpointe et Fort-Dauphin, par l'amiral Miot. Celui-ci, après une démonstration exécutée le 10 septembre 1885 contre les lignes hovas de Farafate, près Tamatave, entama de concert avec M. Patrimonio, ministre plénipotentiaire de la République Française, des négociations qui aboutirent au malheureux traité de paix du 17 décembre 1885. Ce traité nous reconnaissait implicitement le *protectorat de l'Ile* ; il nous accordait en outre la cession définitive du territoire de Diégo-Suarez, ainsi qu'une somme de 10 millions de francs pour les victimes de la guerre.

Nous n'en avions pas encore terminé avec la mauvaise foi hova. Successivement, en effet, le Premier Ministre Rainilaiarivony enfreint toutes les clauses du traité du 17 décembre 1885 ; il refusa de reconnaître le texte français du même traité, s'en rapportant exclusivement au texte malgache, dont le sens, la traduction, et la mauvaise foi étaient évidents, mettant ainsi notre Résident Général dans l'impossibilité de faire exécuter les clauses du dit traité, entre autres les paragraphes 1 et 2.

Il passa directement avec l'anglais Kingdom un contrat par lequel celui-ci prêtait à l'Etat malgache une somme de 20 millions de francs à 7 % prêt garanti par les droits de Douane ; il contesta les limites de notre colonie de Diégo-Suarez ; il refusa d'admettre l'intervention de notre Résident Général à Tananarive, dans l'examen des demandes d'exéquatur formulées par les consuls étrangers, entre autres, le Consul d'Angleterre ; nos compatriotes furent mis dans l'impossibilité d'exploiter les concessions qui leur avaient été accordées et menacés parfois dans leur existence: des armes furent introduites clandestinement en vue de l'armement des troupes malgaches ; les soldats de l'escorte du Résident Général furent maltraités dans Tananarive par les membres de la famille royale ; notre compatriote, M....., assassiné le 23 juillet 1893 à Iobaka, près de Mandritsara ; la vie des Francais menacée dans les rues de Tananarive ; une tentative d'assassinat faite contre notre compatriote, M. D....., dans la nuit du 21 janvier 1894, par une bande armée de plus de 100 toutakely, sans qu'il fut possible d'obtenir de poursuites contre les coupables connus du gouvernement hova, etc, etc, etc.

Trois Résidents généraux avaient émoussé leur science et leur diplomatie, contre le granit de Manjakamiadana. — C'en était trop ! !

Le Gouvernement Français, fatigué de tant d'insolence, d'inertie, de duplicité et de crimes, envoya à Tananarive l'ancien et premier Résident Général, M. Le Myre de Vilers, qui avait laissé à Madagascar un immortel souvenir, en même temps que de profondes racines d'affection et de bonne amitié dans le cœur du vieux Rainilaiarivony.

L'éminent Ministre Plénipotentiaire avait pour mission d'imposer à la Cour d'Emyrne un nouvel ordre de choses, à la faveur duquel nos droits seraient respectés.

Malgré l'amitié tout au moins apparente qui unissait les deux adversaires politiques ; malgré la patience et l'habileté de notre envoyé, il ne put obtenir aucune des satisfactions exigées et dût faire évacuer sur Tamatave nos compatriotes habitant l'intérieur de Madagascar, pendant que de son côté, l'escorte du Résident Général se dirigeait à petites journées sur Majunga (Côte Ouest).

De Tamatave, une nouvelle tentative fut faite par M. Le Myre de Vilers et ce ne fut pas sans un serrement de cœur que l'on vit un matin, arriver à Tamatave, le tsimandoa royal, porteur du refus officiel de toute entente avec le Gouvernement Français.

Devant cet insolent entêtement de la Cour hova qui constituait un nouvel affront, la France décida d'envoyer à Madagascar un corps expéditionnaire de 15.000 hommes, commandés par le général Duchesne avec, sous ses ordres, les généraux Metzinger et Voyron.

Le débarquement d'un premier corps d'armée d'occupation eut lieu à Tamatave le 12 décembre 1894, alors que les navires de guerre « Dupetit-Thouars » et « Primauguet » bombardaient le fort hova (La Batterie), comme on l'appelait.

Le corps expéditionnaire du général Duchesne s'organisait en France ; l'avant-garde, commandée par le général Metzinger, débarquait à Majunga à la fin du mois de février 1895 et prenait aussitôt à tâche de « donner de l'air » à la capitale du Boeni.

Bientôt, le corps expéditionnaire, le Général en chef et le général Voyron débarquaient à Majunga le lendemain de la prise, par la première brigade, de Marovoay (1).

A défaut d'autres moyens de transport, les troupes durent traverser à pieds les marécages du Boeni ; traverser à gué les grandes rivières, la « Kamoro », la « Betsiboka », etc., grossies par des torrents de pluie, et prendre successivement chaque gros village que les hovas abandonnaient alors, non sans les avoir incendiés.

Les difficultés qu'offraient la construction de la route, la mortalité effrayante, la lenteur désespérante de la marche en avant, poussèrent le Général en chef à brusquer le mouvement, et il décida, au mois de septembre 1895, qu'une « *colonne volante* » partirait du point terminus de la route Mangasoavina pour, marchant jour et nuit, arriver à Tananarive avant la saison des pluies (octobre).

Cette « *colonne volante* », composée des meilleures troupes dont disposait le commandement, franchit en 15 jours les 250 kilomètres qui la séparaient de l'Imerina.

Tananarive tombait entre notre pouvoir le 30 septembre 1895, et le pavillon parlementaire implorait la grâce et la générosité des vainqueurs.

Le général Metzinger fut nommé gouverneur de Tananarive (30 septembre, 22 octobre 1895).

---

(1) Village important situé sur la rivière « Marovoay », affluent de la « Betsiboka » (Côte Ouest).

Le général Duchesne, qui commandait en chef le corps expéditionnaire, passa ses pouvoirs, au moment de son retour en France (18 janvier 1895), à M. Laroche, Résident Général, nouvellement arrivé. Le général Voyron prit en ce moment le commandement du corps d'occupation.

La rébellion grondait, l'insurrection éclata, terrible ; nombreux sont nos compatriotes qui furent assassinés. Les routes furent coupées et les transactions complètement arrêtées. Malgré les efforts du Résident Général, M. Laroche, et de son vaillant collaborateur, le général Voyron, l'insurrection prit des proportions telles, qu'une nouvelle campagne fut décidée.

Le Gouvernement envoya le général Galliéni (septembre 1896) avec de nouvelles instructions, les pouvoirs les plus étendus, en lui conférant le titre de Gouverneur Général.

Dès son arrivée, les choses changèrent. Il fallait frapper haut. Il fit exécuter l'oncle de la reine, Ratsimamanga et le président du Conseil des Ministres, Rainandriamanpandry, ministre de l'Intérieur, qui avaient été condamnés à mort par le Conseil de Guerre.

Nos troupes trop peu nombreuses, gagnaient cependant du terrain ; mais les insurgés augmentant en nombre, le général Galliéni décida l'exil de la Reine Ranavalo, espérant par ce moyen, apaiser à tout jamais, le ferment révolutionnaire (février 1897).

Ranavalo fut enlevée de son palais dans la nuit du 28 février 1897 et conduite en exil à la Réunion, non sans qu'elle et son escorte courussent les plus grands dangers, au milieu d'un pays entièrement soulevé et d'une route moins que sûre.

A partir de cette date, la colonie prit un essor qui n'a fait qu'aller en augmentant graduellement et rapidement, donnant ainsi un nouveau champ d'action à notre commerce et à notre industrie nationale.

Pour terminer, Messieurs, je souhaite avec vous, de voir notre nouvelle conquête, devenir aussi brillamment prospère que cette belle Algérie, qui nous donne actuellement, en même temps qu'un si gracieux accueil, un si bel exemple de progrès, véritable apothéose de 50 années de paix et de civilisation.

La parole est donnée à M. Joseph FOURNIER, secrétaire de la Société de Géographie de Marseille; M. Fournier n'ayant pu se rendre au Congrès, M. le Secrétaire dépose sur le bureau sa communication sur

Les origines de la représentation diplomatique française au Maroc (1577)

Tous les évènements survenant au Maroc intéressent au plus haut point les diplomates d'Europe et en particulier les diplomates français dont l'habileté et le tact ont eu à s'exercer si souvent en ce singulier pays, très voisin, il est vrai, du continent européen et pourtant, de mœurs si différentes, encore bien peu connues.

Bien que la terre marocaine soit assez fermée, réfractaire même, à l'influence de notre civilisation, il fut possible aux rois de France d'entretenir de bonne heure des relations diplomatiques avec les souverains du Maroc et d'accréditer auprès d'eux un représentant officiel. Aucun ouvrage ne signale l'origine de ces relations remontant à une époque assez reculée et, peut-être, ne paraîtra-t-il pas inopportun de fixer la date précise à laquelle notre pays se fit représenter d'une façon permanente auprès du Sultan par un consul spécial.

C'est à Tanger même et par lettres patentes de Henri III, en date du 10 juin 1577, que fut créé le premier consulat au Maroc. Cette création est contemporaine de celle des consulats de Tunis, remontant au 28 mai de la même année, et même de celle du consulat d'Alger lequel, bien que érigé en 1564, fut occupé seulement en 1578, son premier titulaire, un marseillais du nom de Vincent Bartholle, ayant reçu fort mauvais accueil de la part des Algériens.

Le consulat de France au Maroc est donc l'un des plus anciens dans l'Afrique du Nord et sa création ne faisait sans doute que consacrer des relations déjà anciennes, les marchands de Marseille ayant de tout temps fait quelque négoce sur les côtes Marocaines. Aussi est-ce un marseillais, Guillaume Bérard, que le roi nomme au consulat de Tanger établi, disent les lettres patentes d'érection « à la prière et requeste quy faicte nous a esté par le roy des royaulmes de Marrocque et de Fez, notre très cher et parfaict amy. »

Il y a lieu de croire que le souverain marocain en demandant qu'un représentant français fut accrédité auprès de lui, agissait plus par cupidité que par amour-propre ; comme le bey de Tunis et le dey d'Alger, il pensa que la présence d'un consul nommé par celui que les orientaux appelaient le *Grand Empereur de France,* lui vaudrait, outre des avantages commerciaux pour son pays, quelques-uns de ces cadeaux personnels que nos rois, dans leur munificence, envoyaient à profusion aux Souverains d'Orient avec qui ils entretenaient des relations d'amitié.

A cet égard, les états barbaresques ne le cédaient en rien aux pays d'Orient ; dans ces états, suivant l'expression d'un consul à Alger « rien ne se fait qu'en donnant. » Plus qu'ailleurs et souvent, hélas ! sans grand succès, il était d'usage de combler de présents les moindres chefs dont on voulait se concilier les bonnes grâces, encore n'était-on jamais sûr de les contenter ; souvent ils se récriaient sur la valeur et la qualité des articles, ce qui fera dire à Lemoine, un autre de nos représentants à Alger à la fin du XVIIᵉ siècle « qu'il y a moins d'humiliation à recevoir en France une aumône de cinq sols qu'on n'en essaie ici en donnant tout son bien. »

C'est sans doute dans des conditions identiques que Bérard, premier représentant français au Maroc eut à exercer ses fonctions que le roi Henri III définit, dans la commission reproduite ci-après, de la façon suivante : « considérant qu'il est nécessaire pour le bien de nos subgectz trafficquans és royaulmes de Marrocque et de Fez, pays, terres et seigneuries qui en dépendent qu'il y ait esdictes parties ung consul de la nation françoise créé et autorisé de nous pour y avoir l'œil et intendence sur tous les affaires qui peuvent conserver nostre service et nosdicts subjects mesmes y tenir ung bon ordre, politique et de justice au faict du commerce selon que les lieux et pays le requièrent. »

Cette définition des attributions du consul montre bien que ce dernier n'était pas seulement un agent commercial mais un véritable représentant diplomatique chargé de toutes les affaires du roi. Et ce qui donne aux attributions du consul un caractère politique marqué c'est la nomination, sous les ordres du consul lui-même, d'une sorte d'agent commercial dont la fonction est dénommée d'une façon assez vague, définie plus vaguement encore, mais montrant bien, toutefois, qu'il s'agit simplement d'un personnage chargé du « facturage » des marchandises, fonction qui semble correspondre à celle de directeur de factorerie qu'on retrouve dans toutes les colonies. Le premier « facteur » nommé au Maroc est encore un marseillais, François Versia, dont nous reproduisons également ci-après les lettres de commission en date du 11 juin 1577.

La nomination de Guillaume Bérard et de Versia marque une étape intéressante des relations de la France avec les pays barbaresques, de ces relations qui devaient être singulièrement étendues par Richelieu et qui furent tour à tour si profitables et si désastreuses au commerce de Marseille particulièrement visé par les corsaires d'Alger, de Tétouan ou de Salé qui, au moindre prétexte, couraient sus à nos navires.

I

PROVISIONS DE L'OFFICE DE CONSUL DE FRANCE AU MAROC EN FAVEUR DE GUILLAUME BÉRARD, DE MARSEILLE, 10 JUIN 1577 (1)

Henry par la grâce de Dieu Roy de France et de Pouloigne, conte de Prouvence, Forcalquier et terres adjacentes, à tous ceulx quy ces présentes lettres verront, salut. Considérant qu'il est nécessaire pour le bien de nos subgectz trafficquantz ès royaulmes de Marrocque et de Fès, païs, terres et seigneuries qui en dépendent qu'il y ait esd. parties ung consul de la nation françoise créé et autorisé de nous pour y avoir l'œil et intendence sur tous les afferes qui peuvent conserver nostre service et nosd. subgectz mesmes y tenir ung bon ordre, politicque et de justice au faict du commerce selon que les lieux et païs le requièrent. Sçavoir nous faisons que nous inclinant libérallement à la prière et requeste quy faicte nous a esté par le roy desd. royaulmes de

---

(1) Archives des Bouches-du-Rhône, série B (Amirauté de Marseille, reg. I, f° 421).

Marrocque et de Fez, nostre très cher et parfaict amy, en faveur de nostre très cher et bien amé Guillaume Bérard, de nostre ville de Marseille, et à plain confians de ses sens, suffisance, loyauté, preudhommie, expériance et bonne diligence, icelluy, pour ces causes et autres, à ce nous mouvans, avons faict, créé, constitué et eslably, faisons, créons, constituons et establissons par ces présentes consul de la nation Françoyse ès royaulmes, païs, terres et seigneuries deppendantz d'iceulx et qui appartiennent audict Roy; et led. consulat luy avons donné et octroyé, donnons et octroyons aud. Bérard pour l'avoir, tenir et doresnavant exercer, aux honneurs, autorités, prérogatives, prééminences, franchises, libertés, droitz, prouffits, revenus et esmolumentz qui y appartiennent, tout et ainsi et en la propre forme et manière que les consulatz deppendantz de nous ez parties d'Alexandrie et Tripolly de Surie, tant qu'il nous plaira. Si donnons en mandement à nostre amé et féal le sieur de Meullon, chevalier de nostre ordre, conseiller en nostre conseil privé et nostre lieutenant au gouvernement de nostre ville de Marseille, en l'absence de nostre très cher et amé couzin le conte de Rets, mareschal de France, gouverneur, et nostre lieutenant général en prouvence, que dud. Bérard prins et receu le serment en tel cas requis et accoustumé, icelluy mecte et institue en possession et saisine réelle, actuelle et corporelle dud. estat, et tous nos subgectz trafficquans esd. royaulmes et aultres qu'il appartiendra, que d'icelluy estat ilz le souffrent et laissent jouir et user, ensemble des honneurs, auctoritez, prérogatives, privilèges, prééminences, franchises, libertés droitz, profficlz, revenuz et esmoluments qui y appartiennent, et à lui obéyssent et entendent dilligemment ez choses touchant et concernans led. estat; prions et requérons nostre très cher et bon amy le Roy desd. royaulmes que led. Bérard il y vueille recepvoir et faire recepvoir, le maintenir et conserver en la jouissance libre et paisible d'icelluy et de tout ce quy y apartient et en deppend, ainsy que dict est, oste et déboule tout autre illicite détempteur et occupateur non aïant sur ce nos lettres de don et provision précédans en datte à ces présentes ausquelles en tesmoing de quoy nous avons faict mettre nostre seel. Donné à Chanonceau, le Xe jour de Juing l'an de grâce mil V^c soixante dix sept et de nostre reigne le quatriesme ; estant escript sur le reply desd. lettres : Par le Roy conte de Prouvence, et plus bas : Fizes, et scellés du grand scel dud. seigneur à double queue de cire jaulne.

II

PROVISIONS DE L'OFFICE DE « FACTEUR » DU TRAFIC ET COMMERCE DE LA NATION FRANÇAISE AU MAROC EN FAVEUR DE FRANÇOIS VERSIA, 11 juin 1577 (1).

Henry par la grâce de Dieu, roy de France et de Pouloigne, conte de Prouvence, Forcalquier et terres adjacentes, à tous ceulx quy ces présentes lettres verront, salut. Comme oultre le consul de la nation françoise, que nous avons créé pour résider ez royaulmes de Marrocque et de Fez et y exercer la surintendence au faict du trafficq, commerce que y exercent noz subgectz il soit besoing y commettre aussy pour le facturage dépendent dudict commerce quelque personnaige qui y rende le soing et debvoir requis, sçavoir, faisons que pour le bon rapport que faict nous a esté de la personne de nostre cher et bien amé François Vertia et de ses sens, suffisance, loyaulté, preudhomie, expériance et bonne dilligence, icelluy, pour ces causes et autres à ce nous mouvantz, avons constitué et estabti audict facturage esdictes parties de Marrocque et de Fez, païs, terres et seigneuries quy en dépendent, et ledict estat luy avons donné et octroyé, donnons et octroyons par ces présentes pour l'avoir, tenir et exercer aux honneurs, autorités, prérogatives, privilèges, franchises, libertés, droictz, proffictz, revenuz et esmolumentz apartenantz à telz et semblables estatz tant qu'il nous plairra.

Si donnons en mandement à nostre amé et féal, le sieur de Muellon, chevalier de nostre ordre et conseillier en nostre Conseil privé et nostre lieutenant au Gouvernement de nostre ville de Marseille, en l'absence de nostre très cher et amé cousin le conte de Retz, maréchal de France, gouverneur, et nostre lieutenant général en Prouvence, que dudict Vertia, prins et receu

(1) Archives des Bouches-du-Rhône, série B (Amirauté de Marseille, reg. I, f° 423).

le serment en tel cas requis et accoutumé, icelluy mecte et institue en prossession et saisine réelle, actuelle et corporelle dudict estat, et à tous noz subgectz trafficquantz esdictz royaulmes, et autres qu'il apartiendra, que d'icelluy estat ilz le souffrent et layssent jouir et user ensemble des honneurs, auctorités prérogatives, privilèges, prééminences, franchises, libertés, droictz, profficlz et esmolumentz qui y appartiennent et à luy hobéissent et entendent dilligemment ez chozes touchans et concernans ledict estat ; prions requérons nostre très cher et bon amy le Roy desdictz royaulmes que ledict Vertia y vueille reccpvoir et fere recepvoir, le maintenir en la jouissance libre et paisible d'icelluy et de tout ce que y apartient et en deppent ainsi que dict est ; oste et déboute tous autre illicite détenteur et occupateur dudict estat non aïant sur ce noz lettres de don et permission précédantz en datte cesdictes présentes ; en tesmoing de quoy nous avons faict mectre nostre scel à cesdictes présentes. Donné à Chanonceau le XIe jour Juing, l'an de grâce mil V^c LXXVII et de nostre reigne le quatriesme ; et sur le reply desdictes lettres est escrit : Par le Roy, conte de Prouvence : Tizes, ainsi signé, deuement scellé du grand sceau dudict seigneur, à double queue de cire jaulne.

Enfin, M. le Secrétaire du Congrès dépose sur le bureau, de la part de M. J. DE REY-PAILHADE, ancien président de la Société de Géographie de Toulouse, empêché de se rendre au Congrès, la communication ci-après :

Achèvement du Système métrique décimal. Progrès de la question

L'application du système décimal aux mesures du temps et de la circonférence proposée pour la première fois au Congrès de Géographie de Tours (1893) par M. J. de Rey-Pailhade, a fait de très grands progrès depuis cette époque.

Il faut d'abord rappeler les nombreuses et importantes communications publiées par les Sociétés de Géographie d'Oran, de Nancy, de Rochefort, de Toulouse, etc., etc. Les vœux émis par divers Congrès en faveur de cette réforme ont été importants et nombreux.

Le premier date du Congrès de Lyon (1894), puis viennent ceux émis par les grandes assises internationales de géographie tenues à Londres en 1895 et à Berlin en 1899.

Le Ministre de l'Instruction publique, pressé de toutes parts, nomma une Commission chargée d'étudier les avantages et les inconvénients de la réforme. Cette Commission composée d'éléments divers ne décida rien de ferme, tout en reconnaissant la nécessité de décimaliser les notations du temps et de la circonférence. Elle chargea un de ses membres, M. le capitaine de frégate Guyou, de faire procéder à des essais pratiques sur des navires de guerre.

Les expériences exécutées en 1899 et 1900 sur six bâtiments de la marine française avec des appareils et des tables entièrement décimales, ont donné des résultats satisfaisants, résultats signalés publiquement par M. le commandant Guyou dans un rapport lu au Congrès international de chronométrie tenu à Paris en 1900.

Le Congrès de Géographie de Nancy (1901) a émis sur la proposition d'un délégué de la Société de Géographie de Toulouse, le vœu suivant :

« Le Congrès reconnaissant les grands avantages que les diverses branches de la science et tout particulièrement la Marine, retireraient de l'emploi de la division centésimale du quart de cercle, division déjà officielle pour l'armée de terre, émet le vœu qu'il soit publié annuellement des éphémérides du soleil et des principaux astres calculées dans la division centésimale du quart de cercle. »

En août 1902, M. le Ministre de la Guerre, après une très importante décision, a rendu obligatoire à partir de 1904, la composition de calcul trigonométrique avec les tables à 5 décimales calculées dans la division décimale du grade, pour les examens d'entrée aux Écoles de Saint-Cyr et Polytechnique.

Un mois plus tard, au Congrès de l'Association pour l'avancement des sciences tenu à Ajaccio, la section de Géographie a émis le vœu suivant : « Que M. le Ministre de l'Instruction publique fasse publier tous les ans, des éphémérides du soleil et des principaux astres calculées dans la division centésimale du quart de cercle. »

Dans cette même session, la section de mathématiques et d'astronomie de l'Association pour l'avancement des sciences, session d'Ajaccio, a émis le vœu « que M. le Ministre de l'Instruction publique introduise progressivement dans l'enseignement, la notion de la division centésimale du quart de cercle. »

Enfin dans l'*Annuaire du bureau des longitudes*, M. le commandant Guyou vient de publier une notice montrant que la mise en pratique du grade allait devenir générale en France.

A notre avis, il y a surtout lieu de faire connaître cet heureux résultat à tous ceux qui s'intéressent aux progrès de la Science et de presser auprès des Pouvoirs Publics pour que dans l'enseignement on donne des notions de l'emploi du système décimal pour les notations du temps et de l'angle. On créera ainsi une génération qui se servira dans la pratique de ce système qui possède déjà un matériel complet d'instruments et de tables. La deuxième génération qui trouvera encore plus de documents décimaux que la première, retirera de très grands avantages de cette réforme, qui s'impose à notre état social où la rapidité et la sûreté des calculs sont devenues indispensables.

L'adoption de la division centésimale du quart de cercle entraînera à bref délai, la notation décimale du temps, qui présente un peu plus de difficulté, à cause de l'emploi continuel du temps dans les usages courants de la vie.

Mais cette dernière réforme deviendra aisée, comme je l'ai montré en plusieurs circonstances, si l'on se place uniquement sur le *terrain scientifique*.

Le système à adopter n'est peut-être que celui proposé par les auteurs du système métrique décimal, c'est-à-dire la division décimale du jour entier de 24 heures.

Des signes précurseurs annoncent que cette question va s'agiter vivement dans tous les milieux scientifiques. Tout le monde sent trop l'avantage qui en résulteront pour ne pas l'accueillir avec satisfaction.

Quand cette dernière réforme sera faite, la France aura terminé l'œuvre du système métrique décimal complet. Ce jour-là elle aura bien mérité de l'Humanité.

SÉANCE DU COMITÉ

Les Délégués des Sociétés françaises de Géographie formant le Comité du Congrès, se sont réunis le 5 avril, à 2 heures de l'après-midi, dans la salle des séances du Conseil municipal, sous la présidence de M. Hanotaux, membre de l'Académie française et président du Congrès, assisté de M. Flahault, secrétaire général.

Les délibérations ont porté :

I

Sur la demande présentée au nom de M. le général Canonge, président de la Société Topographique de France, de M. Pasquier, professeur au lycée Saint-Louis et secrétaire général, et du Bureau de la dite Société, tendant à ce que la Société Topographique de France soit classée avec les Sociétés de Géographie, et non plus parmi les sociétés assimilées.

A la suite d'un rapport favorable de la Commission désignée pour l'examen de cette demande et composée de MM. Armand Mesplé, Epitalon et Blondel, rapport dont les conclusions ont été formulées en assemblée publique, le Comité du Congrès est d'avis de renvoyer la solution de cette question au prochain Congrès National, en mentionnant l'avis favorable du Congrès d'Oran.

II

Sur la révision des vœux adoptés dans les séances publiques du Congrès. Le texte définitif de ceux adoptés par le Comité figure ci-après dans le compte rendu de la séance solennelle de clôture.

D'autres vœux, sans avoir été retenus et adoptés à ce titre, ont reçu une solution :

1° Sur la proposition de M. Nicolle, président et délégué de la Société de Géographie de Lille, le Congrès exprime le désir que les organisateurs de conférences géographiques invitent les auteurs de ces communications sur les pays étrangers à y introduire le résumé de documents économiques, de manière à les mettre en relief dans leurs récits descriptifs et anecdotiques, sans cependant en faire des exposés trop arides. Le désir exprimé par la Société de Géographie de Lille, appuyé par le Congrès, pourrait être utilement porté par la voie de circulaire des Sociétés, à la connaissance de leurs conférenciers ;

2ᵉ Sur la proposition de M. Nicolle et de M. Paul Hazard, délégué de la Société de Géographie du Cher, le Congrès décide qu'à l'avenir et par tel moyen que chacune d'elles croira devoir adopter, les Sociétés françaises de Géographie échangeront entre elles la liste des conférences qu'elles auront données, ainsi que le fait très simplement la Société de Géographie du Cher, par l'envoi d'invitations à toutes les Sociétés de Géographie figurant sur la liste arrêtée au Congrès de Bordeaux en 1895.

III

Le Congrès a examiné ensuite une proposition de M. Auerbach, délégué de la Société de Géographie de l'Est (Nancy), tendant à préciser l'article III du règlement des Congrès nationaux des Sociétés françaises de Géographie.

M. Auerbach propose et le Comité adopte la résolution suivante :

« Le Bureau du Congrès invitera les Sociétés françaises de
« Géographie à donner dans l'intervalle de deux sessions une
« liste des questions d'ordre Géographique et d'intérêt général
« sur laquelle deux ou trois sujets seront désignés par la réunion
« plénière des délégués pour servir de thème aux discussions
« du Congrès de l'année suivante. Les mémoires rédigés sur

« les questions proposées seront publiés dans le volume du
« Congrès. »

Il est décidé toutefois que ces nouvelles dispositions qui ont pour objet de permettre une étude plus approfondie de quelques questions particulièrement importantes et qui occuperont le premier rang dans le questionnaire des Congrès, ne sauraient être exclusives, les questions qui n'auraient pas été désignées par la réunion plénière des délégués prenant la suite des autres.

En conséquence de ces dispositions, les sujets seront désignés par les délégués au Congrès de 1903 pour être traités au Congrès de 1904, à partir duquel cette modification du règlement entrera en pleine rigueur.

IV

Le Congrès a ensuite, à l'unanimité, fixé à Rouen le siège de la XXIVme session du Congrès national dont la Société Normande de Géographie a réclamé l'honneur d'assurer l'organisation.

Quant à la XXVme Session, sur la proposition de M. Bonnard, délégué de la section tunisienne de la Société de Géographie commerciale de Paris, le Comité décide qu'elle aura lieu en 1904 à Tunis, à la condition, cependant, que ce choix soit ratifié au Congrès de Rouen, qui pourrait donner la préférence à une Société métropolitaine, s'il s'en présentait une qui demandât à organiser et à recevoir le Congrès national.

SÉANCE SOLENNELLE DE CLOTURE

Cette séance eût lieu à quatre heures, sous la présidence de M. Hanotaux, dans la salle des fêtes de l'Hôtel-de-Ville, en présence du maire, du préfet, de M. Varnier, secrétaire général du Gouvernement, des représentants des ministres, des délégués des Sociétés de Géographie et d'une assistance nombreuse.

A l'ouverture de la séance, lecture est faite par M. Flahault, secrétaire du Congrès, des vœux émis par le Congrès et retenus, après examen, par le Comité :

Liste des vœux maintenus par le Comité du Congrès

I

Le xxiiie Congrès national des Sociétés françaises de Géographie, émet le vœu que le Ministre de l'Instruction publique organise d'une manière méthodique l'enseignement de la géographie au moyen de projections lumineuses dans les établissements d'enseignement secondaire de garçons et de filles d'après les programmes des différentes classes ; que les appareils et les vues destinés à propager cet enseignement dans les écoles primaires soient déposés dans les écoles normales primaires de garçons et de filles, et qu'on facilite par des subventions et l'extension de la franchise postale l'action des Sociétés privées qui se consacrent à l'extension de l'enseignement par l'aspect.

II

Le xxiiie Congrès déclare s'associer à toute initiative, à tous les efforts tendant à la protection des sites pittoresques de la France métropolitaine et coloniale, et recommande cette question à toute la sollicitude des pouvoirs publics.

III

Le XXIII⁰ Congrès, appréciant le très grand intérêt qu'il y a pour la France à ce que l'histoire du Maroc soit une œuvre française, de même que sa carte est l'œuvre de nos explorateurs, exprime sa reconnaissance à ceux qui ont poursuivi, pendant ces dernières années, l'étude des questions marocaines et en particulier à M. DE CASTRIES, à M. DE SEGONZAC, à M. DOUTTÉ et à M. MOULIÉRAS. A la suite de l'intéressante communication de M. DE CASTRIES, il émet le vœu que toutes les facilités soient données à cet historien pour mener à bien son grand ouvrage.

IV

Le Congrès émet le vœu :

Que le projet de loi de MM. DEVILLE et BOUDENOOT, déjà adopté par la Chambre des Députés et ainsi conçu en un seul article :

L'heure légale en France et en Algérie est l'heure, temps moyen de Paris, retardée de 9 minutes et 21 secondes, soit voté par le Sénat au plus tôt et sans amendement.

V

Le Congrès émet le vœu :

Qu'après la consécration par le Sénat de la loi BOUDENOOT, il soit introduit à la Chambre des Députés un nouveau projet comportant :

1º La numération des heures du jour de 0 à 24, de minuit à midi ;

2º L'usage exclusif de l'heure légale, sans aucune altération volontaire pour toutes les horloges destinées à la vue du public, en particulier pour celles des municipalités et des chemins de fer à l'intérieur et à l'extérieur des gares.

Le Congrès recommande de ne pas chercher à joindre ces propositions à la loi Boudenoot, afin de ne pas retarder le vote de celle-ci.

VI

Le Congrès croit devoir signaler aux pouvoirs publics l'intérêt scientifique et national qui s'attache à l'achèvement du système des mesures décimales, œuvre essentiellement française.

Se référant aux vœux émis aux Congrès de Lorient et d'Alger, il émet le vœu :

Que le Gouvernement prenne telles dispositions qu'il jugera convenables pour rendre officielle la décimalisation de l'heure et de l'arc de cercle correspondant, dans le plus bref délai possible.

VII

Le Congrès émet en même temps le vœu en faveur de la réforme des calendriers dans le sens de leur unification.

VIII

Le Congrès émet le vœu, déjà formulé dans leurs ouvrages, par MM. VILLE, WAILLE MARIAL et Maurice WAHL :

Que des recherches soient méthodiquement entreprises pour rendre à la colonisation les immenses territoires sacrifiés de la Sebkha d'Oran en particulier et des chotts de faible salure en général.

Les moyens principaux proposés sont :

1° Drainage des eaux à la mer quand cela est possible ;

2° Création de cuvettes centrales (boit-tout ou salines) ;

3° Développement sur les terrains salés du bassin et du fond du lac, d'une flore appropriée et pouvant servir de pâturage au mouton, par exemple.

IX

Le Congrès émet le vœu :

Qu'une carte de la répartition du paludisme en Algérie soit établie et publiée, dans l'intérêt de l'hygiène des colons et des progrès de la colonisation.

X

Le Congrès émet le vœu :

Que les Pouvoirs publics favorisent l'envoi en Abyssinie de missions spéciales, afin de compléter l'étude géographique du pays, d'y maintenir la prépondérance du commerce français et de fortifier nos relations d'amitié avec l'empire du négus Ménélik ;

2° Que les Pouvoirs publics prennent toutes les mesures nécessaires pour conserver entre des mains françaises le chemin de fer de Djibouti à Harrar et à Addis-Ababa, et pour continuer sa construction.

Le Président donne ensuite la parole à M. Varnier, qui prononce le discours suivant :

Messieurs,

Par un télégramme que je viens de recevoir, M. le Gouverneur général me charge — je cite textuellement — d'adresser en son nom à M. Hanotaux, les remerciements de la colonie pour les sentiments de haute affection, de sollicitude, d'estime et de confiante clairvoyance dans son avenir, dont il vient de lui donner un si noble témoignage. M. Révoil y ajoute l'expression de la gratitude personnelle de celui qui s'honorera toujours d'avoir été son collaborateur et d'être resté son ami.

Ce n'est pas seulement à l'éminent homme d'État qui a présidé vos réunions que va le salut de M. le Gouverneur Général. Il s'adresse également au Congrès tout entier.

Il a suivi de loin vos délibérations. Il se propose d'étudier à loisir vos travaux, certain d'y trouver de très utiles enseignements. Vous savez l'intérêt ardent qu'il porte à toutes les questions coloniales et, en particulier, à cette Afrique mineure sur laquelle tant de choses excellentes ont été dites ici.

Ce qui le touchera particulièrement, en sa double qualité de représentant de l'Algérie et de la République Française, c'est le devoir d'union intime, la communion de pensées et de sentiments qui n'ont cessé de régner entre les congressistes de la Métropole et ceux de l'Algérie.

Les délégués des Sociétés de Géographie du Continent n'ont pas manqué une occasion de manifester leurs sentiments fraternels pour leurs collègues de la Colonie, et ils ont pu entendre à leur tour, leurs confrères algériens affirmer hautement, passionnément, leur amour, leur dévouement absolu à la mère commune, à la France.

Le sang de nos soldats et de nos colons a baptisé ce sol et en a fait une terre à jamais française; française est l'Algérie, française elle demeurera.

On a parlé pour ce pays d'une race nouvelle ayant une culture, un idéal particulier.

Il n'est pas un algérien qui le désire, qui y pense même.

Certainement, le contact d'autres peuples, l'adjonction de citoyens nouveaux fournis par les éléments les plus entreprenants des races amies pourront légèrement modifier nos qualités, nous donner peut être plus d'endurance et d'esprit d'entreprise. L'Algérien pourra avoir sa caractéristique spéciale, mais il ne se résoudra pas à être distingué davantage de ses frères de la métropole, qu'on ne distingue un provençal d'un breton, un gascon d'un picard. Il y a entre eux des nuances et non des différences. Tous sont, avec le même cœur, les mêmes aspirations, les enfants d'une même Patrie.

Le Gouvernement, le Parlement, ont accentué dans ces derniers temps, à l'égard de la Colonie, une politique d'autonomie; lois, budgets spéciaux, on ne lui a rien marchandé de ce qui pouvait satisfaire ses légitimes désirs. Mais, Messieurs, l'Algérie ne demandait pas ce traitement particulier, la France ne le lui a pas accordé pour préparer une séparation même lointaine. On s'est seulement rendu compte que dans l'état actuel des choses, tant que les éléments divers qui composent la population de ce pays ne se seront pas fondus ou n'auront pas pris leur place définitive, il faudra, pour agir efficacement sur eux, un régime, des lois appropriées. Ces lois permettront de travailler au rapprochement des divers peuples qui habitent cette terre; à leur instruction, à leur éducation, à la formation dans leur sein de cette âme française faite avant tout de générosité, de culte désintéressé du bien et du beau.

L'Algérie n'a qu'une ambition, c'est de collaborer pour sa part à l'accomplissement de la mission que s'est donnée la Mère Patrie, de répandre cet idéal dans le monde.

Messieurs, qu'il me soit permis en terminant, d'adresser les remerciements des délégués, des Ministres et du Gouverneur général à la Société de Géographie d'Oran, à son Bureau, à son distingué président, et de l'assurer du souvenir ému que nous garderons de leur si sympathique réception.

A son tour, M. Hanotaux se lève et, dans une chaude improvisation, envoie ses cordiaux remerciements à M. Paul Révoil pour les termes de son télégramme si particulièrement précieux pour le président du Congrès et surtout pour le Congrès lui-même.

Puis remerciant ensuite la ville, la population, la Société de Géographie d'Oran et son infatigable président, M. Hanotaux fait ressortir l'intérêt présenté par le Congrès, dont il énumère les principaux travaux, mettant en relief les sujets qui présentent particulièrement de l'intérêt au point de vue local et général, telle l'étude de M. de Castries sur le Maroc.

Ce qui restera dans l'esprit des congressistes, dit-il en terminant, c'est l'effort charmant fait par la ville et par la population pour les recevoir. Ils ont pris plaisir à la cavalcade, aux fêtes indigènes, à toutes les belles réjouissances qui leur ont été offertes et qui ont montré Oran dans son activité de ville animée, puissante, élégante, en un mot de ville bien française.

Ces dernières paroles sont soulignées par les applaudissements de toute l'assistance.

Le Président ayant déclaré le Congrès clos, la séance est levée à 5 heures.

APPENDICE

EXCURSIONS

Au programme du Congrès figuraient un certain nombre d'excursions organisées par la Société en vue de faciliter aux congressistes la visite de localités intéressantes de l'Oranie et pour lesquelles les compagnies algériennes de chemins de fer avaient bien voulu prêter leur concours sous la forme de réduction des prix de transport.

§ I. — Excursions à Saint-Leu et aux Salines d'Arzeu

La première de ces excursions, offerte par la Société aux Délégués officiels des Ministres et aux Membres du Comité du Congrès, avait pour but les *ruines de Saint-Leu (Portus Magnus)* et les *Salines d'Arzeu*.

Il en a été rendu compte au procès-verbal de la journée du 4 avril et nous n'y reviendrons pas.

§ II. — Excursions dans l'Ouest Algérien, à Sidi-Bel-Abbès, Tlemcen, Rachgoun, Beni-Saf, Aïn-Témouchent et Misserghin.

Le programme de cette excursion d'une durée de quatre jours était de nature à faire connaître notre Oranie sous les aspects les plus divers.

Sidi-bel-Abbès offrait aux regards émerveillés de nos hôtes ses coteaux tapissés de vigoureux et prospères vignobles et ses immenses plaines couvertes de céréales de toutes sortes parmi lesquelles les tuzelles ont conquis une place de premier ordre sur le marché européen. Les procédés culturaux y peuvent soutenir la comparaison avec ceux des plus riches régions agricoles de la métropole. L'initiative individuelle a réalisé des merveilles et répondu victorieusement à ceux qui doutent encore de l'esprit colonisateur des Français, car il n'y a qu'un demi-siècle la région n'était qu'une plaine de broussailles et de palmiers-nains semée d'insalubres marais, et quant à la coquette cité, ce n'est qu'en 1847, que le plan en a été conçu et la création décidée.

De Sidi bel-Abbès à Tlemcen, le contraste est frappant. La première représente la ville européenne créée de toutes pièces, moins archaïque que n'importe quelle petite ville de province. A Tlemcen, nous sommes en pleine Arabie. Dans le désordre pittoresque de ses rues étroites, dans ses boutiques basses de Juifs et de Mozabites, se coudoient l'Arabe nomade des campagnes, le Maure, le Coulougli, descendant des Turcs, le Marocain attiré par les travaux de la culture ou de la construction.

L'ancienne capitale du royaume de Tlemcen a conservé de son ancienne splendeur des vestiges encore dignes d'attention, ses vingt-huit mosquées avec leurs minarets si divers, les restes de ses remparts, et surtout les ruines de Mansourah dont l'enceinte fortifiée occupe cent hectares, la mosquée et la mederça de Sidi-bou-Médine.

Les congressistes ont pu visiter dans la ville les ateliers indigènes de tissage, de fabrication de tapis et couvertures, et les échopes des fabricants de babouches, de broderies de soie et d'or sur maroquin, de sellerie, d'armes et de bijoux.

Ils ont admiré autour de la ville les massifs d'oliviers séculaires, de térébinthes et de micocouliers au milieu desquels les canaux d'irrigation distribuent les eaux de nombreuses sources, qui font de Tlemcen une région de luxuriante végétation et un objet d'admiration pour le touriste.

Mais il faut s'arracher à Tlemcen et à ses environs enchanteurs. Suivant en voiture la vallée de la Tafna, nos hôtes passent devant l'antique Siga, la capitale de la Numidie Massessylienne et la résidence royale de Syphax, et arrivent à Rachgoun *(Portus Sigensis)*, emplacement préconisé pour l'établissement d'un grand port militaire, à l'embouchure de la Tafna.

Puis suivant le littoral, à quelques kilomètres plus loin, c'est Béni-Saf, avec ses mines de fer et son port, dont l'ingénieur-Directeur, M. Castanié, fait les honneurs à ses visiteurs.

L'excursion se continue, toujours en voiture, à travers la riche région basaltique d'Aïn-Témouchent, l'antique *Albulœ*, dont on admire le magnifique vignoble et les belles cultures de céréales. Le chemin de fer ramène enfin nos visiteurs à Oran après une halte à Misserghin, véritable nid de verdure dont ils admirent les magnifiques pépinières.

Pour ceux des congressistes dont le temps était compté, la même excursion avait été scindée et limitée soit à la visite de Bel-Abbès et de Tlemcen, soit à celle d'Aïn-Témouchent et de Misserghin.

§ III. — Excursion à Saint-Denis-du-Sig et au barrage des Cheurfas

A ceux des congressistes qu'intéressent plus particulièrement l'agriculture et l'hydraulique agricole, la Société avait ménagé une courte excursion à Saint-Denis-du-Sig, ville essentiellement agricole, et au Barrage des Cheurfas qui par son réseau de canaux d'irrigation répand la vie et la fertilité dans toute la plaine. Nos hôtes ont admiré les orangeries, les olivettes et les superbes cultures de toute espèce, arbres fruitiers, céréales, lin, vigne de la plaine du Sig, et ils ont pu visiter ses huileries et ses minoteries.

§ IV. - Excursion aux Planteurs, à Santa-Cruz, aux Bains de la Reine, à Mers-el-Kébir, à Aïn-el-Turck et au Cap Falcon.

Les plus vaillants de nos excursionnistes ont fait à pied l'ascension de Santa-Cruz et du Djebel Murdjadjo, les uns par le sentier qui part de la porte du Santon, les autres par la forêt des Planteurs. La promenade n'est pas sans fatigue, mais nos hô es ont été dédommagés par le plus splendide des panoramas. C'est à leurs pieds le port d'Oran et la large rade de Mers-el-Kébir, le *Portus Divini* des Anciens; plus loin, la coquette plage d'Aïn-el-Turck, au delà de laquelle se profilent le cap Falcon et son phare ; dans le créneau formé par le col du Santon, on voit émerger de la plaine azurée l'île Plane. A l'Est, le rivage se découpe en petites baies bordées d'abruptes falaises, le cap Roux, le cap de l'Aiguille qui ferme le golfe d'Oran, entre les deux, la petite plage verdoyante de Christel ; la montagne des Lions et le Djebel Orousse dominent cette côte nue et peu accore. Au Sud, s'étendent les vastes plaines de la Sénia, steppe à la végétation maigre et saline, semées de sebkhas ou lacs salés dont la plus grande n'occupe pas moins de 32.000 hectares ; derrière, l'horizon est borné par les majestueux massifs montagneux de Tafaraoui et de Thessalah.

Descendant du Murdjadjo par un sentier rapide, tracé sur le versant nord à travers la jeune forêt de pins des Planteurs, les promeneurs arrivent aux Bains de la Reine, établissement thermal dont la célébrité remonte à plusieurs siècles ; d'illustres visiteurs arabes, le cardinal Ximénès et la reine Jeanne y vinrent chercher la guérison due à ses eaux thermo-minérales, chlorurées sodiques, qui sourdent à 2 mètres au-dessus du niveau de la mer, à une température de 55°.

Poursuivant en voiture vers l'ouest, en cotoyant le bord de la mer, passant aux pieds des riants et coquets villages de Sainte-Clotilde et de Roseville, et traversant celui de Saint-André, on arrive bientôt à Mers-el-Kébir, dont on visite le vieux fort espagnol et le phare.

De là l'excursion se poursuit, toujours, en suivant la côte sauvage et abrupte, à la plaine d'Aïn-el-Turck dont on admire le riche vignoble, les magnifiques cultures de primeurs et la longue et jolie plage.

Au sortir d'Aïn-el-Turck, et traversant une ceinture littorale de dunes, on parvient au terme de l'excursion, le cap Falcon, dont le magnifique phare a été construit à la suite de la perte du *Borysthène* sur l'île Plane ; celle-ci s'aperçoit à quelques kilomètres en mer ainsi que les îles Habibas.

Pour la plupart de ces excursions, toutes faciles à organiser, nos hôtes se sont affranchis de tout programme officiel, se groupant suivant leurs sympathies et réglant leur itinéraire suivant leurs goûts et leurs préférences personnelles.

§ V. — Excursion dans le Sud Oranais, à Saïda, le Kreider, Aïn-Séfra, Tyout et Duveyrier

Cette excursion est de beaucoup la plus importante de celles qu'ait organisées la Société ; elle en a été aussi la plus intéressante. Seule elle permettait d'entrevoir ce Sud Oranais encore si entouré de mystère ; seule aussi elle embrassait à la fois le Tell ou versant méditerranéen, les Hauts Plateaux et enfin le versant saharien, et pouvait donner aux congressistes la notion précise de la structure et de la configuration de l'Oranie et leur faire connaître ses trois aspects si absolument différents.

Aussi, tous les membres du Congrès ambitionnaient-ils de participer à cette excursion. Malheureusement les difficultés matérielles d'organisation, le manque de logements et de ressources dans le Sud, en même temps que la nécessité d'assurer aux congressistes dans la dernière partie du voyage, des moyens de transport, avaient obligé impérieusement à limiter le nombre des excursionnistes, et 42 seulement des membres du Congrès ont pu prendre part à l'expédition.

Et tout d'abord rendons hommage à ceux qui ont triomphé de ces obstacles et réussi à mener à bien cette expédition toute pacifique et toute scientifique :

A M. le général de division O'Connor et à tous les officiers généraux, supérieurs ou autres qui ont mis tout leur zèle à faciliter une excursion jusqu'au seuil de Figuig et à en assurer la sécurité ;

A M. l'ingénieur en chef Leloutre qui a autorisé le transport des congressistes jusqu'à Duveyrier sur une voie non encore ouverte à l'exploitation ;

Aux Administrations de nos Compagnies de chemins de fer et notamment à M. Rouzaud, chef de l'exploitation du réseau des chemins de fer de l'Etat, qui a tenu à accompagner les congressistes de manière à régler sur place les moindres détails du service et des horaires ;

Enfin à M. Miramont qui a bien voulu être l'organisateur de l'excursion et qui, grâce à sa parfaite connaissance des ressources de la région, a su assurer aux congressistes le vivre et le couvert, et a été en même temps pour eux le guide le plus éclairé et le plus documenté qu'ils eussent pu rêver.

Le départ eut lieu de la gare d'Oran, le 6 avril à 9 h. 45 du matin par une pluie diluvienne qui ne devait pas cesser de la journée. Elle n'empêcha pas les congressistes d'admirer en passant les magnifiques vergers, orangeries et olivettes des plaines irriguées du Sig et de Perrégaux, où ils s'étonnent de se trouver à une altitude bien inférieure à celle de la gare de départ et où ils quittent les rails de la Cie P.-L.-M. pour passer sur ceux du réseau algérien de l'Etat.

Au delà ils admirent, en passant, le barrage de l'Oued Fergoug, un des ouvrages d'art gigantesques qui verse la vie dans les plaines environnantes. La Guethna évoque en passant le souvenir d'Abd-el-Kader, dont elle fut, en 1808, le berceau (la tente, *Guethna*); puis c'est Bou-Hanifia, station thermale aux eaux carbonatées sodiques, et on parvient à Tizi, au pied des hauteurs de Mascara.

Depuis Perrégaux la route n'est guère attrayante; à partir de quelques kilomètres au delà de cette petite ville, le rail serpente par des rampes rapides, le long de côteaux d'argiles grisâtres, maussades et stériles, dont la pluie n'est pas faite pour diminuer la monotonie.

En quittant Tizi, le paysage s'adoucit et s'harmonise; c'est la fertile plaine d'Eghris où les cavaliers d'Abd-el Kader ont plusieurs fois livré à nos troupes de vraies batailles; ce sont de petits, mais riants villages, Charrier, Franchetti aux haies de roses et enfin Saïda *(l'heureuse)*, ville au climat sain et tempéré, aux eaux bonnes et abondantes; il est vrai que nous sommes à plus de 800 mètres d'altitude ! La Saïda européenne a été élevée, en 1854, à deux kilomètres de la Saïda arabe qui, citadelle principale d'Abd-el-Kader, fût rasée en 1844.

Le lendemain, lundi 7 avril, le départ a lieu de Saïda, à 6 heures du matin, par un temps toujours couvert et sous un ciel d'un gris sale et plombé; cependant la pluie a cessé. Le train gravit en haletant la boucle de Saïda, montée rapide et sinueuse et parvient à Aïn-el-Hadjar, la cité ouvrière où la Compagnie Franco-Algérienne manutentionnait et emballait, après la récolte, l'alfa récolté dans le Sud; l'eau y abonde; aussi, malgré la fermeture des ateliers, Aïn-el-Hadjar est resté prospère.

Le train arrive enfin à Bou-Rached, et quelques kilomètres plus loin, franchit le col de Tafaraoua (1170^m) où est la crête qui sépare le Tell des Hauts Plateaux. Soudain le paysage change; c'est la mer d'alfa avec l'immensité de ses plaines et sa flore monotone où domine l'alfa *(stipa tenacissima L.)*, avec son congénère le sparte *(lygeum spartum, L.)* et le diss; une armoise, un thyme forment le fond presque exclusif de la végétation. Le paysage est monotone, mais impressionnant; ce cirque borné au loin par une chaîne de montagnes qui paraît reculer à mesure qu'on la poursuit, c'est l'immensité de la solitude et du silence, et quelle que soit la rapidité du voyage, il est impossible de se soustraire à ce que cette désolante monotonie a de solennel et presque d'effrayant. La gaîté du déjeûner fait en wagon est heureusement là pour jeter une agréable diversion sur ces impressions attristantes, que l'arrivée au Kreider achève de dissiper.

Le soleil s'est montré d'ailleurs et a chassé les nuages. Un arrêt assez long permet aux congressistes de visiter la pépinière établie par le commandant Mirauchaux, verdoyante oasis où sourd une eau abondante et délicieuse, au milieu de bassins auxquels des bosquets des essences les plus variées forment un cadre pimpant et plein de fraîcheur; des bassins de natation avec un pavillon de douches ont été ménagés pour la troupe et pour les officiers; c'est le contraste le plus frappant avec les désolantes solitudes que l'on vient de traverser.

Sur la demande du président honoraire de la Société de Géographie d'Oran, M. Monbrun, le commandant veut bien montrer aux congressistes la glorieuse relique dont la garde lui est confiée, le drapeau qui flottait sur le fortin de Mazagran, dans l'héroïque et victorieuse défense de ce poste par le capitaine Lelièvre et ses 123 soldats contre 12.000 assiégeants arabes. Tout troué par les balles de l'ennemi, déchiqueté et tout en lambeaux, tenant à peine à sa hampe par quelques fils, le drapeau paraît entouré de son escorte d'honneur; les tambours battent, les clairons sonnent; rangés derrière le commandant, officiers et congressistes saluent avec un saint respect et une profonde émotion, le glorieux haillon, emblème sacré de la Patrie.

Mais le train siffle et l'on remonte en wagon. Nous voilà au fond du Chott-el-Chergui, en même temps que de l'immense cuvette des Hauts Plateaux (983 mètres), immense plaine sans végétation, dans l'argile de laquelle scintillent de-ça et de-là des cristaux de gypse ; puis la monotonie de l'alfa nous ressaisit jusqu'à Méchéria, poste militaire au pied du Djebel Antar, à 1158 mètres d'altitude ; la redoute a perdu beaucoup de son importance depuis que le chemin de fer a pénétré plus au sud ; bien que Méchéria dispose quotidiennement de 48.000 mètres cubes d'eau potable, l'absence de terre cultivable lui enlève tout espoir d'avenir au point de vue de la colonisation.

Le tracé du chemin de fer remonte depuis le chott, et nous arrivons bientôt à Mékalis (1311^m), où nous franchissons la crête crétacée qui sépare les hauts Plateaux du versant saharien, sur lequel on trouve Aïn Sefra où nous arrivons à la nuit noire. Ce n'est pas une petite affaire d'y loger les 42 excursionnistes ; heureusement l'autorité militaire a suppléé à l'insuffisance des hôtels en mettant deux dortoirs d'une caserne à la disposition des congressionnistes.

Mardi 8 Avril. — M. Hanotaux et le général Cauchemez ont réussi à aplanir les difficultés qui semblaient s'opposer à la prolongation du voyage jusqu'à Duveyrier et peut-être au-delà vers Figuig. Telle est la nouvelle qui, à l'arrivée à Aïn-Sefra, a comblé de joie tous les congressistes.

A cinq heures du matin le train part, et à mesure que le soleil monte à l'horizon, les congressistes découvrent les dunes de sable d'Aïn-Sefra, que la nuit leur avait cachées. Le train descend à travers un immense cirque, mais l'alfa a disparu ; — à peine de temps à autre un buisson de lentisques ou quelque touffe rachitique tachent la surface d'un sol aride et désolé. D'immenses rochers amoncelés comme des menhirs ou des dolmens, semblent là pour défier les fureurs des tempêtes et les morsures du temps Le paysage est sauvage, horrible et grandiose sous les teintes du soleil levant ; c'est un spectacle imposant qui frappe à la fois de terreur et d'admiration. Un court arrêt à Moghrar Foukani permet d'examiner à distance l'oasis de ce nom. A Djenen-bou-Resg, une autre halte permet de visiter le village et l'entrepôt franc qu'y a installé M. Miramont. Enfin le train repart pour Duveyrier où l'on arrive à 10 heures du matin.

A peine a-t-on mis pied à terre que les congressistes accompagnés de M. Hanotaux, du général Cauchemez et des officiers en garnison à Duveyrier, se rendent en cortège au cimetière où reposent les restes des malheureux capitaines Gratien et de Cressin assassinés en janvier dernier. Deux couronnes sont déposées sur leurs tombes par MM. Monbrun et Miramont. M. Hanotaux, avec une réelle émotion, salue la mémoire des deux capitaines qui dorment là leur dernier sommeil. Le général Cauchemez lui répond en quelques mots, et l'assistance se retire vivement impressionnée par cette scène grandiose dans sa simplicité.

Le pieux et patriotique pélerinage à peine terminé, un mamelon permet de contempler à quelques kilomètres de distance, la riche oasis de Figuig, avec son rideau de verdure, ses palmeraies, ses remparts et ses tours, et la zaouïa de Bou-Amama.

Cette ascension terminée, on visite le village et le 2me entrepôt franc de M. Miramont, et l'on revient à la gare où l'on se partage les corbeilles de victuailles apportées d'Aïn Sefra. On y arrive cette fois en plein jour; les congressistes se répandent dans la jolie petite ville, en parcourant les jardins et en examinant les vieux remparts et les tours; celles-ci, malgré leur aspect militaire, étaient surtout des postes d'observation d'où les habitants de l'oasis, avant l'occupation française, surveillaient leurs jardins et les voyaient trop souvent livrés aux incursions des Amour et au pillage.

Mercredi 9 Avril. — Les congressistes ont eu le temps de prendre une nuit de repos un peu plus réparatrice que les précédentes. C'est à 9 heures du matin qu'un train spécial emmène les excursionnistes jusqu'à la gare de Tyout qui n'est distante d'Aïn-Sefra que de dix kilomètres. De la gare à l'oasis distante de sept kilomètres, le trajet s'effectue par une route sableuse, semée de crevasses et d'ornières, où la marche est pénible et difficile. A Tyout, en attendant l'heure du déjeûner, les uns vont faire l'ascension des rochers qui encadrent l'oasis pour aller examiner les fameuses inscriptions rupestres; d'autres à la suite du fils de l'agha Mouley, s'engagent dans les étroites ruelles du Ksar. Puis le déjeuner réunit tous les congressistes sous un bosquet de palmiers au bord de la rivière.

La journée se continue par la visite de l'oasis, où les congressistes marchent d'enchantement en enchantement : fuyantes et mystérieuses perspectives de palmiers dominant les berges profondes de la rivière, fantastiques rochers roses aux reflets bronzés, pelouses vertes et fraîches au milieu de dunes rutilantes, tout est pittoresque et gracieux. C'est avec regrets que l'on quitte cette saisissante féerie orientale, dont le soleil avive encore les colorations si intenses et si chaudes.

Le train ramène les congressistes à Aïn-Sefra, en plein jour cette fois ; la chaleur est tombée et les excursionnistes peuvent, sans fatigue, profiter de la fin de la journée pour visiter la petite ville qui était, encore il y a quelques mois, le point le plus avancé de la conquête française dans l'Extrême Sud. Son hôpital et ses casernes au type oriental tranchent sur le fond de hautes montagnes qui domine ce nid de verdure dont l'Oued-Namous (la rivière des moustiques) arrose et vivifie les plantations de peupliers.

Jeudi 10 Avril. — Par un temps splendide et un air d'une limpidité merveilleuse, la caravane gravit la dune qui borde le pied des montagnes et enserre la petite ville d'une rutilante ceinture. Le spectacle est saisissant dans sa simplicité ; le soleil répand sur le sable des torrents de lumière éblouissante et scintillante ; le silence des solitudes n'est même pas troublé par le bruit des pas, qu'étouffe le sable. Il semblerait que la végétation ne pût se fixer sur ces collines dont la moindre saute de vent modifie le relief et la position, où le voyageur se retournant ne retrouve pas l'empreinte de ses pas, aussitôt comblée. Il semble aussi que les dunes doivent un jour ensevelir Aïn-Sefra dans un éternel linceuil. Des essais ont été faits pour arrêter l'invasion qui gagnait Aïn-Sefra ; le capitaine Godron résolut de les fixer : des haies sèches de roseaux et branchages ont été d'abord établis à la crête des dunes ; puis entre ces abat-vents a été déposée une couche de fumier sur laquelle a été semée de l'orge ; ainsi a été empêchée l'érosion des sables par le vent, et amenée la consolidation du sol aujourd'hui transformé en vastes pelouses.

Cette journée devait marquer la dislocation de la caravane. A 3 heures de l'après midi partait le train ramenant les congressistes jusqu'à Perrégaux, d'où les uns reprenaient le chemin d'Oran, les autres celui d'Alger. Tous ont emporté le souvenir d'un voyage intéressant, la révélation d'un monde nouveau et inconnu pour eux et dont ils ne soupçonnaient pas l'attrait.

Beaucoup en quittant l'Oranie, nous ont dit un « au revoir ! » ému, que nous espérons voir se réaliser pour plusieurs. On l'a dit, et beaucoup d'Algériens sont là pour l'affirmer par leur présence : « Qui a vu l'Algérie veut la revoir, qui l'a revue veut y rester. » Nous avons aussi la confiance qu'ils inspireront à d'autres le désir de nous connaître et de nous visiter, et à quelques-uns peut-être celui de venir se fixer parmi nous.

ERRATA

Page 71, 1ʳᵉ ligne. — Au lieu de : Société Bourguignonne d'Histoire et de Géographie *de Bourges ;* lire : *de Dijon.*

TABLE DES MATIÈRES

INTRODUCTION

Pages

I. Organisation de la XXIIIme Session. 3
II. Questionnaire. 7
III. Bureau du Congrès. 11
IV. Congressistes appartenant à des Sociétés autres que celle d'Oran 14

TRAVAUX DU CONGRÈS

Journée du Mardi 1er Avril 1902

Séance solennelle d'ouverture   19

Allocution de M. le Lieutenant-Colonel Derrien 20
Discours de M. G. Hanotaux 22
Remise de Décorations 38

Séance de l'après-midi (Comité)

Rapport de M. Nicolle (Société de Lille). 41
— M. Jacques Léotard (Société de Marseille). . 45
— M. G. Fabre (Société de Montpellier) 49
— M. Collesson (Société de Nancy) 51
— M. Mouliéras (Société d'Oran) 53
— M. Froidevaux (Société de Paris) 55

	Pages
Rapport de M. Boulenger (Société de Roubaix)	61
— M. A. Mesplé (Société d'Alger)	63
— M. H. Lorin (Société de Bordeaux)	65
— M. P. Hazard (Société de Bourges)	67
— M. Bottin (Société de Douai)	70
— M. P. Azan (Société de Dijon)	71
— M. Epitalon (Alliance Française)	73
— M. S. Lebourgeois (Société topographique de France)	76

Séance Publique — 80

La Presse et l'Enseignement Colonial, par M. H. Lorin	81
La Géographie économique dans les Conférences, par M. Ernest Nicolle	82
La Protection des sites pittoresques, par M. Paul Hazard	83
Evolution économique et transformations commerciales contemporaines, par M. Georges Blondel	83
Enseignement populaire de la Géographie en France. Enseignement des langues coloniales, par M. Alfred Durand	94

Journée du Mercredi 2 Avril 1902

Séance du Matin

De l'emploi des projections lumineuses dans l'enseignement de la Géographie et des moyens de le propager efficacement, par M. Gillot	97
Vœu de la Société de la *France Colonisatrice* de Rouen relatif à la transplantation, en Algérie ou aux Colonies, des enfants moralement abandonnés de France, rédigé par M. Buchère	109

	Pages
L'assimilation des Indigènes.	110
Exposé des progrès de l'heure décimale, par M. H. DE SARRAUTON.	111
Propositions à soumettre au XXIIIme Congrès des Sociétés Françaises de Géographie, avec l'approbation du comité d'études de la Société de Géographie de Lille (heure décimale), par M. E. NICOLLE.	117
Réplique par M. H. DE SARRAUTON	122

Séance de l'Après-midi

La Société de Topographie de France admise au titre de Société de Géographie.	127
Une controverse historique résolue avec l'aide de la géographie. « Les Exilés de Siga », par M. l'Abbé FABRE	127
Une application militaire de l'orientation par la lune, par M. le lieutenant BERTHOU	143
Du rôle de la femme arabe dans la Société indigène, par M. BERNARD D'ATTANOUX.	144
Le Canal de Suez, par M. DE CLAPARÈDE.	148
L'Oranie et ses régions naturelles, par M. AUGUSTIN BERNARD.	149
Les Ports de l'Oranie, par M. AUGUSTIN BERNARD.	152
La transformation des Banques Coloniales, par M. JOSEPH FRANCONIE.	155
Bizerte, port de mer et peut-être centre métallurgique, par M. PAUL BONNARD.	156

Journée du Jeudi 3 Avril 1903

Séance du Matin

Le Groupe Colonial de la Conférence Ravignan, de Bordeaux, par M. LOUIS IMBERT	157

	Pages
Introduction à l'Histoire générale du Maroc, par M. le comte Henry de Castries.	158
Les Entrepôts francs dans le Sud Oranais, par M. Miramont	160
Les Lacs d'Algérie (Chotts et Sebkhas), par M. Alfred Bel.	172
De la réforme du Calendrier, par M. Guillaume	205
La Question Marocaine, par M. de Segonzac.	207
Le Chemin de fer Transsaharien, par M. Paul Bonnard.	208
Conférence sur le Vieil Oran, par M. Th. Monbrun.	208

Journée du Vendredi 4 Avril 1902

Excursion géographique et archéologique à Saint-Leu, au Domaine des Hamyans et aux Salines d'Arzeu	209

Journée du Samedi 5 Avril 1902

Séance du Matin

Une Carte de la répartition du Paludisme en Algérie, par M. le Docteur Moreau.	211
Nos Intérêts Nationaux en Abyssinie, par M. le lieutenant de vaisseau Dyé.	217
La Société Civile, Nationale et Philanthropique *La Colonisation Française* dans le Département d'Oran.	222
Notice historique sur Madagascar, par M. Alfred Durand.	231
Les origines de la représentation diplomatique française au Maroc (1577), par M. Joseph Fournier.	240
Achèvement du Système métrique décimal. Progrès de la question, par M. J. de Rey-Pailhade	245

Séance du Comité   248

Séance solennelle de Clôture Pages

Liste des vœux maintenus par le Comité du Congrès . . . 251
Discours de M. Varnier, secrétaire gén^{al} du Gouvernement 254

Appendice — Excursions 258

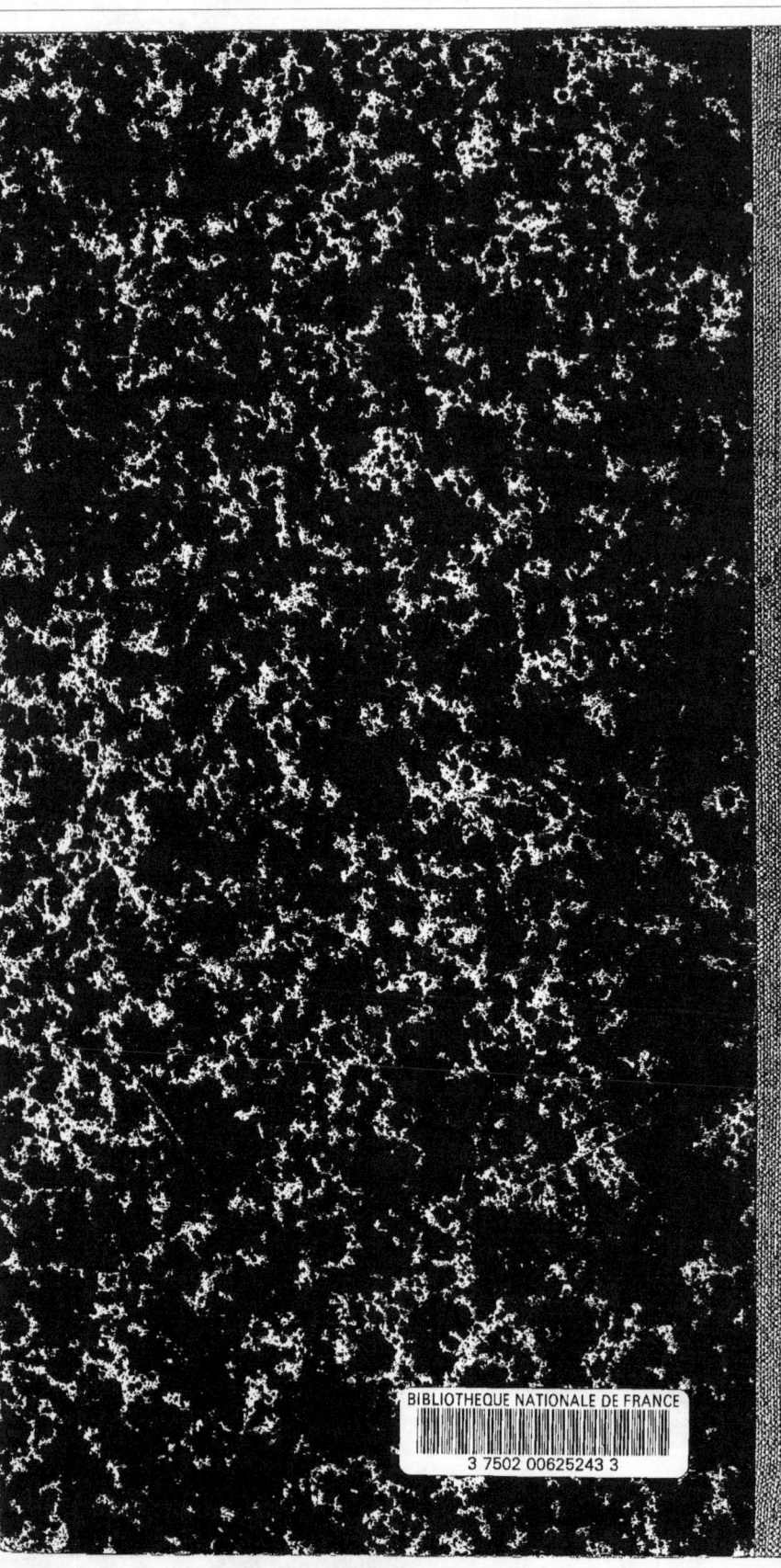

www.ingramcontent.com/pod-product-compliance
Lightning Source LLC
Chambersburg PA
CBHW062015180426
43200CB00029B/1025